全国技工院校汽车维修专业模块化教材
（中级技能层级）

钳工与焊工基本技能

（第二版）

余成路◎主编

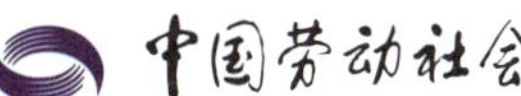

中国劳动社会保障出版社

简介

本书主要内容包括安全生产、钳工基本技能、焊工基本技能等。

本书由余成路任主编，车磊、华晨磊、季练平、周琳、杭明峰、李江、罗永东参与编写，许云珍、王继武审稿。

图书在版编目（CIP）数据

钳工与焊工基本技能 / 余成路主编 . --2 版 . 北京 : 中国劳动社会保障出版社，2024. --（全国技工院校汽车维修专业模块化教材）. -- ISBN 978-7-5167-6462-6

Ⅰ. U472.4

中国国家版本馆 CIP 数据核字第 2024JL7128 号

中国劳动社会保障出版社出版发行

（北京市惠新东街 1 号　邮政编码：100029）

*

保定市中画美凯印刷有限公司印刷装订　　新华书店经销

787 毫米 ×1092 毫米　16 开本　14 印张　263 千字

2024 年 7 月第 2 版　　2024 年 7 月第 1 次印刷

定价：35.00 元

营销中心电话：400-606-6496

出版社网址：http://www.class.com.cn

http://jg.class.com.cn

前　言

为了适应汽车行业的发展现状，更好地满足全国技工院校汽车维修专业的教学需求，全面提升教学质量，我们组织全国有关学校的一线教师和行业、企业专家，在充分调研企业用人需求和学校教学情况、吸收借鉴各地技工院校教学改革的成功经验的基础上，根据人力资源社会保障部颁布的《全国技工院校专业目录》及相关教学文件，对全国技工院校汽车维修专业教材进行了修订和新编。

本次修订（新编）工作的重点主要有以下几个方面。

科学规划教学模块

本套教材采用“模块化”体系构建，划分为基础模块、发动机模块、底盘模块、电气模块、维护与诊断模块、选修模块等六大模块，教学操作性好，可满足技工院校汽车维修专业的教学需求。

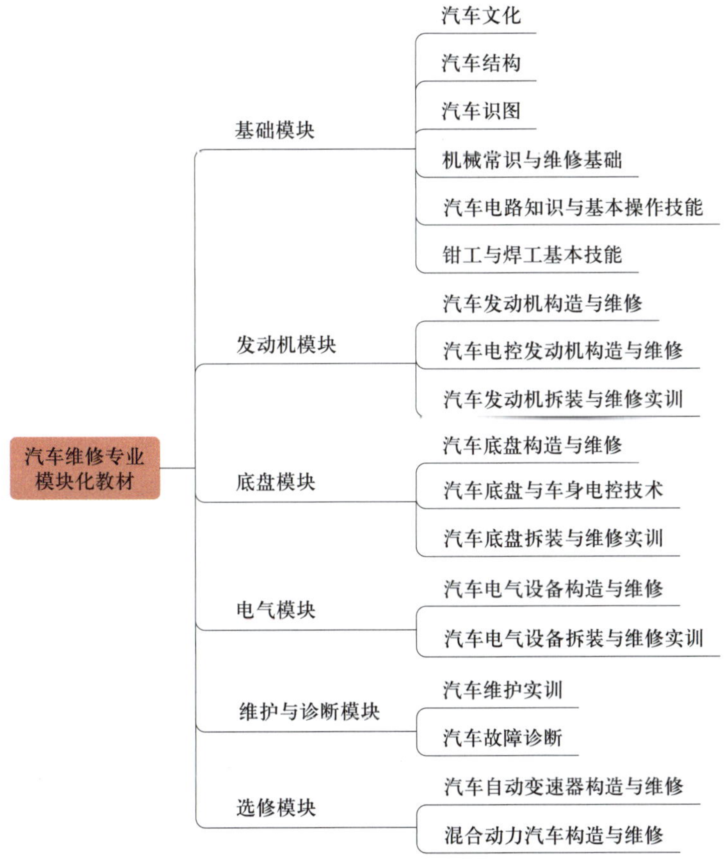

突出职业教育特色

坚持以能力为本位，突出职业教育特色。通过行业、企业调研，掌握企业对汽车维修专业人才的岗位需求和技能要求，确定人才培养目标，构建科学合理的课程体系。根据课程教学目标，合理确定学生应具备的知识与能力结构；充分考虑企业生产实际，选择当前市面上广泛使用的汽车车型进行教学。

根据汽车维修专业毕业生就业岗位的实际需要和行业发展趋势，合理确定学生应具备的能力和知识结构，对教材内容及其深度、广度、难度进行了调整。同时，进一步突出实际应用能力的培养，以满足社会对技能型人才的需求。

创新教材内容形式

在编写模式上，根据技工院校学生认知规律，以完成具体工作任务为主线组织教材内容，将理论知识的讲解与工作任务载体有机结合，激发学生的学习兴趣，提高学生的实践能力。

在教材内容的表现形式上，较多地利用实物照片和表格等形式将知识点生动地展示出来，力求让学生更直观地理解和掌握所学内容。部分教材采用四色印刷，图文并茂，增强了教材内容的表现效果，提高了教材的可读性，更符合学生的阅读习惯。

根据相关专业领域的最新发展，在教材中充实新知识、新技术、新设备、新材料等方面的内容，体现教材的先进性。采用最新的国家技术标准，使教材内容更加科学和规范。

提供丰富教学资源

在教学服务方面，为方便教师教学和学生学习，配套提供了教学设计方案、电子课件、习题册答案等教学资源，可通过技工教育网（http://jg.class.com.cn）下载使用。除此之外，在部分教材中还借助二维码技术，针对教材中的重点、难点内容，制作了微视频等多媒体资源，可使用移动设备扫描二维码在线观看。

编者

2024年6月

目录

模块一 安全生产

模块二 钳工基本技能

模块三 焊工基本技能

模块一 安 全 生 产

任务1 钳工基础知识与安全生产

学习目标

1. 了解钳工的工作任务和种类。
2. 了解钳工的着装要求和安全文明生产的基本要求。
3. 了解钳工的常用设备、工具和量具及基本操作。
4. 了解常见安全标志的含义。
5. 了解“6S”管理的内容和目的。
6. 能正确使用、拆装与维护台虎钳。

任务描述

钳工是指从事机械设备装配、维修及相关零件加工和工艺装备制造与修理的人员。钳工操作是机械制造中传统的加工技术之一，19世纪以后，虽然由于各种机床的发展和普及，大部分钳工作业实现了机械化和自动化，但是在机械制造过程中钳工操作仍是被广泛应用的基本技能。

本任务是参观钳工实训场地，观摩钳工的各项基本操作，学习钳工安全操作规范，学会使用、拆装与维护台虎钳。

相关知识

一、钳工的工作任务

在实际生产过程中，钳工主要承担的工作任务包括零件加工、设备装配、设备维修、工艺装备制造与修理等。

1. 零件加工

一般采用机械加工方法不太适宜或难以解决的工作，如零件加工中的划线、配刮、研磨等，都应由钳工来完成。

2. 设备装配

装配是按规定的技术要求，将零件、部件进行部件装配和总装配，并经过调整、检验和试车等，使之成为合格的产品。

3. 设备维修

当机械设备在使用过程中发生故障、出现损坏或长期使用后精度降低而影响使用时，需要由钳工进行维护或修理。

4. 工艺装备制造与修理

制造、修理各种工具、量具、夹具、模具和专用设备等。

二、钳工的种类

随着机械制造业的发展，钳工的工作范围越来越广泛，分工也越来越细，以适应不同工作的需要。根据在企业生产中的工作内容和性质，钳工一般分为机修钳工、装配钳工和工具钳工三类。

1. 机修钳工

机修钳工是指使用工具、量具和仪器仪表，维护和修理设备机械部分的人员。主要工作任务包括：

（1）选择机械设备安装的场所，测定环境和条件。

（2）进行设备搬迁，安装、调试新设备。

（3）修理机械设备的机械、液压、气动故障和机械磨损。

（4）更换或修复机械零部件，润滑保养设备。

（5）调试、调整修复后的机械设备。

（6）进行现场巡回检修，排除机械设备运行过程中的故障。

（7）使用工具、设备，加工损伤的工件。

（8）辅助预检机械设备故障，编制大修方案。

（9）维护保养工、夹、量具和仪器仪表，排除故障。

2. 装配钳工

装配钳工是指使用机械设备或工艺装备，进行机械产品部件、组件或成品组合装配与调试的人员。主要工作任务包括：

（1）安装、调整工艺装备。

（2）使用机械设备或工艺装备，将机械产品的零部件装配成部件或组件。

（3）装配机械产品的整机或总成。

（4）使用仪器仪表和工艺装备，检测与调试机械产品的部装和总装。

（5）维护保养装配设备，工、夹、量具和仪器仪表。

3. 工具钳工

工具钳工是指使用钳工工具和设备，加工、装配与调试工具和样板的人员。主要工作任务包括：

（1）安装、调整台虎钳，装卸工件，刃磨刀具。

（2）使用钳工工具和钻床等设备，进行锯削、锉削、钻孔、铰孔、刮削、研磨等加工，制造样板、卡板、量规、凸轮、夹具等。

（3）使用研磨剂，手工研磨工件表面。

（4）进行制件精度检验及误差分析。

（5）维护保养工艺装备。

任务实施

一、入场准备

1. 按要求着装

钳工作业时必须按规定穿戴好劳动防护用品，如图 1–1–1 所示，应将工作服、工作帽等穿戴整齐，女生还应将长发全部包进工作帽，不允许穿便装和凉鞋、拖鞋、高跟鞋进入工作场地。

图 1–1–1　着装要求

2. 了解钳工安全文明生产的基本要求

（1）进入钳工工作场地后，不得随意触碰各种设备和工具，不得擅自使用不熟悉的设备和工具。

（2）钳台应放置在便于工作和光线适宜的地方，面对面使用时，钳台中间要安装安全防护网，如图 1–1–2 所示。钻床和砂轮机一般应安装在工作场地的边沿，以保证安全。

（3）工具、量具的摆放应满足下列要求：

1）在钳台上工作时，工具、量具应按次序排列整齐，如图 1–1–3 所示。通常为了取用方便，右手取用的工具放在台虎钳的右侧，左手取用的工具放在台虎钳的左侧，量具放在台虎钳的正前方；也可以根据加工情况把常用工具放在台虎钳的右侧，其余的放在台虎钳的左侧。但不管如何放置，工具、量具都不能超出钳台的边缘，以防止台虎钳的拨杆旋转时碰到工具、量具而发生事故。

2）量具在使用时不可与工具或工件混放在一起，应放在量具盒上或放在专用的板架上。

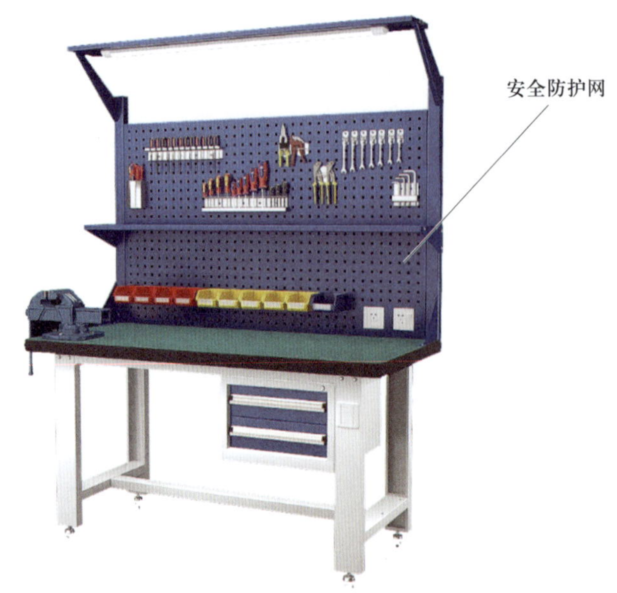

图 1-1-2　钳台和安全防护网

图 1-1-3　工具、量具的摆放

3）工具在使用时要摆放整齐，以方便取用，不能乱放，更不能叠放。

4）钳工作业完毕，工具、量具应整齐地放在工具箱内，并要有固定的位置，不得随意堆放，以防损坏和取用不便。

5）量具使用完毕，应擦拭干净，保养后放在专用的量具盒内。

（4）钻床、砂轮机、手电钻等设备和工具应经常检查，发现损坏或故障应及时报修，修复之前不得使用。

（5）使用电动工具前，应检查接线是否良好；使用时，应做好绝缘防护和安全接地措施，注意用电安全。

（6）使用手砂轮时，要戴好防护眼镜。

（7）清除切屑时要用刷子，不得直接用手或棉纱清除，更不能用嘴吹。

（8）搬动工件时要轻放，防止碰伤；毛坯和已加工工件应放置在规定位置，排列整齐，放置平稳，保证安全，便于取放，并避免碰伤已加工过的工件表面。

（9）使用起重设备时，禁止在吊起的工件下方进行任何操作。

（10）工作场地应保持整洁、卫生。工作完毕，对所使用的设备和工具都应按要求进行清理和润滑。

二、参观钳工实训场地

1. 认识钳工常用设备

钳工常用设备包括台虎钳、钳台、砂轮机、钻床等。

（1）台虎钳

台虎钳常用来夹持工件进行手工作业，按结构分为固定式和回转式，如图 1–1–4 所示；按夹紧力分为轻级和重级。台虎钳的规格以其钳口宽度来表示，常用台虎钳的规格系列见表 1–1–1。

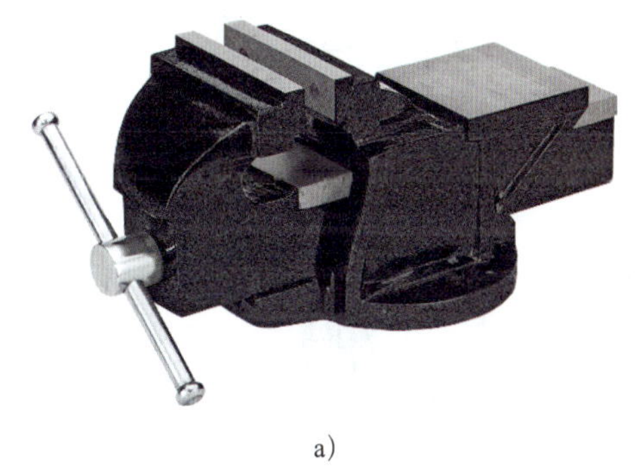

a）

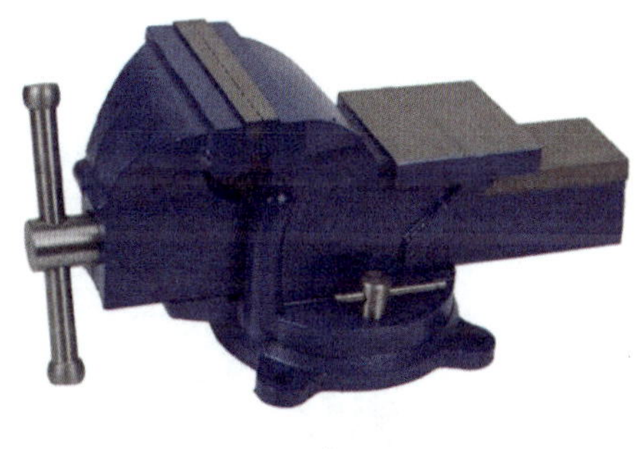

b）

图 1–1–4 台虎钳

a）固定式台虎钳 b）回转式台虎钳

表 1–1–1 常用台虎钳的规格系列

钳口宽度 /mm		75	90	100	115	125	150	200
最小夹紧力 /kN	轻级	7.5	9.0	10.0	11.0	12.0	15.0	20.0
	重级	15.0	18.0	20.0	22.0	25.0	30.0	40.0

（2）钳台

钳台，即钳工工作台，主要用来安装台虎钳，放置工具、量具和工件等，如图 1–1–5 所示。

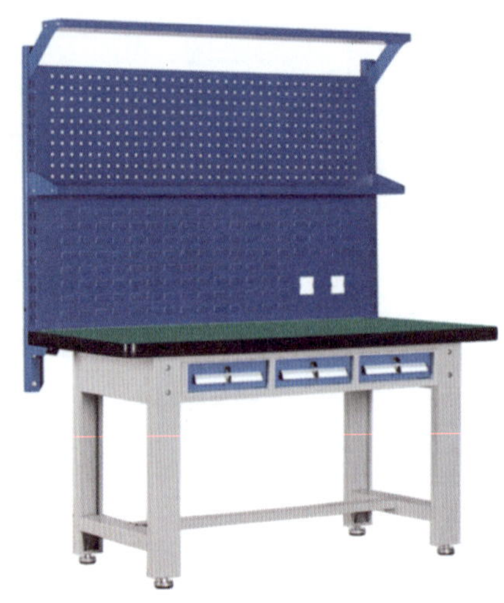

图 1–1–5　钳台

（3）砂轮机

砂轮机主要用来刃磨钻头、錾子、刮刀等小型刀具或磨削工件，主要由砂轮、电动机和机体组成。砂轮机包括台式砂轮机和立式砂轮机等，如图 1–1–6 所示。

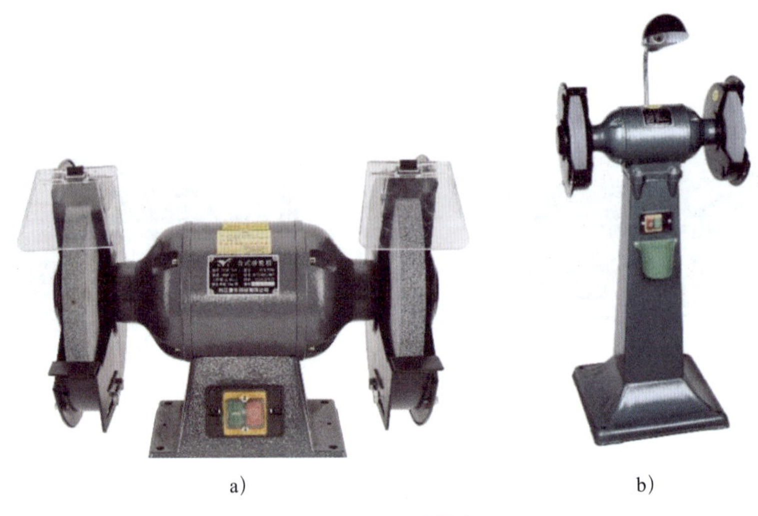

a)　　b)

图 1–1–6　砂轮机

a）台式砂轮机　b）立式砂轮机

（4）钻床

钻床主要用来加工各类圆孔，包括台式钻床、立式钻床和摇臂钻床等，如图 1–1–7 所示。

2. 认识钳工常用工具

钳工常用工具包括划线工具、錾削工具、锯削工具、锉削工具、孔加工工具、攻螺纹工具、套螺纹工具、刮削工具、拆装工具等，见表 1–1–2。

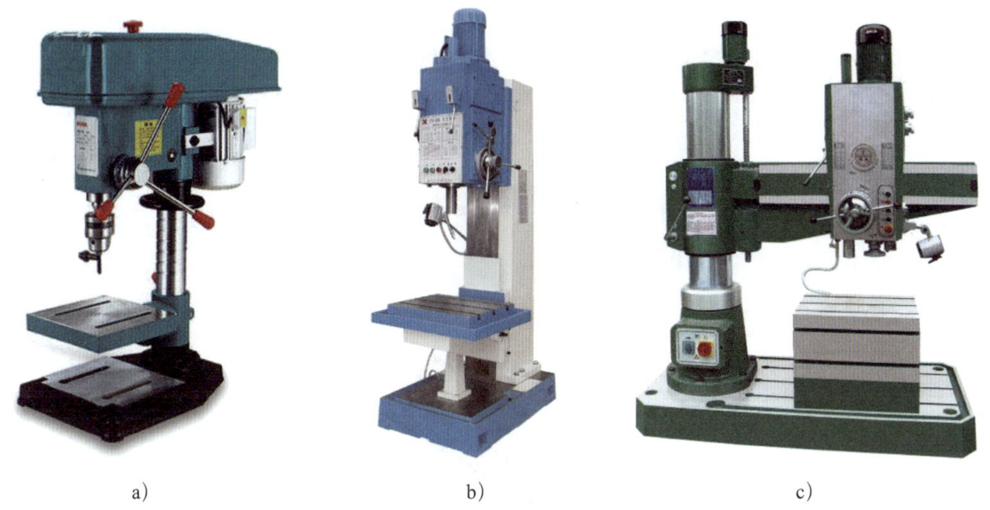

a) b) c)

图 1-1-7 钻床
a）台式钻床 b）立式钻床 c）摇臂钻床

表 1-1-2 钳工常用工具

序号	类型	名称	图示	说明
1	划线工具	划针		划针是划线用的基本工具，常与钢直尺、直角尺等导向工具一起使用
		划规		划规主要用来划圆和圆弧、等分线段、等分角度以及量取尺寸等，还可作为确定轴和孔的中心位置、划平行线的基本工具
		样冲		样冲主要用来在工件已划出的线条或圆弧中心上冲眼，使加工界限清晰。划圆时，在圆心位置打样冲眼可防止划规滑动；钻孔时，在圆心位置打样冲眼有利于钻头定位
		平板		平板是用于工件检测或划线的平面基准器具，用来安放工件和划线工具并在其工作面上完成划线和检测。放置时应使平板工作面处于水平状态

续表

序号	类型	名称	图示	说明
2	錾削工具	锤子		锤子是钳工常用的敲击工具
		錾子		錾子是錾削用的刀具，主要用来分割材料、錾削平面和沟槽等
3	锯削工具	锯弓		锯弓用来安装和张紧锯条
		锯条		锯条在锯削时起切削作用
4	锉削工具	锉刀	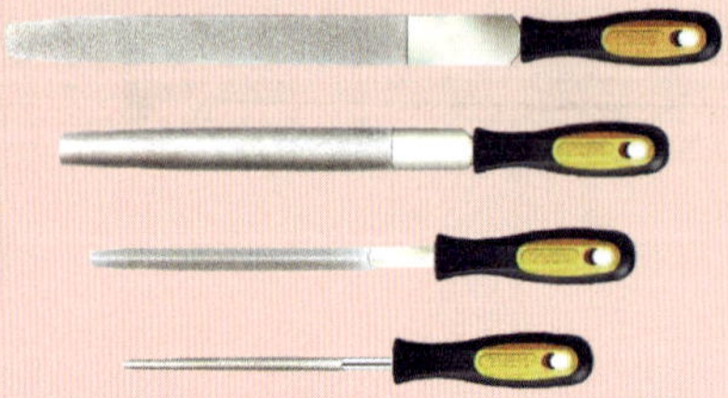	锉刀是锉削用的刀具，主要用来锉削内外平面、内外曲面、沟槽和各种复杂表面
5	孔加工工具	麻花钻		麻花钻是钳工常用的钻孔刀具
		铰刀		铰刀是具有一个或多个直刃或螺旋刃，用来从工件孔壁上切除微量金属层的精度较高的刀具

续表

序号	类型	名称	图示	说明
6	攻螺纹工具	丝锥		丝锥是加工内螺纹的刀具
		铰杠	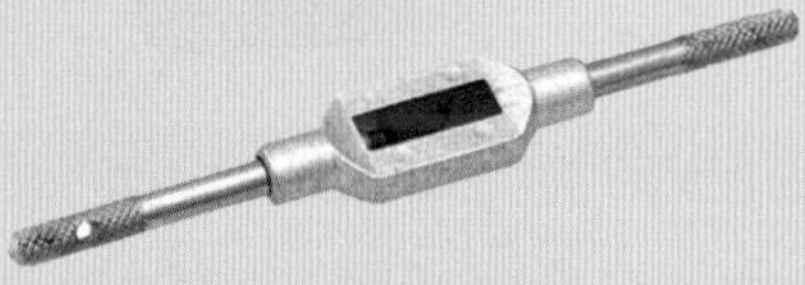	铰杠是手工攻螺纹时用来夹持丝锥的工具
7	套螺纹工具	板牙		板牙是加工外螺纹的刀具
		板牙架		板牙架是装夾板牙的工具
8	刮削工具	平面刮刀	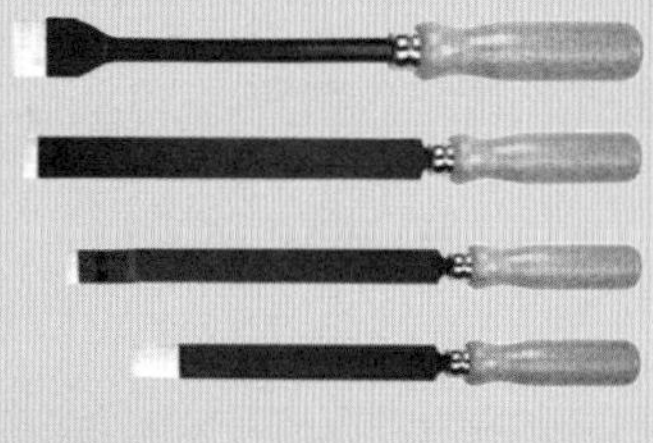	刮刀是刮削的主要工具，平面刮刀用来刮削平面和刮花，曲面刮刀用来刮削内曲面
		曲面刮刀		

续表

序号	类型	名称	图示	说明
9	拆装工具	扳手		扳手主要用来装拆六角头、方头螺栓和各种螺母，包括活扳手、呆扳手、梅花扳手、套筒扳手等
		螺钉旋具		螺钉旋具俗称螺丝刀，主要用来装拆头部开槽的螺钉，包括一字旋具和十字旋具

3. 认识钳工常用量具

钳工常用量具包括钢直尺、直角尺、游标卡尺、外径千分尺、游标万能角度尺、塞尺、百分表、游标高度卡尺、塞规、内径百分表等，见表 1–1–3。

表 1–1–3　钳工常用量具

序号	名称	图示	说明
1	钢直尺		钢直尺是具有一组或多组有序的标尺标记及标尺标数所构成的钢制板状的实物量具，常用来测量工件的长度、宽度和厚度。常用钢直尺的规格包括 150 mm、300 mm、500 mm、1 000 mm 等
2	直角尺		直角尺是测量面与基面相互垂直，用以检验直角、垂直度和平行度的实物器具，可用来找正工件在平板上的垂直位置，检验工件两个平面的垂直度和平行度
3	游标卡尺		游标卡尺是利用游标原理对两同名测量面相对移动分隔的距离进行读数的中等精度测量器具，可以直接测量工件的内径、外径、长度、宽度和深度等尺寸，其分度值包括 0.10 mm、0.05 mm、0.02 mm 等

续表

序号	名称	图示	说明
4	外径千分尺	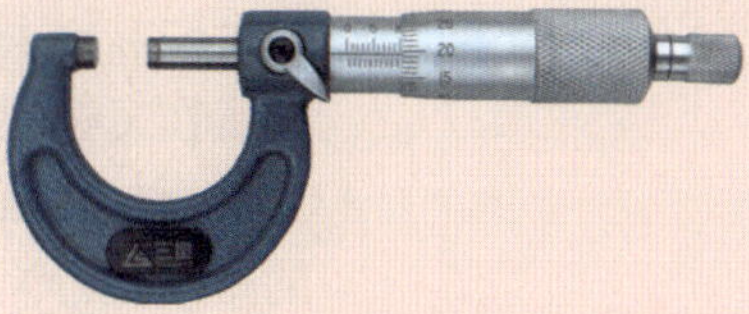	外径千分尺又称为螺旋测微器、分厘卡，是利用螺旋副原理，对尺架上两测量面间分隔的距离进行读数的外尺寸测量器具，其测量精度比游标卡尺高，分度值包括0.01 mm、0.001 mm和0.002 mm等
5	游标万能角度尺	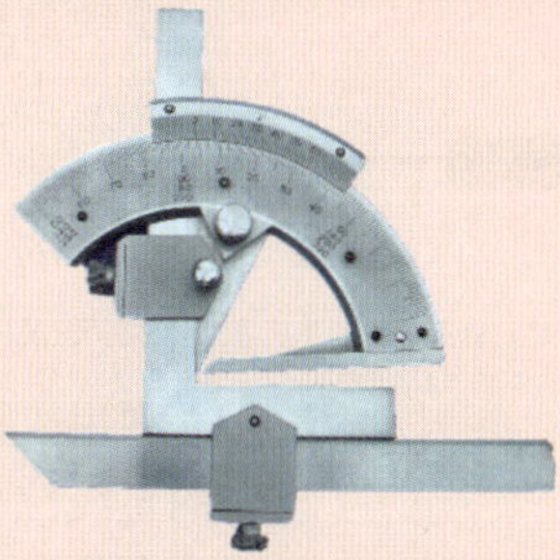	游标万能角度尺是利用活动直尺测量面相对于基尺测量面的旋转，对该两测量面间分隔的角度利用游标原理进行读数的角度测量器具，用来测量工件和样板的内、外角度，进行角度划线。游标万能角度尺包括Ⅰ型和Ⅱ型两种规格，其测量范围分别为0°～320°和0°～360°
6	塞尺		塞尺又称为厚薄规，是具有准确厚度尺寸的单片或成组的薄片，用于检验间隙的实物量具。塞尺的规格以长度和每组片数来表示，常用的长度规格包括100 mm、150 mm、200 mm、300 mm等
7	百分表	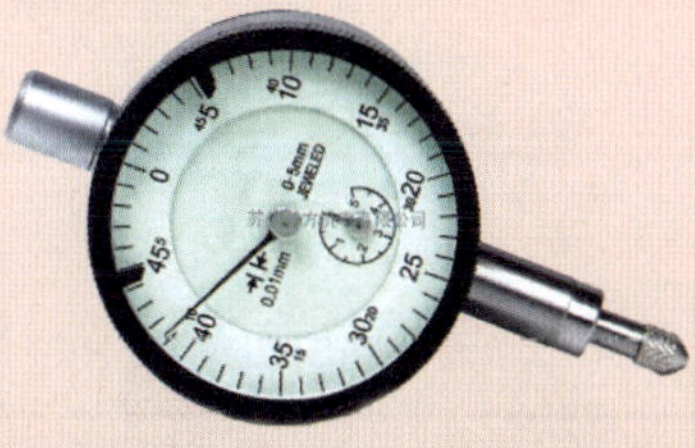	利用机械传动系统，将测量杆的直线位移转变为指针在圆度盘上的角位移，并由圆度盘进行读数的测量器具称为指示表，其中，分度值为0.01 mm的称为百分表，主要用来测量工件的尺寸和几何误差，也可用于检验机床的几何精度或调整工件的装夹位置偏差等。常用百分表的测量范围包括0～3 mm、0～5 mm和0～10 mm等规格

续表

序号	名称	图示	说明
8	游标高度卡尺	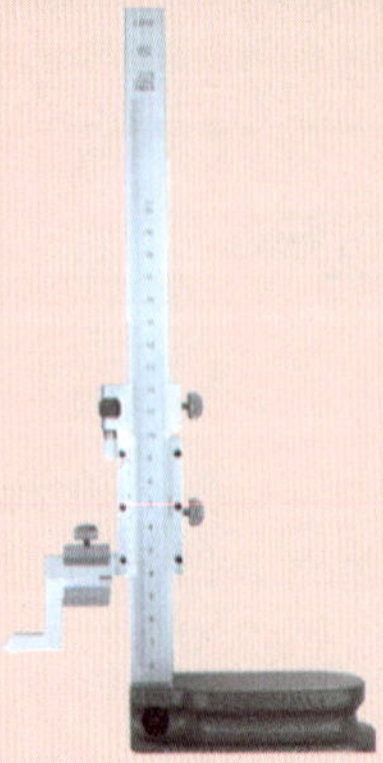	游标高度卡尺是利用游标原理对装置在尺框上的划线量爪或测量头工作面与底座工作面相对移动分隔的距离进行读数的测量器具，主要用来测量工件的高度和进行划线
9	塞规		塞规是用于孔径检验的光滑极限量规，其测量面为外圆柱面。其中，圆柱直径具有被检孔径最小极限尺寸的为孔用通规，具有被检孔径最大极限尺寸的为孔用止规
10	内径百分表	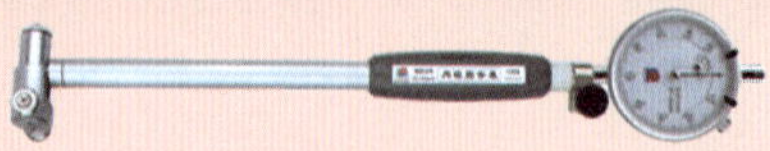	利用机械传动系统，将活动测头的直线位移转变为指针在圆度盘上的角位移，并由圆度盘进行读数的内尺寸测量器具称为内径指示表，其中，分度值为 0.01 mm 的称为内径百分表，又称为量缸表，主要用来测量孔径和孔的形状误差

4. 观摩钳工基本操作

钳工必须掌握的基本操作技能主要包括划线、錾削、锯削、锉削、钻孔、锪孔、铰孔、攻螺纹、套螺纹、刮削、研磨、装配与调试、测量和热处理等，见表 1–1–4。

表 1–1–4 钳工的基本操作技能

基本操作技能	图示	说明
划线		根据图样和技术要求，在毛坯或工件上，用划线工具划出待加工部位的轮廓线或作为基准的点和线

续表

基本操作技能	图示	说明
錾削		用锤子打击錾子对金属工件进行切削加工的方法
锯削	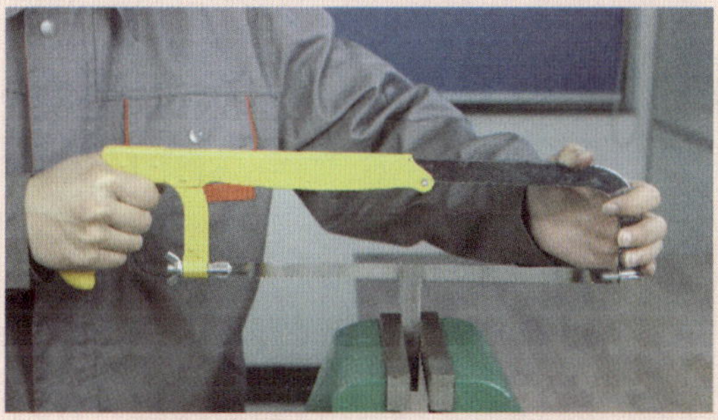	用手锯对材料或工件进行切断或切槽等的加工方法
锉削	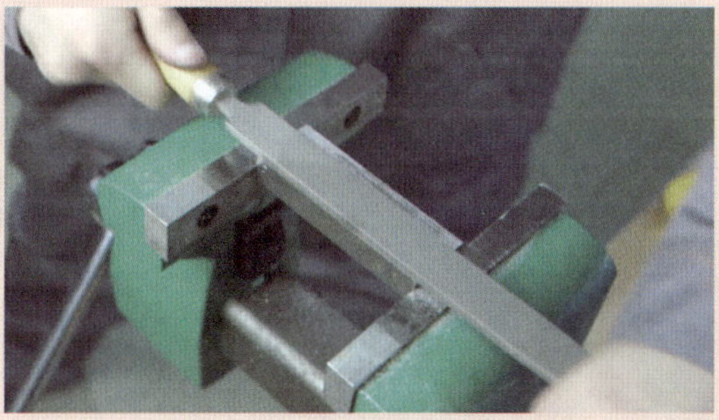	用锉刀对工件进行切削加工，使其尺寸、形状和表面粗糙度符合要求的操作方法
钻孔		用钻头在实体材料上加工孔的方法

续表

基本操作技能	图示	说明
锪孔		用锪钻在孔口表面锪出一定形状的孔或表面的加工方法
铰孔	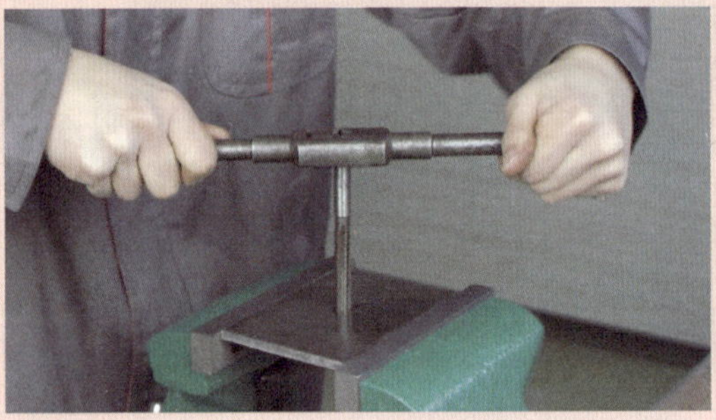	用铰刀从工件孔壁上切除微量金属层，以提高其尺寸精度和表面质量的加工方法
攻螺纹	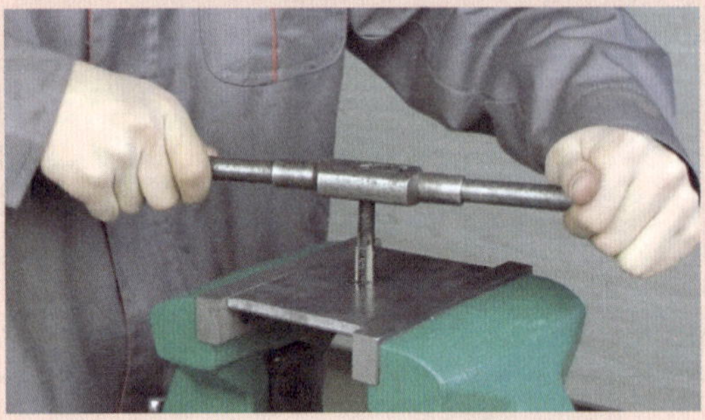	用丝锥在孔中切削出内螺纹的加工方法
套螺纹	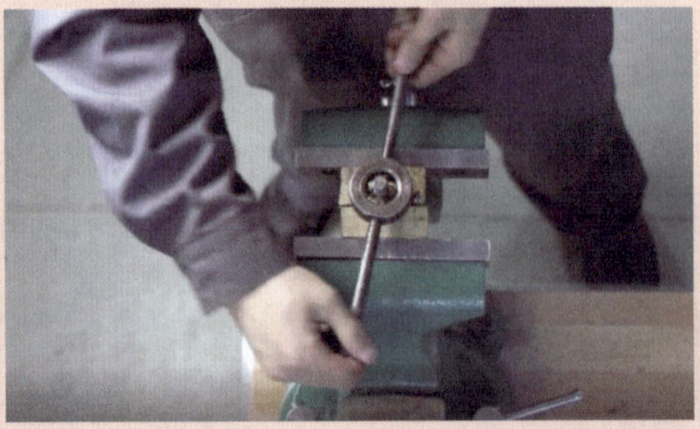	用板牙在圆杆或管子上切削出外螺纹的加工方法

续表

基本操作技能	图示	说明
刮削		用刮刀刮除工件表面金属薄层的加工方法
研磨		用研磨工具（研具）和研磨剂从工件表面上磨掉一层极薄的金属，使工件获得精确的尺寸、形状和极小的表面粗糙度值的加工方法
装配与调试		按规定的技术要求，将零件或部件进行配合和连接，并经过调整、检验和试车等，使其成为合格产品的工艺过程
测量	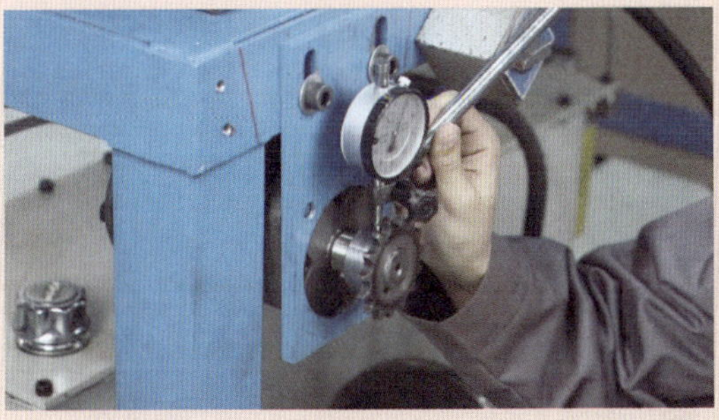	用量具检测工件或产品的尺寸、形状和位置是否符合图样要求的操作

续表

基本操作技能	图示	说明
热处理		通过对工件的加热、保温和冷却，改变金属和合金内部结构，以改变材料的力学性能、物理性能和化学性能的操作

三、拆装与维护台虎钳

回转式台虎钳的结构如图 1–1–8 所示，其上半部分能围绕底座做 360° 旋转，便于调整工作位置，应用最广泛。

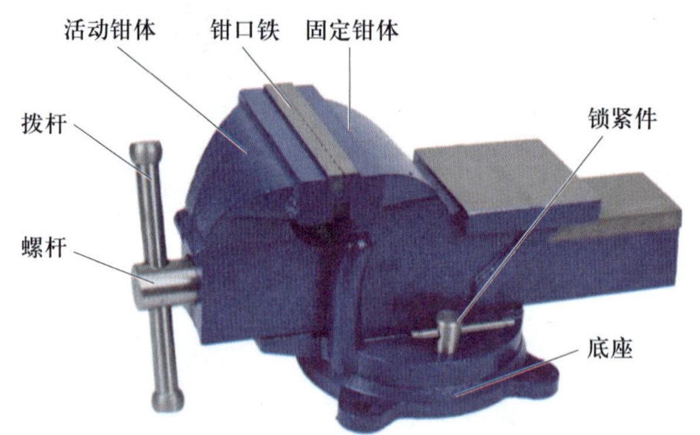

图 1–1–8　回转式台虎钳的结构

了解其结构后，可按照表 1–1–5 中的操作步骤进行台虎钳的拆装与维护练习。

表 1–1–5　台虎钳的拆装与维护

操作步骤	图示	说明
1. 认识台虎钳		操作要点：观察台虎钳外观，测量钳口宽度，识读铭牌 要求：了解台虎钳规格和型号的含义

续表

操作步骤	图示	说明
2. 打开与闭合台虎钳钳口		操作要点：单手转动台虎钳拨杆，练习台虎钳钳口的开合 要求：动作连贯、迅速，能记住拨杆旋转方向与钳口开合的关系
3. 观察钳口并调整钳口松紧和相对位置		操作要点：打开钳口，观察钳口网纹，网纹的作用是可靠地夹紧工件。如果钳口松动，可先用扳手拆下螺钉，清理钳口安装平面上的铁屑等杂物，再装上钳口，紧固螺钉 要求：钳口安装应无间隙、紧固可靠，两钳口合拢后应平齐
4. 松开与拧紧台虎钳锁紧件		操作要点：双手分别旋松两侧锁紧件 要求：卸下两侧锁紧件
5. 拆卸台虎钳，与底座分离		操作要点：将台虎钳上半部分与底座分离，小心地放置在一旁的台面上 要求：检查底座内夹紧盘是否损坏或断裂，如有损坏，应进行修理或更换

续表

操作步骤	图示	说明
6. 分离台虎钳活动钳体与固定钳体，维护保养螺杆		操作要点：将台虎钳活动钳体旋出，与固定钳体分离；清除内部杂物，并在螺杆上涂润滑油 要求：检查螺杆固定端弹簧、挡圈和开口销是否完好，如有损坏，应进行修理或更换
7. 维护保养台虎钳固定钳体内螺杆螺母		操作要点：清除固定钳体内部杂物，并在螺杆螺母内涂润滑油 要求：检查并调整螺杆螺母的固定螺钉，使螺杆螺母和螺杆能正常旋合
8. 装配台虎钳，并做转动练习		操作要点：将固定钳体装到底座上，并旋上两侧锁紧件；将活动钳体推入固定钳体内，使螺杆对准螺杆螺母，然后转动拨杆将活动钳体合拢 要求：装配完成后，活动钳体的旋入、旋出应灵活，无异响和阻滞现象；松开两侧锁紧件时，台虎钳能回转自如，夹紧时则能完全固定
9. 练习夹紧小型工件		操作要点：将小型长方体工件装夹在台虎钳上并夹紧 要求：装夹应牢固、端正，工件露出 15 ~ 20 mm。严禁用扳手、锤子敲击拨杆或套上接长杆扳拨杆来夹紧工件，防止台虎钳因超负荷而损坏

续表

操作步骤	图示	说明
10. 练习夹紧长条形工件		操作要点：将长条形铁板或圆棒垂直夹持在台虎钳上 要求：摆正台虎钳，工件下端伸出钳台边缘

台虎钳的拆装与维护评分表见表 1-1-6。

表 1-1-6 台虎钳的拆装与维护评分表

序号	项目	技术要求	评分标准	配分	得分
1	准备工作	劳动防护用品穿戴整齐	总体评定，酌情扣分	5	
2		工具、设备等准备齐全	总体评定，酌情扣分	5	
3	台虎钳拆装与维护技术规范	拆卸顺序正确，排列有序	不符合要求酌情扣分	20	
4		各部件擦洗干净，螺杆、螺杆螺母涂润滑油	不符合要求酌情扣分	20	
5		装配后转动灵活	不符合要求酌情扣分	30	
6	安全生产	遵守工作场地规章制度和安全文明生产要求	总体评定，酌情扣分	20	
总分				100	

知识拓展

一、台虎钳的工作原理

以回转式台虎钳为例，其活动钳体通过导轨与固定钳体作滑动配合。螺杆安装在活动钳体上，可以旋转，但不能轴向移动，并与安装在固定钳体内的螺杆螺母配合。转动拨杆使螺杆旋转，就可以带动活动钳体相对于固定钳体做轴向移动，起夹紧或放松钳口的作用。弹簧借助挡圈和开口销固定在螺杆上，其作用是放松钳口时，可使活动钳体及时退出。在固定钳体和活动钳体上，均装有钢制钳口，并用螺钉固定。钳口的工作面上制有交叉的网纹，使工件夹紧后不易滑动。钳口经过热处理淬硬，具有较好的耐磨性。固定钳体安装在底座上，并能绕底座轴线转动，当转到所要求的方向时，旋紧锁紧件，即可在夹紧盘的作用下将固定钳体紧固。底座上的螺栓孔用以与钳台固定。

台虎钳安装在钳台上时，必须使固定钳体的钳口工作面处于钳台边缘以外，以保证夹持长条形工件时，工件下端不受钳台边缘阻碍。

二、软钳口的安装

台虎钳钳口的夹紧力很大，而且钳口的硬度很高。当钳口夹紧工件时，在硬度较低的工件上容易留下装夹痕迹。对于有较高表面粗糙度要求的工件，这样装夹容易损伤工件表面，影响工件品质。为了防止出现上述情况，可以在钳口加装硬度较低的软钳口以保护工件。软钳口的安装如图 1–1–9 所示。

图 1–1–9　软钳口的安装

三、安全标志

安全标志是用以表达特定安全信息的标志。安全标志能够提醒人们预防危险，避免事故发生；当危险发生时，能够指示人们尽快逃离或者采取正确、有效、得力的措施，对危害加以遏制。安全标志的类型要与所警示的内容相吻合，而且设置位置要正确合理，否则难以充分发挥其警示作用。

安全标志分禁止标志、警告标志、指令标志和提示标志四大类型。

1. 禁止标志

禁止标志是禁止人们不安全行为的图形标志。例如，在爆炸性危险较高的区域，如汽油和可燃气体存在的地方，烟火、带火种和吸烟是被禁止的，必须在明显位置悬挂或张贴相应的禁止标志。禁止标志的几何形状是带有斜杠的圆形，圆形条带和斜杠为红色，背景色为白色，图形符号为黑色。常见禁止标志见表 1–1–7。

表 1-1-7 常见禁止标志

序号	名称	图形标志	序号	名称	图形标志
1	禁止吸烟		7	禁止启动	
2	禁止烟火		8	禁止合闸	
3	禁止带火种		9	禁止转动	
4	禁止用水灭火		10	禁止入内	
5	禁止放置易燃物		11	禁止触摸	
6	禁止堆放		12	禁止倚靠	

续表

序号	名称	图形标志	序号	名称	图形标志
13	禁止伸入		15	禁止穿化纤服装	化纤
14	禁止戴手套		16	禁止穿带钉鞋	

2. 警告标志

警告标志是提醒人们对周围环境引起注意，以避免可能发生危险的图形标志。例如，在仓库等区域，如果储存具有腐蚀性的蓄电池硫酸，必须在较高的可见位置悬挂或张贴相应的警告标志。警告标志的几何形状是等边三角形，三角形条带为黑色，背景色为黄色，图形符号为黑色。常见警告标志见表 1–1–8。

表 1–1–8　常见警告标志

序号	名称	图形标志	序号	名称	图形标志
1	注意安全		3	当心爆炸	
2	当心火灾		4	当心腐蚀	

续表

序号	名称	图形标志	序号	名称	图形标志
5	当心中毒		11	当心烫伤	
6	当心触电		12	当心伤手	
7	当心自动启动		13	当心夹手	
8	当心机械伤人		14	当心扎脚	
9	当心吊物		15	当心高温表面	
10	当心碰头		16	当心滑倒	

3. 指令标志

指令标志是强制人们必须做出某种动作或采用防范措施的图形标志。例如，使用磨床或砂轮机进行切割操作的人员必须戴防护眼镜。指令标志的几何形状是圆形，背景色为蓝色，图形符号为白色。常见指令标志见表 1–1–9。

表 1–1–9　常见指令标志

序号	名称	图形标志	序号	名称	图形标志
1	必须戴防护眼镜		6	必须戴安全帽	
2	必须戴遮光护目镜		7	必须戴防护帽	
3	必须戴防尘口罩		8	必须系安全带	
4	必须戴防毒面具		9	必须穿救生衣	
5	必须戴护耳器		10	必须穿防护服	

续表

序号	名称	图形标志	序号	名称	图形标志
11	必须戴防护手套		14	必须加锁	
12	必须穿防护鞋		15	必须接地	
13	必须洗手		16	必须拔出插头	

4. 提示标志

提示标志是向人们提供某种信息（如标明安全设施或场所等）的图形标志。提示标志的几何形状是方形，背景色为绿色，图形符号为白色。常见提示标志见表 1–1–10。

表 1–1–10　常见提示标志

序号	名称	图形标志	序号	名称	图形标志
1	紧急出口	 	2	避险处	

续表

序号	名称	图形标志	序号	名称	图形标志
3	应急避难场所		6	急救点	
4	可动火区		7	应急电话	
5	击碎板面		8	紧急医疗站	

四、“6S”管理制度

“6S”管理是现代工厂行之有效的现场管理理念和方法，其作用是提高效率，保证质量，使工作环境整洁有序，预防为主，保证安全。“6S”是指整理（SEIRI）、整顿（SEITON）、清扫（SEISO）、清洁（SEIKETSU）、素养（SHITSUKE）、安全（SAFETY）六个项目，因均以“S”开头，故简称“6S”。“6S”的内容和目的见表1-1-11。

表1-1-11 “6S”的内容和目的

项目	图示	内容	目的
整理		将工作场所的物品分为有必要和没有必要两类，除了有必要的留下来，其他的都处理掉	腾出空间，活用空间，防止误用，塑造清爽的工作场所

续表

项目	图示	内容	目的
整顿		把留下来的必要物品按规定位置摆放整齐并加以标识	使工作场所一目了然，消除寻找物品的时间，消除过多的积压物品
清扫		将工作场所内看得见和看不见的地方清扫干净，保持工作场所干净	稳定品质，减少工业伤害
清洁		将整理、整顿、清扫进行到底，并且制度化，经常保持环境处在清洁美观的状态	创造明朗现场，维持上述“3S”成果
素养		每位成员养成良好的习惯，并按规则做事，培养积极主动的精神（也称习惯性）	培养有好习惯、遵守规则的员工
安全		重视成员安全教育，每时每刻都有“安全第一”的观念，防患于未然	建立起安全生产的环境，所有的工作应确保在安全的前提下进行

任务小结

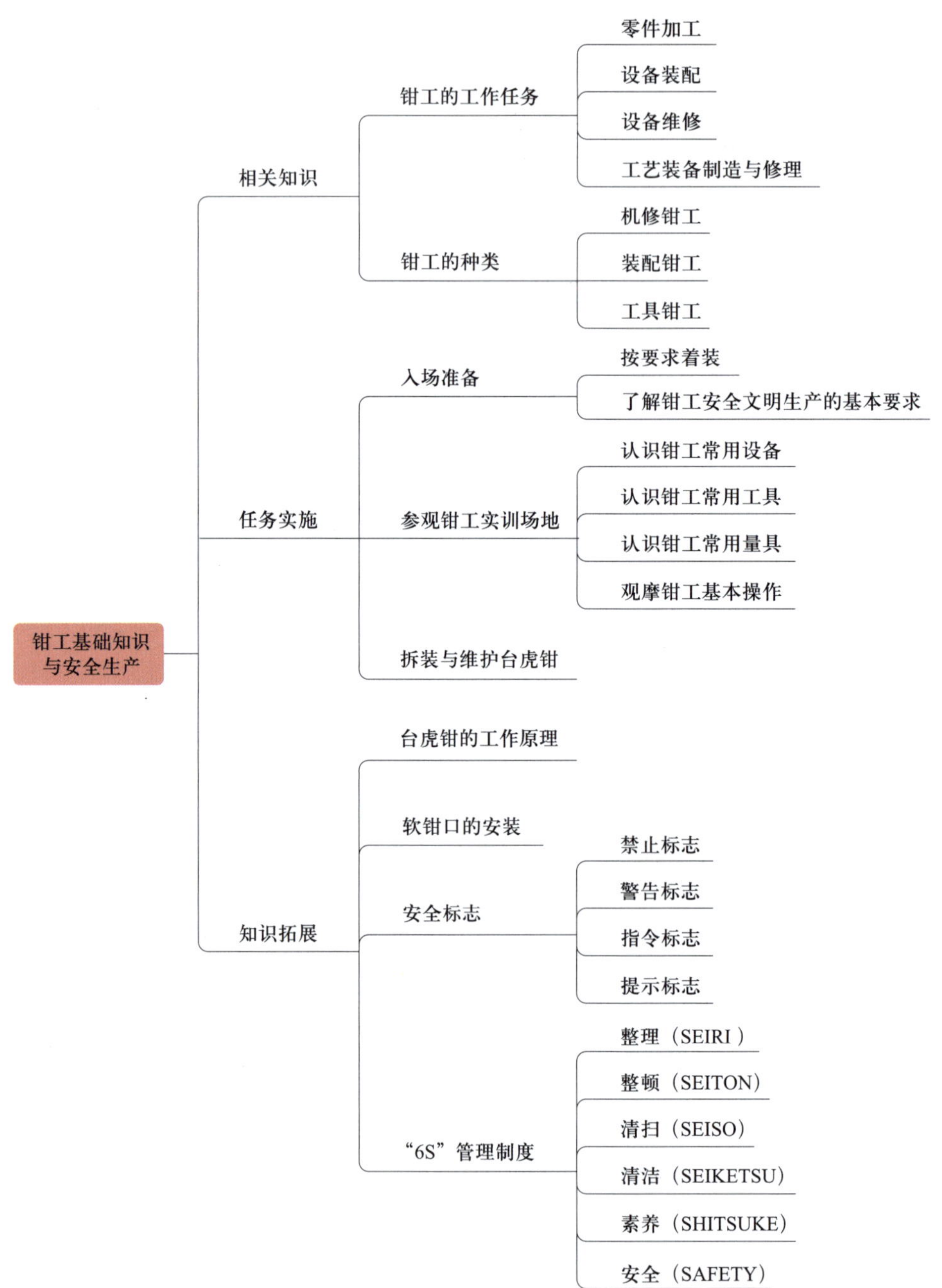
钳工基础知识与安全生产
相关知识
钳工的工作任务
零件加工
设备装配
设备维修
工艺装备制造与修理
钳工的种类
机修钳工
装配钳工
工具钳工
任务实施
入场准备
按要求着装
了解钳工安全文明生产的基本要求
参观钳工实训场地
认识钳工常用设备
认识钳工常用工具
认识钳工常用量具
观摩钳工基本操作
拆装与维护台虎钳
知识拓展
台虎钳的工作原理
软钳口的安装
安全标志
禁止标志
警告标志
指令标志
提示标志
“6S”管理制度
整理（SEIRI）
整顿（SEITON）
清扫（SEISO）
清洁（SEIKETSU）
素养（SHITSUKE）
安全（SAFETY）

任务2 焊工基础知识与安全生产

学习目标

1. 了解焊接的原理、分类和特点。
2. 了解焊接安全技术。
3. 了解焊工常用的防护用品，能正确使用防护用品。
4. 了解焊工常用的设备、工具和量具及基本操作。
5. 了解焊接安全生产要求和特殊环境中焊接的安全技术。

任务描述

焊工是指使用焊接或气割设备，进行金属工件焊接或切割成形的人员。在金属结构和机械设备的制造中，经常需要将两个或两个以上的工件连接在一起，焊接就是一种永久性连接方式。

本任务是参观焊工实训场地，观摩焊工的基本操作，学习焊工安全操作规范。

相关知识

一、焊接的原理

焊接是通过加热或加压，或两者并用，并且用或不用填充材料，使工件达到结合的一种方法。

焊接过程的实质就是通过施加外部能量，去除阻碍原子间结合的一切表面氧化膜和吸附层杂质，促使分离材料的原子接近，形成原子间的结合，得到一个优质的焊接接头。

常用的施加外部能量的方法主要有加热和加压两种。加热是把材料加热到熔化状态，或者把材料加热到塑性状态；加压是使材料产生塑性流动。现有焊接方法尽管实现焊接的方式不同，但它们所达到的效果是相同的，即实现原子间的结合。

二、焊接的分类

焊接的方法很多，根据焊接过程中金属所处状态的不同，焊接可分为熔焊、压焊和钎焊三类，如图 1–2–1 所示。

1. 熔焊

熔焊是指在焊接过程中对焊件进行局部加热，利用高温熔化焊件连接处的金属材料，不施加压力，待熔化的金属冷却后形成焊缝的焊接方法。常用的熔焊方法包括气焊、电弧焊、电渣焊、电子束焊、激光焊等。

2. 压焊

压焊是指在焊接过程中，无论是否加热焊件，都必须对焊件施加压力以完成焊接的焊接方法。常用的压焊方法包括锻焊、摩擦焊、电阻焊、气压焊、冷压焊、超声波焊、爆炸焊等。

3. 钎焊

钎焊是指采用比焊件材料熔点低的金属材料作钎料，将焊件和钎料加热到高于钎料熔点，而低于焊件材料熔点的温度，利用液态钎料润湿焊件，填充接头间隙，并与焊件材料相互扩散实现连接的焊接方法。常用的钎焊方法包括烙铁钎焊、激光钎焊、火焰钎焊、电阻钎焊、感应钎焊等。

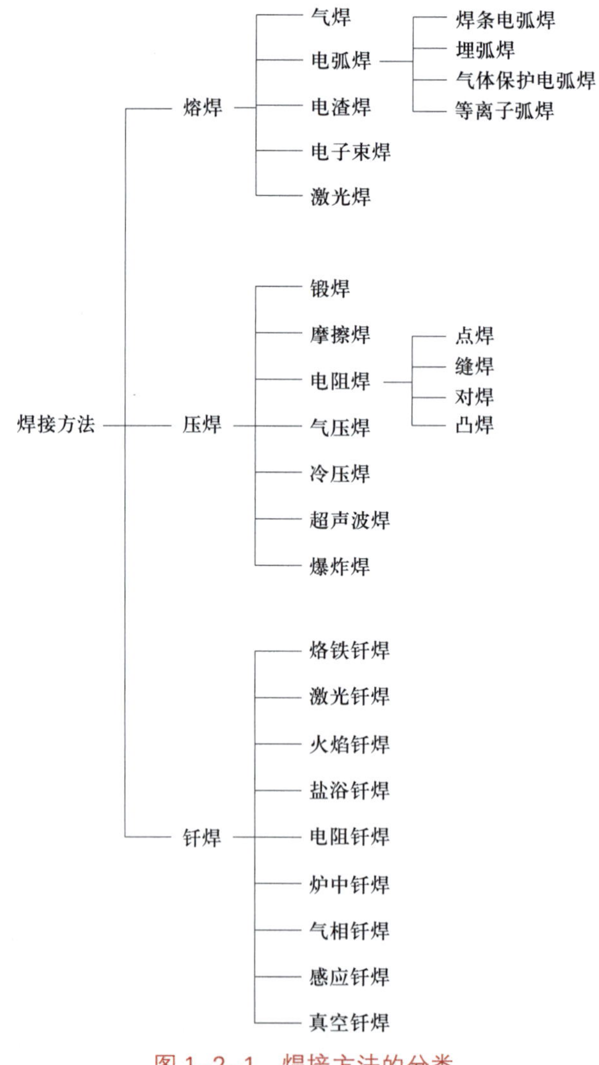

图 1-2-1　焊接方法的分类

三、焊接的特点

与其他加工方式相比，焊接具有以下特点：

1. 焊接的结构形式可实现多样化、复杂化。

2. 可将不同材料的工件焊接在一起，实现不同材料工件之间的连接。

3. 焊接设备简单，操作方便，生产工序简单，产品成本低。

4. 与铆接相比，焊接可节省金属材料，减小金属结构质量。

5. 焊接会产生焊接应力与变形，焊件中存在一定数量的焊接缺陷，焊接过程中会产生有毒、有害的物质等。

四、焊接安全技术

焊接作业过程中，焊工需要接触电、可燃气体和易燃、易爆物等，而且焊接时还会产生有毒有害气体、弧光辐射等，这就要求焊工必须了解和掌握焊接安全技术知识，熟知在焊接过程中可能发生的事故和职业危害的原因，才能有效地避免和杜绝事故的发生。

1. 预防触电的安全技术

为防止触电事故的发生，焊工在进行焊接操作时应注意以下几点：

（1）焊接前，应检查电焊机接地是否良好，电焊机电缆和焊钳等绝缘是否良好。

（2）在潮湿环境中焊接时，必须站在铺有绝缘物的地方，并穿好绝缘鞋。

（3）焊接时，严禁用手接触焊件、工作台、焊钳口等带电部件。

（4）接通或断开电焊机电源开关时，必须单手操作，以免触电时电流在人体内部形成回路。

（5）移动电焊机位置和焊接结束后，应先关闭电焊机电源开关，再断开总电源开关。

2. 预防火灾和爆炸的安全技术

为预防火灾和爆炸的发生，焊工在进行焊接操作时应注意以下几点：

（1）焊接前要认真检查焊接场地，10 m 范围内禁止存放易燃、易爆物品，如汽油、煤油、油漆、木屑等。

（2）在进行焊接作业时，应注意防止金属火花飞溅而引起火灾。

（3）对受压容器、密闭容器等进行焊接时，必须先进行检查，解除带压设备的压力，打开所有孔盖，再进行焊接。

（4）焊接或切割有油脂或化学物质残留污染的工件时，必须清洗干净之后再进行操作。

（5）在容器内进行焊接或切割时，严禁将焊接或切割工具放在容器内而擅自离开，以防乙炔等可燃气体泄露发生燃烧或爆炸。

（6）离开焊接现场时，应关闭气源、电源，熄灭火种。

（7）严禁在木板上进行焊接操作。

3. 预防弧光辐射和烫伤的安全技术

焊工应采取以下措施预防弧光辐射和烫伤：

（1）焊接前，应穿戴好劳动防护用品，尽量减少皮肤的裸露。

（2）焊接过程中，必须使用专业的焊接面罩，严禁眼睛直视电弧。

（3）在人多的场所进行焊接时，应在焊件周围设置防护屏，避免周围的人受弧光伤害。

（4）焊接后的工件除渣时应使用专业工具，并戴好护目镜，严禁用手直接触摸焊件。

4. 预防有害气体和烟尘中毒的安全技术

为防止有害气体和烟尘中毒事故的发生，焊工在进行焊接操作时应注意以下几点：

（1）焊接场地应具备良好的通风条件。

（2）做好个人防护工作，尽量减少人体对有害气体和烟尘的吸入。

（3）尽量使用埋弧焊等自动焊接方式，减少焊条电弧焊等手工焊接。

（4）对焊接场地进行合理布局，控制场地内同时进行焊接的焊工人数。

任务实施

一、入场准备

焊工作业时，应正确使用防护用品，这是加强焊工自我防护的主要措施。焊工操作现场与着装要求如图 1–2–2 所示。

图 1–2–2　焊工操作现场与着装要求

1. 认识焊工常用的防护用品

焊接作业时防护用品的种类较多，包括工作服、工作帽、防护手套、防护鞋、焊接面罩、护目镜、防尘口罩、防毒面具、耳塞、耳罩和防噪声头盔等。进行高空焊接作业时，还需戴安全帽、系安全带等。焊工常用的防护用品包括以下几种。

（1）工作服、防护手套和防护鞋

焊工使用的工作服、防护手套和防护鞋如图 1–2–3 所示。工作服常采用棉质白色帆布制作，白色对弧光有反射作用，可以起到隔热、减少弧光辐射和金属飞溅等对人体的伤害等作用。防护手套和防护鞋是有效预防触电所必须穿戴的防护用品。

a)　　b)　　c)

图 1–2–3　焊工防护用品

a）工作服　b）防护手套　c）防护鞋

（2）焊接面罩

焊接面罩是焊接必备的防护用具，其上装有符合作业条件的滤光玻璃，可以防止焊接飞溅、弧光、高温对焊工面部和颈部的灼伤和烫伤，分为手持式和头盔式等类型，如图 1–2–4 所示。焊接面罩要求具有轻便、耐热、不导电、不导热、不漏光等特点。

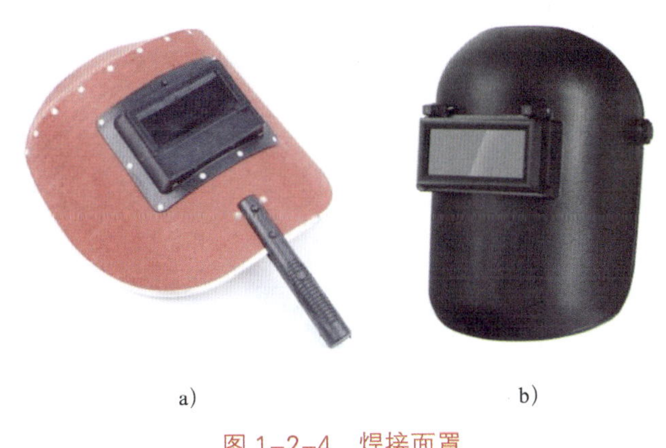

a)　　b)

图 1–2–4　焊接面罩

a）手持式　b）头盔式

（3）护目镜

护目镜主要用来减弱弧光强度和过滤红外线、紫外线，避免焊工的眼睛受到上述有害因素的危害，如图 1–2–5 所示。

2. 按要求使用防护用品

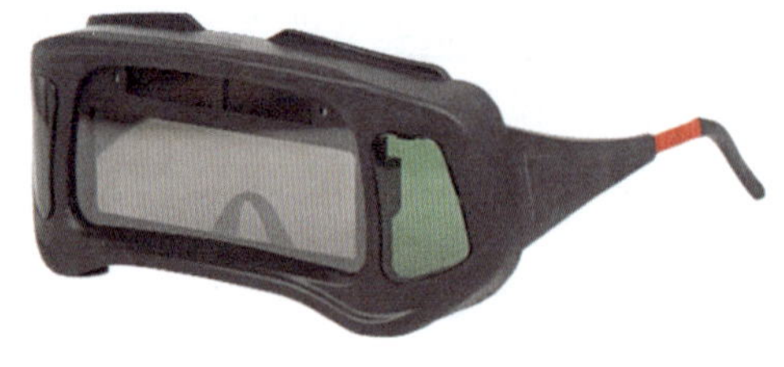
图 1–2–5 护目镜

（1）穿工作服时要把衣领和袖口扣好，上衣不应扎在工作裤里边，裤腿不应塞到鞋内，工作服不应有破损、孔洞和缝隙，不允许穿沾有油脂或潮湿的工作服。

（2）防护手套和防护鞋不应潮湿或破损。

（3）正确选择焊接面罩上滤光玻璃的遮光号和气焊、气割护目镜的镜片。

二、参观焊工实训场地

1. 认识焊工常用设备、工具

焊工常用的设备、工具包括焊炬、割炬、氧气瓶、乙炔瓶、减压器、橡胶软管、半自动切割机、电焊机、电焊机电缆、焊钳、地线夹、快速接头等。

（1）焊炬

焊炬是气焊时用于控制气体混合比、流量及火焰，并进行焊接的工具，其作用是将可燃气体和氧气按一定比例混合，并以一定的速度喷出燃烧，从而生成具有一定能量、成分和形状稳定的火焰，如图 1–2–6 所示。

（2）割炬

割炬是手工气割的主要工具，其作用是将可燃气体与氧气以一定的比例和方式混合后，形成具有一定能量和形状的预热火焰，并在预热火焰的中心喷射切割氧气进行气割。与焊炬的区别是，割炬多了一个切割氧气调节阀，如图 1–2–7 所示。

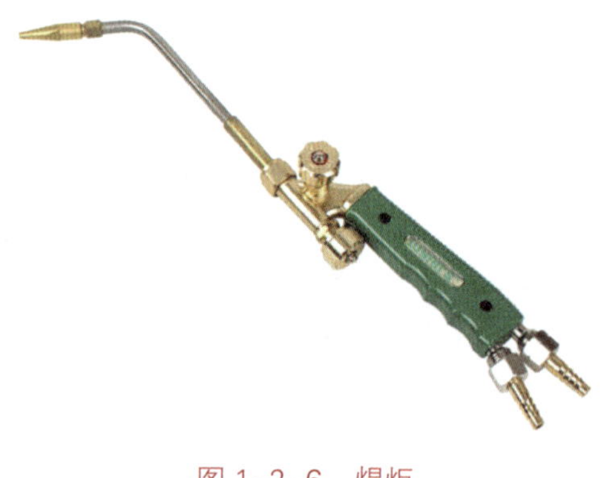
图 1–2–6 焊炬

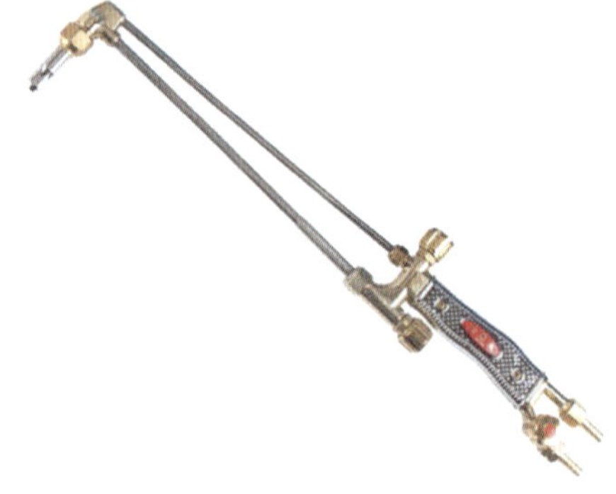
图 1–2–7 割炬

（3）氧气瓶

氧气瓶是储存和运输氧气的高压容器，由瓶体、瓶阀、瓶帽和防振圈等部分组成，瓶体外表面涂成淡（酞）蓝色，并标注黑色“氧”字样，如图 1–2–8 所示。标准氧气瓶的容积为 40 L，瓶内最高压力为 15 MPa，一般可储存 6 000 L 氧气。

（4）乙炔瓶

乙炔瓶是储存和运输乙炔的低压容器，瓶体外表面涂成白色，并标注大红色“乙炔 不可近火”字样，如图 1–2–9 所示。瓶内最高压力为 1.5 MPa，瓶内装有浸满丙酮的多孔填料，以使乙炔稳定而安全地储存在乙炔瓶内。

图 1–2–8　氧气瓶

图 1–2–9　乙炔瓶

（5）减压器

减压器又称为压力调节器，是将高压气体降为低压气体的调节装置。减压器可以将气瓶输出气体的气压降低到工作气压，同时稳定工作压力。按用途不同，减压器可分为氧气减压器、乙炔减压器等，如图 1–2–10 所示。

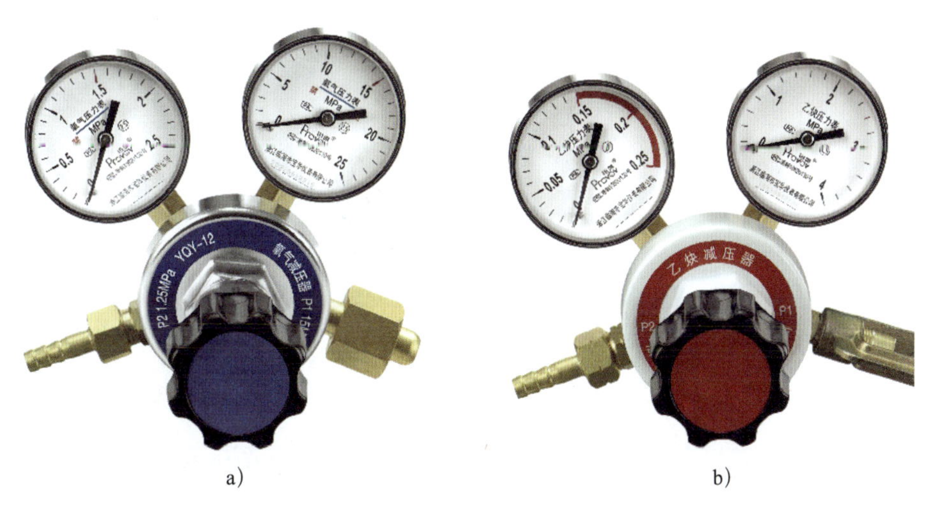

图 1–2–10　减压器

a）氧气减压器　b）乙炔减压器

（6）橡胶软管

氧气瓶和乙炔瓶中的气体须用橡胶软管输送到焊炬或割炬中。根据所输送气体的不同，橡胶软管可分为氧气胶管和乙炔胶管等，氧气胶管的外观为蓝色，乙炔胶管的外观为红色，如图 1-2-11 所示。

a）　　　　b）

图 1-2-11　橡胶软管

a）氧气胶管　b）乙炔胶管

（7）半自动切割机

半自动切割机带动割炬行走以达到半自动切割的目的，如图 1-2-12 所示。

图 1-2-12　半自动切割机

（8）电焊机

电焊机是将电能转换成焊接能量并实现焊接操作的整套装置设备，包括焊接电源及附件等。电焊机可分为电弧焊机、电渣焊机、电阻焊机、螺柱焊机、摩擦焊机、电子束焊机、激光焊机、超声波焊机、钎焊机等，常用的电弧焊机如图 1-2-13 所示。

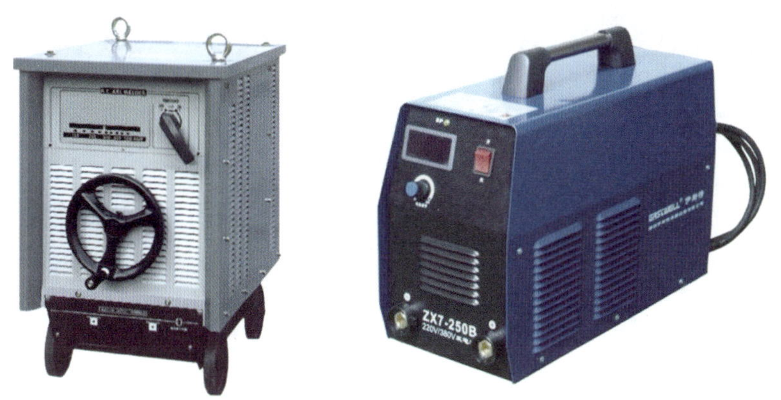

图 1-2-13　电弧焊机

（9）电焊机电缆、焊钳、地线夹、快速接头，如图 1-2-14 所示。

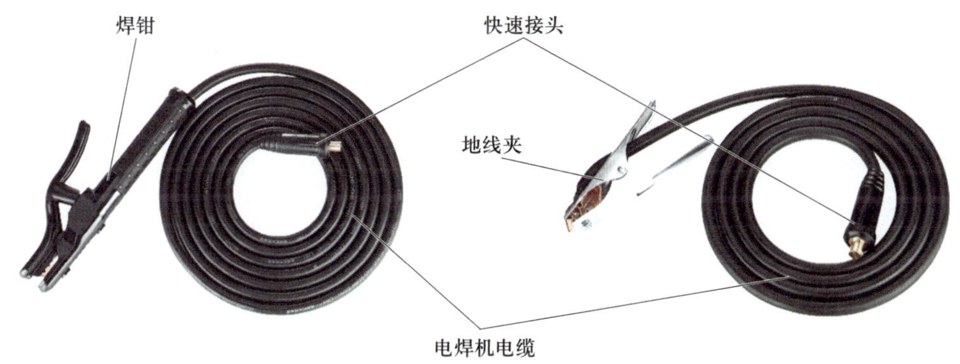

图 1-2-14　电焊机电缆、焊钳、地线夹、快速接头

2. 认识焊工常用辅助工具

焊工常用的辅助工具包括敲渣锤、錾子、钢丝刷、锉刀、通针、焊条保温筒等，见表 1-2-1。

表 1-2-1　焊工常用的辅助工具

序号	名称	图示	说明
1	敲渣锤		两端制成尖铲形或扁铲形的清渣工具

续表

序号	名称	图示	说明
2	錾子		用于清除熔渣、飞溅物和焊瘤的工具
3	钢丝刷		用于清除焊件表面铁锈、污物和熔渣的工具
4	锉刀		用于修整焊件坡口钝边、毛刺和焊件根部接头的工具
5	通针	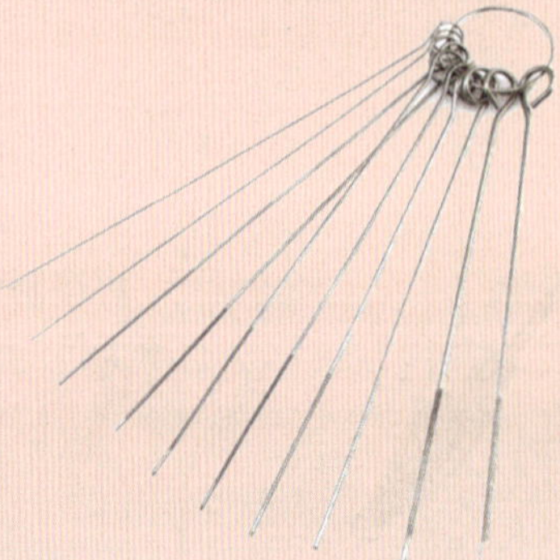	用于清理导电嘴、焊嘴、割嘴内部残渣的工具

续表

序号	名称	图示	说明
6	焊条 保温筒		焊工现场携带的保温容器，用于保持焊条的干燥度，可以随焊随取

3. 认识焊工常用量具

焊工最常用的量具是焊缝检测尺，用于测量焊前焊件的坡口角度、装配间隙、错边以及焊后焊缝的余高、焊缝宽度和角焊缝焊脚尺寸等，如图 1-2-15 所示。

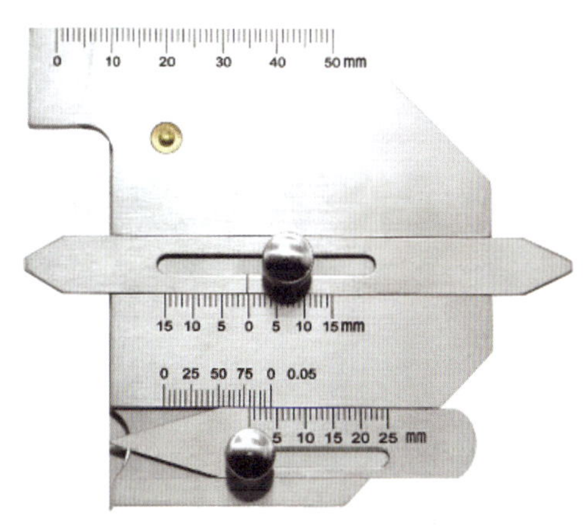

图 1-2-15　焊缝检测尺

4. 观摩焊工基本操作

焊工的基本操作技能如气体保护电弧焊、电阻点焊、气割见表 1-2-2。

在学习焊工基础知识和参观焊工实训场地之后，进行安全技术知识考核，成绩合格者方可进入后续实训环节。

表 1-2-2　焊工的基本操作技能

基本操作技能	图示	说明
气体保护 电弧焊		用外加气体作为电弧介质并保护电弧和焊接区的电弧焊方法

续表

基本操作技能	图示	说明
电阻点焊		将焊件装配成搭接接头，并压紧在两电极之间，利用电阻热熔化母材金属，形成焊点的电阻焊方法
气割		利用可燃气体与助燃气体混合燃烧所释放出的热量进行金属切割的方法

知识拓展

一、焊接安全生产要求

为保证安全生产，在下列情况下不得进行焊接、切割作业（“十不”焊、割）：

1. 施焊人员没有特种作业操作证不能进行焊、割作业。

2. 凡属于需要动火审批手续的，手续不全不得擅自进行焊、割作业。

3. 焊工不了解焊、割现场周围情况时，不能盲目进行焊、割作业。

4. 焊工不了解焊、割件内部是否安全时，不能进行焊、割作业。

5. 对盛装过可燃气体和液体、有毒物质的各种容器，未经清洗，不能进行焊、割作业。

6. 用可燃材料进行保温、冷却、隔音、隔热的部位，若火星能飞溅到，在采取可靠的安全措施前，不能进行焊、割作业。

7. 有电流、压力的导管、设备、器具等在断电、泄压前，不能进行焊、割作业。

8. 焊、割部位附近堆放有易燃、易爆物品，在彻底清理或采取有效防护措施前，不能进行焊、割作业。

9. 与外围设备相接触的部位，在没有弄清楚外围设备有无影响或明知存在危险性又未采取切实有效的安全措施时，不能进行焊、割作业。

10. 焊、割场所与附近其他工种互相抵触时，不能进行焊、割作业。

二、特殊环境中焊接的安全技术

特殊环境是指一般工业企业的正规厂房以外的地方，如高空、野外、容器内等场所。在特殊环境中进行焊接作业时，除了遵守上述安全生产要求，还应遵守以下特殊规定。

1. 高空焊接作业

在距离地面 2 m 及以上有可能坠落的高处进行的焊接作业称为高空焊接作业。焊工在进行高空焊接作业时应注意以下几点：

（1）酒后及患有高血压、心脏病等疾病的人员不得进行高空焊接作业。

（2）高空焊接作业时，焊工应系好安全带，且地面应有人监护。

（3）高空焊接作业时，电焊机电缆等应扎紧在固定的地方，严禁将电焊机电缆缠绕在身上或搭在背上。

（4）尽量将电焊机、氧气瓶、乙炔瓶等留在地面上。

（5）严禁在雨天、雪天、雾天或大风（六级以上）天气时进行高空焊接作业。

2. 容器内焊接作业

（1）在进入容器内部之前，应先弄清楚容器内部的情况。

（2）应隔离和切断容器与外界联系的部件，如设备上的水管、压力管等；对装有污染物的容器，应先进行清洗并确认无危险后才能进入。

（3）应派专人对容器内的焊接作业进行监护。

（4）保证容器内部具有良好的通风条件。

（5）在容器内部进行焊接作业时，应做好绝缘防护工作，最好垫上绝缘垫，避免发生触电事故。

3. 露天或野外焊接作业

（1）夏季在露天环境中进行焊接作业时，必须搭建防风雨棚或临时凉棚。

（2）露天作业时应注意风向，避免焊接飞溅伤人。

（3）严禁在雨天、雪天或雾天进行露天作业。

（4）夏季在露天环境中进行气焊、气割时，应避免氧气瓶、乙炔瓶直接受烈日暴晒，以防气体受热膨胀而发生爆炸。

（5）冬季在露天环境中进行焊接作业时，若环境温度低于 –5 ℃，必须在焊接区域搭建防护棚，提高焊接环境温度并防风、防雨和防雪。

（6）冬季在露天环境中进行焊接作业时，如有必要，焊接前应对焊缝进行预热，以提高焊接质量。

任务小结

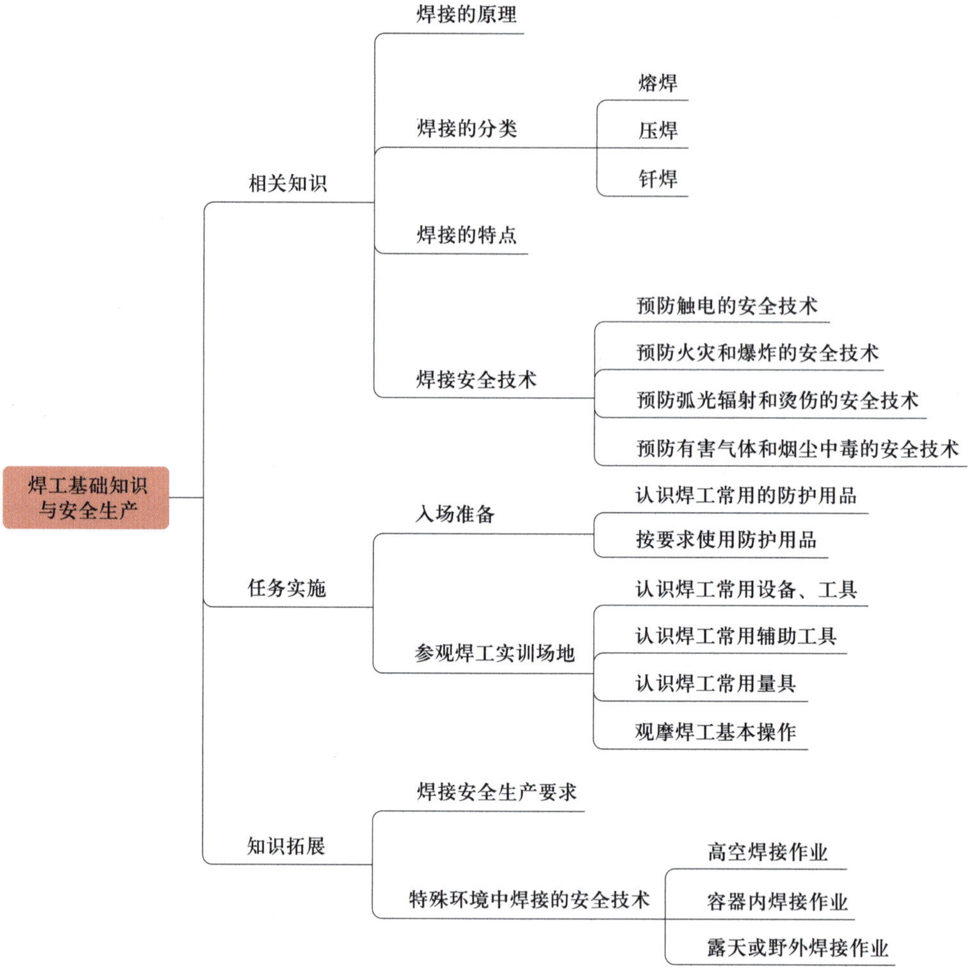

- 焊工基础知识与安全生产
  - 相关知识
    - 焊接的原理
    - 焊接的分类
      - 熔焊
      - 压焊
      - 钎焊
    - 焊接的特点
    - 焊接安全技术
      - 预防触电的安全技术
      - 预防火灾和爆炸的安全技术
      - 预防弧光辐射和烫伤的安全技术
      - 预防有害气体和烟尘中毒的安全技术
  - 任务实施
    - 入场准备
      - 认识焊工常用的防护用品
      - 按要求使用防护用品
    - 参观焊工实训场地
      - 认识焊工常用设备、工具
      - 认识焊工常用辅助工具
      - 认识焊工常用量具
      - 观摩焊工基本操作
  - 知识拓展
    - 焊接安全生产要求
    - 特殊环境中焊接的安全技术
      - 高空焊接作业
      - 容器内焊接作业
      - 露天或野外焊接作业

模块二 钳工基本技能

任务1 在圆钢棒料上划线

学习目标

1. 了解划线的分类、作用和划线基准的选择。
2. 掌握常用划线工具的使用方法。
3. 能正确使用划线工具，按图样要求在圆钢棒料上完成划线。

任务描述

按照图 2-1-1 所示划线图样要求，在圆钢棒料上进行划线，划线前、后的工件如图 2-1-2 所示。

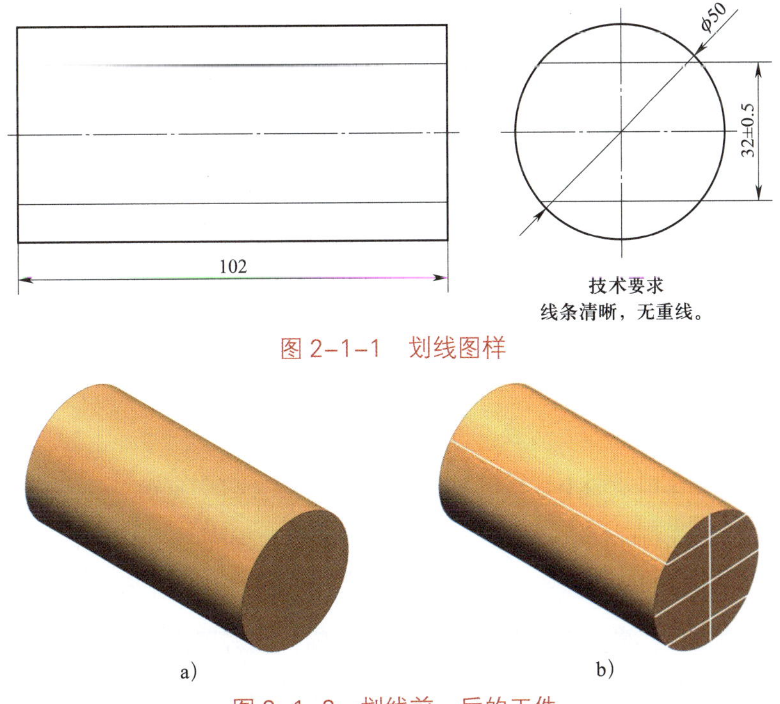

图 2-1-1 划线图样

图 2-1-2 划线前、后的工件

a）划线前的工件 b）划线后的工件

任务分析

划线是机械加工的重要工序之一，广泛应用于单件和小批量生产。划线是指根据图样和技术要求，在毛坯或工件上，用划线工具划出待加工部位的轮廓线或作为基准的点和线。

分析图 2–1–1 可知，本任务是在圆钢棒料两端面和外圆柱面上划出錾削加工的轮廓线。要完成该任务，应先了解划线的分类、作用和划线基准的选择，掌握常用划线工具的使用方法。

相关知识

一、划线概述

1. 划线的分类

划线分为平面划线和立体划线两种。只需要在工件的一个表面上划线即能明确表示加工界线的称为平面划线，如图 2–1–3 所示。需要在工件的几个互成不同角度（通常是互相垂直）的表面上划线，才能明确表示加工界线的称为立体划线，如图 2–1–4 所示。划线精度一般为 0.25 ~ 0.5 mm。

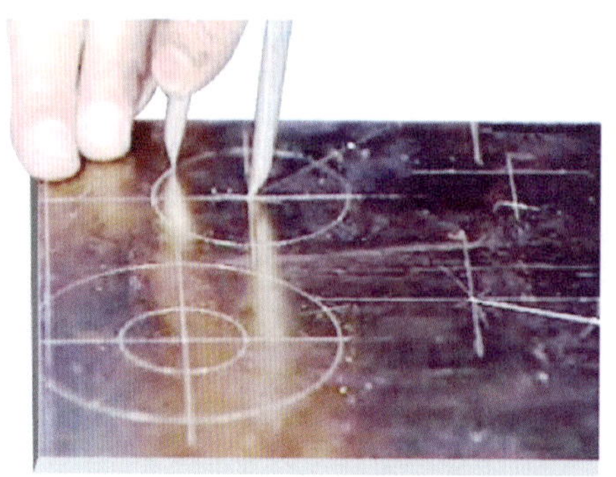
图 2–1–3　平面划线

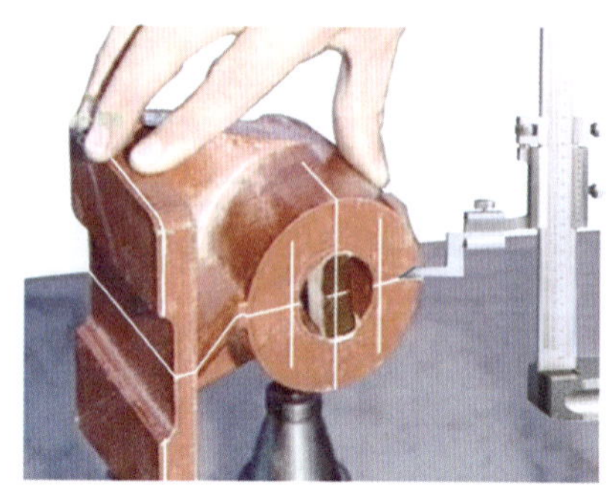
图 2–1–4　立体划线

2. 划线的作用

（1）确定工件上的加工余量，使机械加工有明确的尺寸界线。

（2）便于复杂工件在机床上安装，可按划线找正定位。

（3）能够及时发现和处理不合格的毛坯，避免加工后造成损失。

（4）采用借料划线可以使误差不大的毛坯得到补救，提高毛坯的利用率。

由此可见，划线的准确与否，将直接影响产品的质量和生产效率的高低。划线除要求划出的线条清晰均匀外，最重要的是要保证尺寸准确，线若划错，工件加工出来就会报废。因此，划线时要反复核对尺寸，正确使用测量器具和划线工具，以防出错。注意：不是所有的工件都必须经过划线才能进行加工。

二、划线工具

1. 平板

平板是用于工件检测或划线的平面基准器具，如图 2–1–5 所示，主要用来安放工件和划线工具并在其工作面上完成划线和检测。

使用时，应使平板工作面处于水平状态，并保持清洁；使用完毕要擦拭干净，并涂油防锈。工件和工具在平板上要轻拿轻放，不可损伤其工作面。

图 2–1–5 平板

2. V 形架

V 形架是工作面为一 V 形槽面，用于圆柱形工件检查或划线的器具。V 形架一般都是两块一副，V 形槽夹角为 90° 或 120°，主要用来支撑圆柱形工件；带 U 形夹的 V 形架可带动工件一起翻转，实现多方位划线，如图 2–1–6 所示。

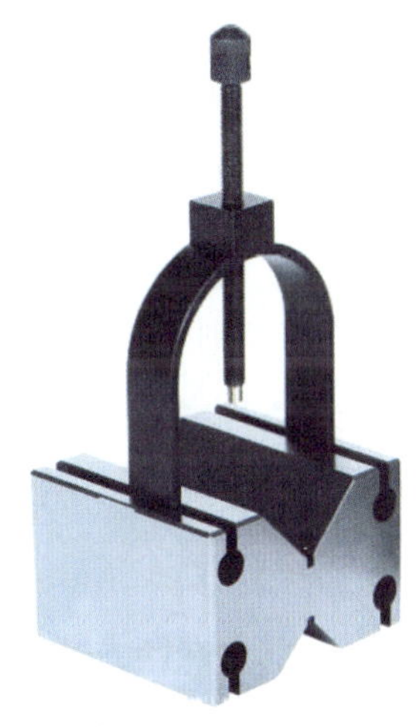

图 2–1–6 V 形架

3. 游标高度卡尺

游标高度卡尺是利用游标原理对装置在尺框上的划线量爪或测量头工作面与底座工作面相对移动分隔的距离进行读数的测量器具，既可用来测量高度，又可用来划线。游标高度卡尺由底座、主尺、尺框、划线量爪和微动装置等组成，其分度值一般为 0.02 mm。划线时，游标高度卡尺的尺框上下移动至不同高度，带动划线量爪划出不同高度的线条，如图 2–1–7 所示。

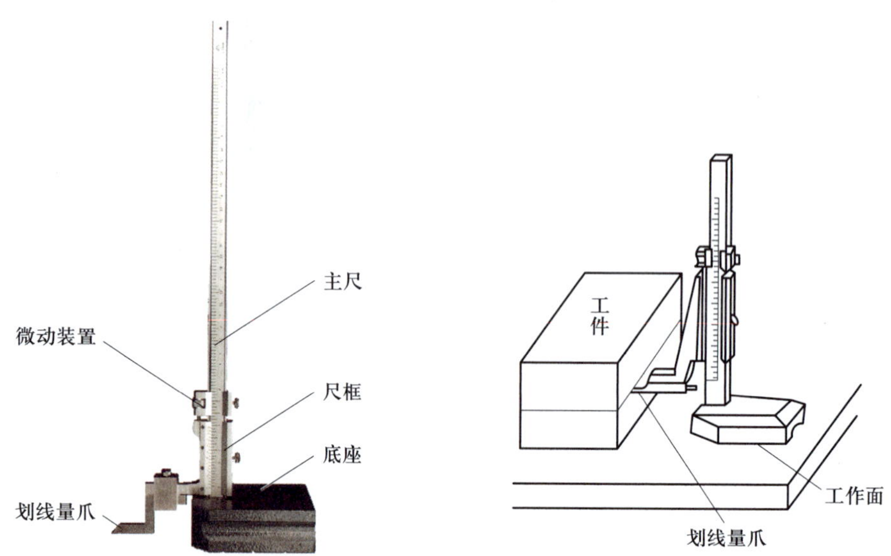

图 2-1-7　用游标高度卡尺划线

三、划线基准的选择

1. 基准的概念

基准是指图样（或工件）上用来确定生产对象上几何关系所依据的那些点、线、面。设计时，在图样上所采用的基准称为设计基准。划线时，在工件上所采用的基准称为划线基准。

2. 划线基准的选择原则

（1）以设计基准作为划线基准。

（2）工件若有不加工表面，一般选择不加工表面作为划线基准。

（3）选择重要表面作为划线基准。

（4）选择加工量小的表面作为划线基准。

（5）工件若有已加工表面，应尽量选择已加工表面作为划线基准。

3. 划线基准的基本类型

划线时应从划线基准开始。合理选择划线基准，是提高划线质量和效率的关键。划线基准选择的基本原则是应尽可能使划线基准与设计基准相一致。划线基准一般包括以下三种基本类型，见表 2-1-1。

划线时在工件的每一个方向都需要选择一个划线基准，因此，平面划线一般要选择两个划线基准，立体划线一般要选择三个划线基准。立体划线一般在长、宽、高三个方向上进行。

表 2-1-1　划线基准的基本类型

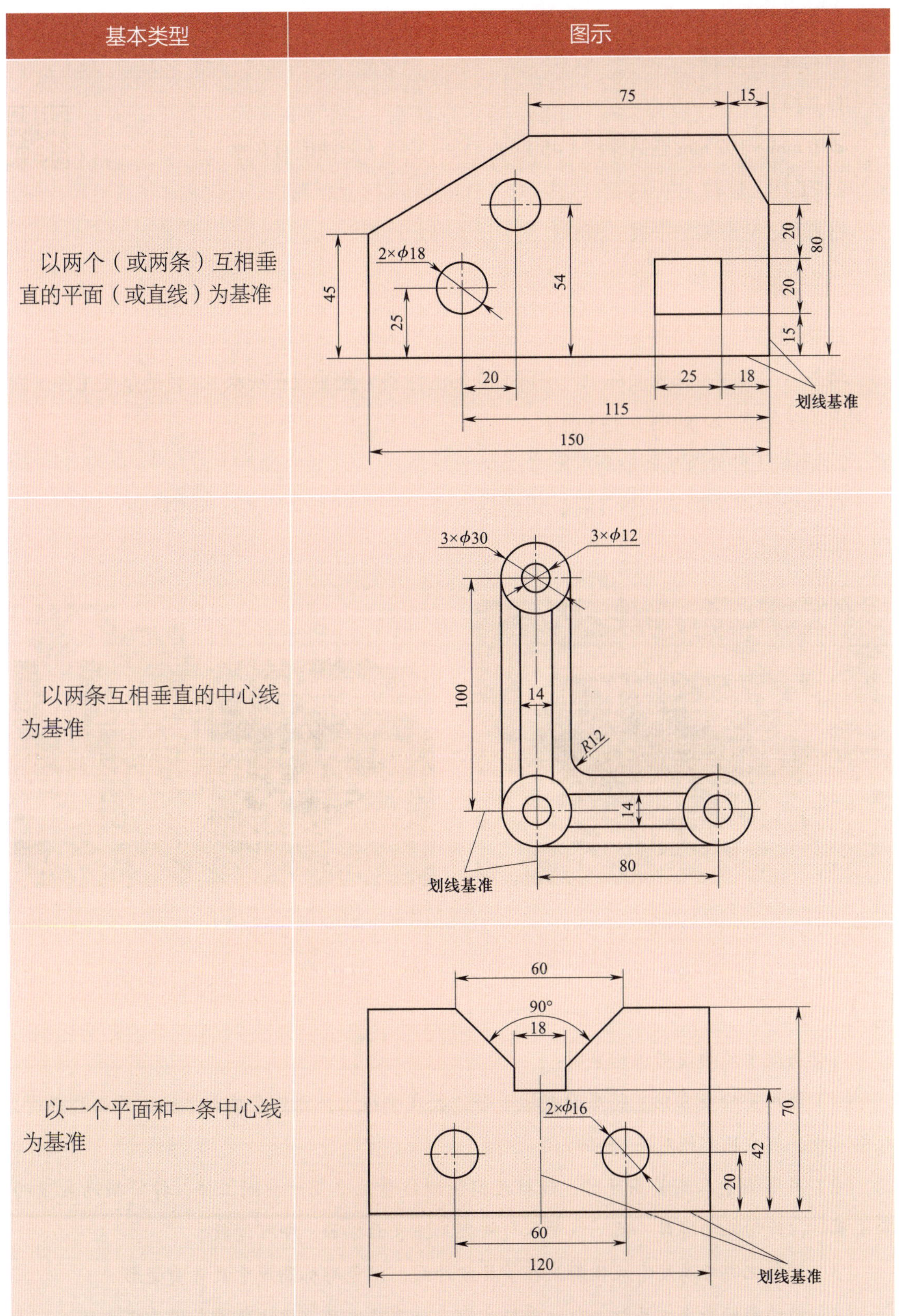

基本类型	图示
以两个（或两条）互相垂直的平面（或直线）为基准	
以两条互相垂直的中心线为基准	
以一个平面和一条中心线为基准	

任务实施

一、准备工作

1. 材料

ϕ50 mm × 102 mm 圆钢棒料（45 钢），划线涂料（蓝油或石灰水）。

2. 工具、量具

钢直尺、V 形架、平板、游标高度卡尺、直角尺等。

二、划线

1. 涂色

清理工件表面，在表面涂上一层薄而均匀的涂料（蓝油或石灰水），目的是使工件表面上划出的线条清晰，如图 2–1–8 所示。

2. 测量工件外圆柱面最高点尺寸

在平板上用 V 形架放置工件，用游标高度卡尺测出工件外圆柱面最高点的尺寸，如图 2–1–9 所示。

图 2–1–8　用蓝油涂色

图 2–1–9　用游标高度卡尺测量工件外圆柱面最高点的尺寸

小提示

游标高度卡尺的使用注意事项：

（1）使用前检查零位。将底面擦拭干净，放在平板上，划线量爪与平板工作面接触时，尺框零线应与主尺零线对齐。

（2）用划线量爪测量高度时，轻推尺框使划线量爪略高于被测工件，拧紧微动装置的紧固螺钉，旋动微动螺母，使划线量爪与被测工件表面接触，即可读数。

（3）切勿把游标高度卡尺横着放在量具盒外面，以免游标高度卡尺弯曲变形。

（4）移动游标高度卡尺时，应一手托底座，一手扶主尺，禁止竖着或横着提主尺。

3. 划第一条中心线

调整游标高度卡尺，降低至工件中心高度 H（中心高度 H= 最高点尺寸 – 工件半径）；一只手压住工件，另一只手推动游标高度卡尺，利用划线量爪在工件两端面划出第一条中心线，如图 2–1–10 所示。

4. 划第一圈线（一圈水平线）

调整游标高度卡尺，升高至高度 L_1（L_1= 中心高度 H+16 mm），在工件两端面和外圆柱面上划出一圈水平线，如图 2–1–11 所示。

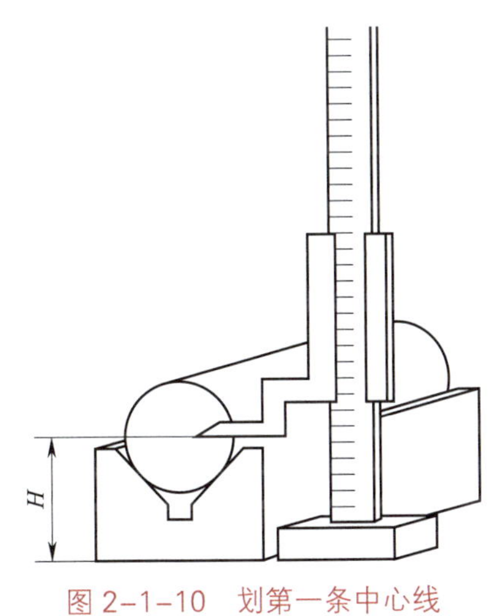

图 2–1–10　划第一条中心线

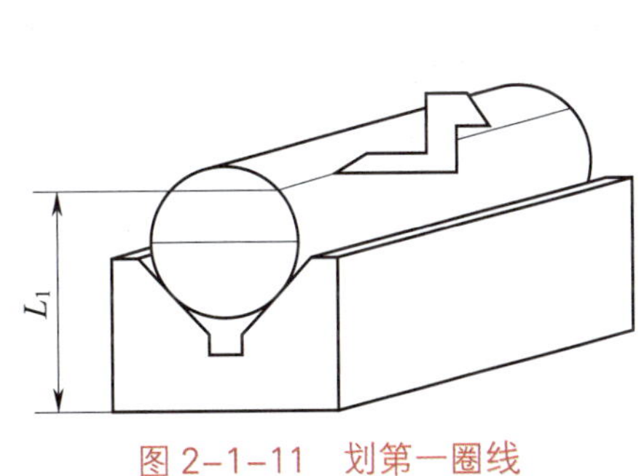

图 2–1–11　划第一圈线

5. 划第二圈线（第一圈线的平行线）

将工件旋转 180°，将游标高度卡尺调到工件中心高度 H，利用划线量爪水平移动来检查工件端面中心线是否水平，若有倾斜，可略微转动工件，直至游标高度卡尺划线量爪移动与中心线重合，如图 2–1–12 所示。

调整游标高度卡尺，升高至高度 L_1，在工件两端面和外圆柱面上划出一圈水平线，如图 2–1–13 所示。

6. 划第二条中心线（第一条中心线的垂直线）

将工件旋转 90°，用直角尺找正工件端面中心线，使之与平板垂直，若有倾斜，可略微转动工件，直至直角尺的测量面与中心线重合或平行，如图 2–1–14 所示。

调整游标高度卡尺，降低至工件中心高度 H，利用划线量爪在工件两端面划出第二条中心线，如图 2–1–15 所示。

7. 检测

用钢直尺检测所划线条尺寸是否正确。

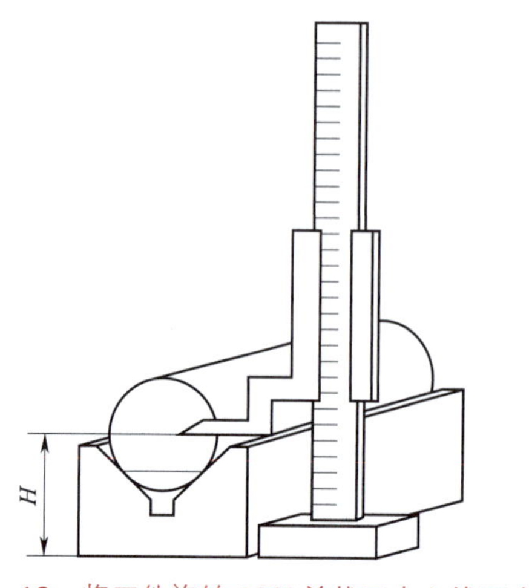

图 2-1-12　将工件旋转 180° 并找正中心线至水平

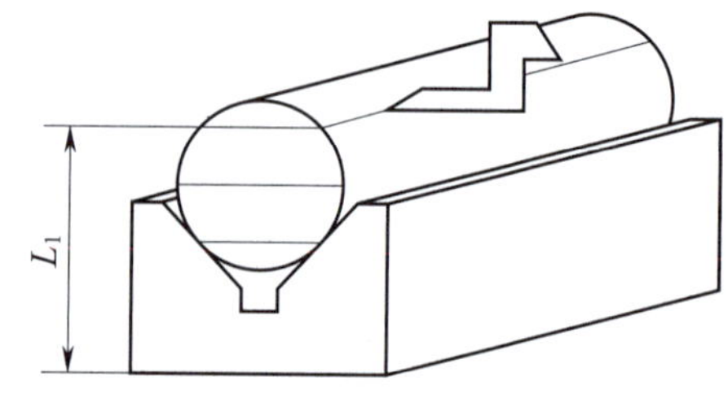

图 2-1-13　划第二圈线

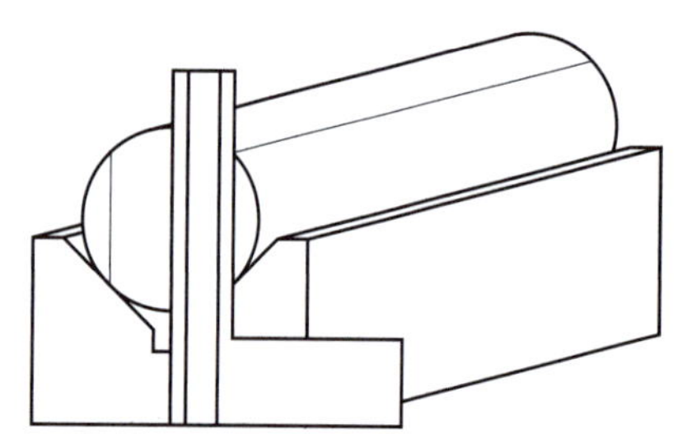

图 2-1-14　将工件旋转 90° 并找正中心线至垂直

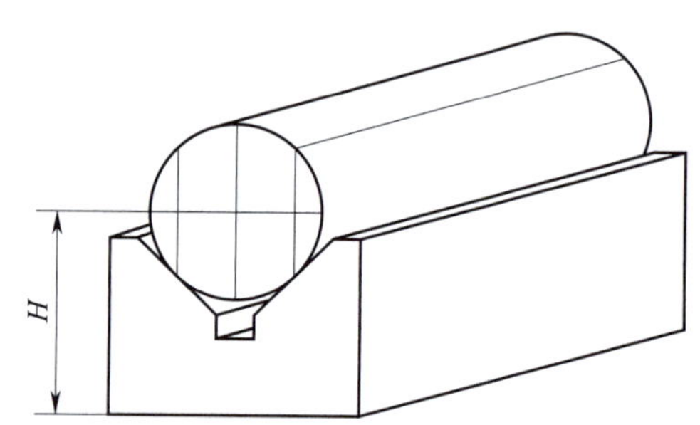

图 2-1-15　划第二条中心线

三、任务评价

划线评分表见表 2-1-2。

表 2-1-2　划线评分表

序号	项目	技术要求	评分标准	配分	得分
1	准备工作	劳动防护用品穿戴整齐	总体评定，酌情扣分	3	
2		工具、量具准备齐全	总体评定，酌情扣分	3	
3	划线技术规范	涂色薄而均匀	不符合要求酌情扣分	10	
4		线条清晰，无重线（12 条）	线条不清楚或有重线，每处扣 4 分	48	
5		（32 ± 0.5）mm（2 处）	每超差一处扣 10 分	20	
6		操作姿势、使用工具正确	一次不正确扣 2 分	12	
7	安全生产	遵守工作场地规章制度和安全文明生产要求	总体评定，酌情扣分	4	
总分				100	

知识拓展

一、常用划线工具

1. 钢直尺

钢直尺是具有一组或多组有序的标尺标记及标尺标数所构成的钢制板状的实物量具，其长度规格包括 150 mm、300 mm、500 mm、1 000 mm 等多种，主要用来量取尺寸、测量工件尺寸，也可作为划直线的导向工具，如图 2–1–16 所示。

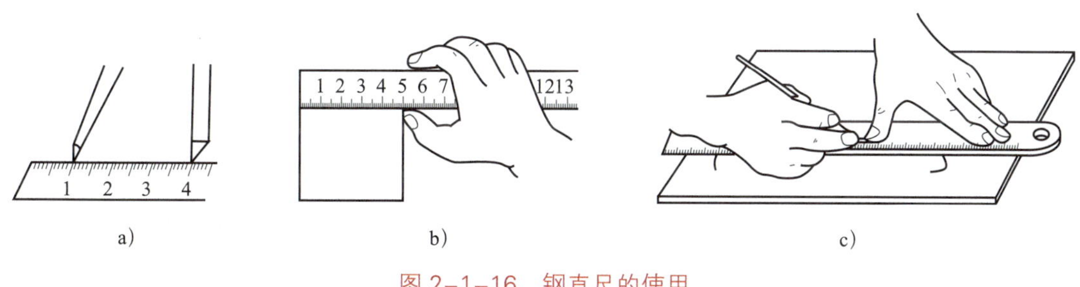

图 2–1–16　钢直尺的使用

a）量取尺寸　b）测量工件尺寸　c）划直线

2. 划针

划针是划线用的基本工具，一般用 $\phi3\sim\phi6$ mm 的高速钢或弹簧钢丝制成，尖端磨成 15° ~ 20° 的夹角，并经热处理淬硬，如图 2–1–17 所示，有的还在尖端焊有硬质合金，耐磨性更好。

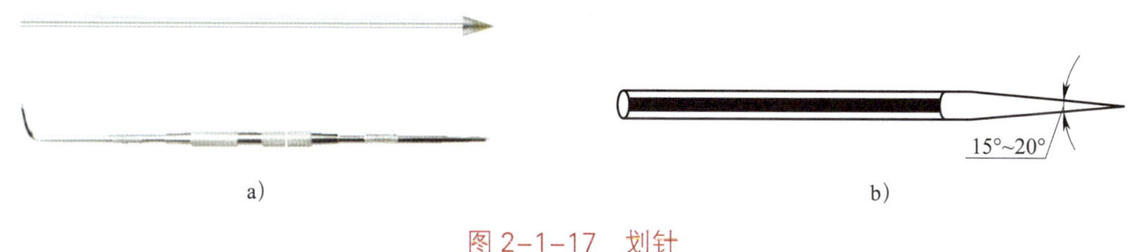

图 2–1–17　划针

a）划针实物　b）划针尖端形状

使用划针划线时，应使划针尖端紧靠导向工具（如钢直尺）的边沿，否则划出的线条不准确，如图 2–1–18a 所示。正确用法如图 2–1–18b 所示，划针上部应向外侧倾斜 15° ~ 20°，沿划线方向倾斜 45° ~ 75°，这样划出的线条直、尺寸正确。此外，还应保持划针尖端尖锐，划线尽量做到一次完成。

3. 划线盘

划线盘用来直接在工件上划线或找正工件位置，一般划针的直头端用来划线，弯头端用来找正工件位置，如图 2–1–19a 所示。使用划线盘时，利用夹紧螺母使划针处于所需的高度，划针伸出部分应尽量短些，并要牢固地夹紧。划线时，握紧划线盘底座并适当下压，

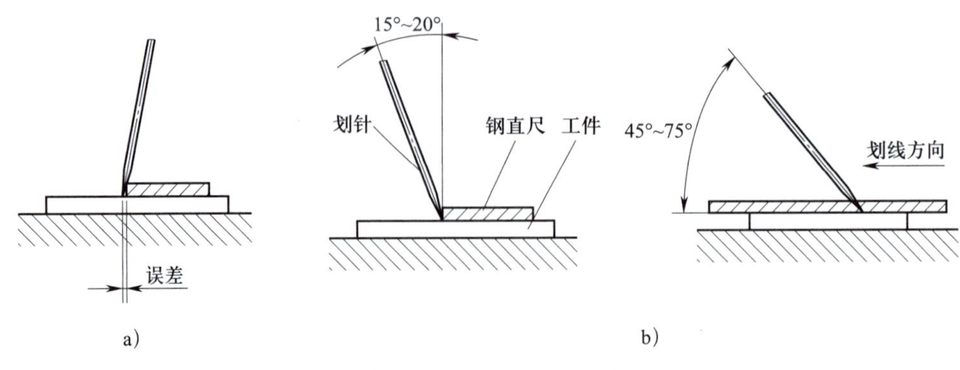

图 2–1–18　划针的使用
a）错误用法　b）正确用法

使底座始终紧贴平板工作面移动，划针与工件划线方向保持 40° ~ 60° 的夹角，一次划出线条，如图 2–1–19b 所示。在划较长的直线时，应采用分段连接的方法，避免在划线过程中由于划针的弹性变形和划线盘本身的移动而造成划线误差。

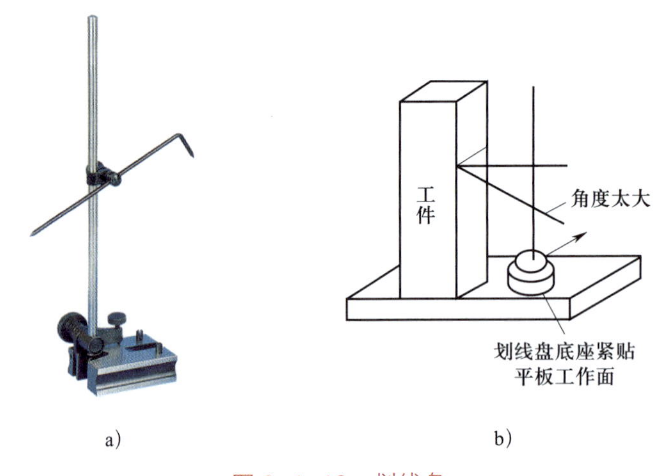

图 2–1–19　划线盘
a）划线盘实物　b）划线盘的使用

4. 划规

划规用来划圆和圆弧、等分线段、等分角度以及量取尺寸等，其常用类型如图 2–1–20a 所示。划规两脚的长短应磨得稍有不同，并保证两脚合拢时脚尖能靠紧，脚尖保持尖锐。划圆和圆弧时，以较长的一脚作为旋转中心，垂直施加一定压力，另一脚以较小的侧压力在工件表面上划出弧线，如图 2–1–20b 所示。

5. 样冲

样冲一般用合金工具钢制成，尖端磨成 30° ~ 60° 的锥角，经热处理淬硬，如图 2–1–21 所示。用样冲在已划好的线上打样冲眼，以保持划线清晰；在用划规划圆和圆弧前，也要用样冲在圆心上打样冲眼，作为划规脚尖的定位点。

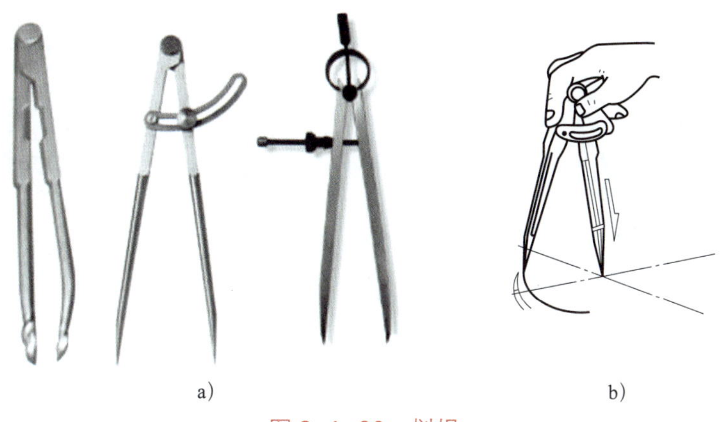

图 2-1-20 划规
a）划规常用类型 b）划规的使用

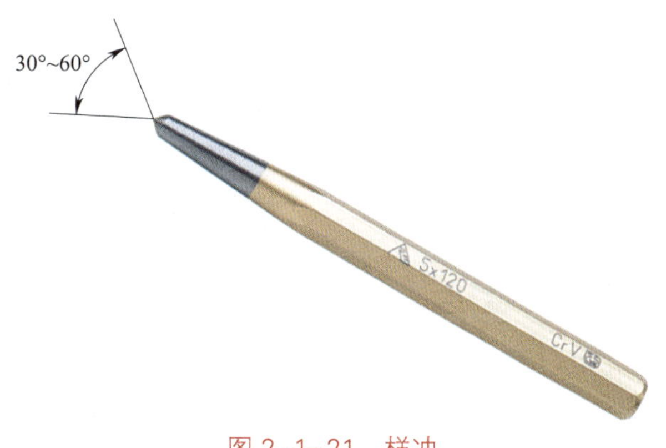

图 2-1-21 样冲

打样冲眼时，将样冲外倾，使尖端对准划线的交点（见图 2-1-22a），然后直立打样冲眼（见图 2-1-22b）。样冲眼位置要准确，不可偏离线条（见图 2-1-22c、d、e）。

不同线条上打样冲眼的要求如下：

（1）在已划好的线条上打样冲眼，样冲眼间的距离应根据线条的长短、转折、交叉来决定，在线条的转折点等处必须打样冲眼。

（2）长直线上样冲眼间的距离可大些，短直线上至少应打 3 个样冲眼。

（3）曲线上样冲眼间的距离要小些，小于 $\phi20$ mm 的圆周上应打 4 个样冲眼，大于或等于 $\phi20$ mm 的圆周上应打 8 个样冲眼。

（4）粗糙毛坯表面上的样冲眼要深些，光滑表面或薄工件上的样冲眼可浅些，精加工表面禁止打样冲眼。

6. 直角尺

直角尺是测量面和基面相互垂直，用来检验直角、垂直度和平行度误差的测量器具，分为整体式直角尺和组合直角尺两类，如图 2-1-23 所示。划线时，直角尺可作为划平行线或垂直线的导向工具，如图 2-1-24 所示。直角尺还可用来找正和检查工件在平板上的垂直位置。

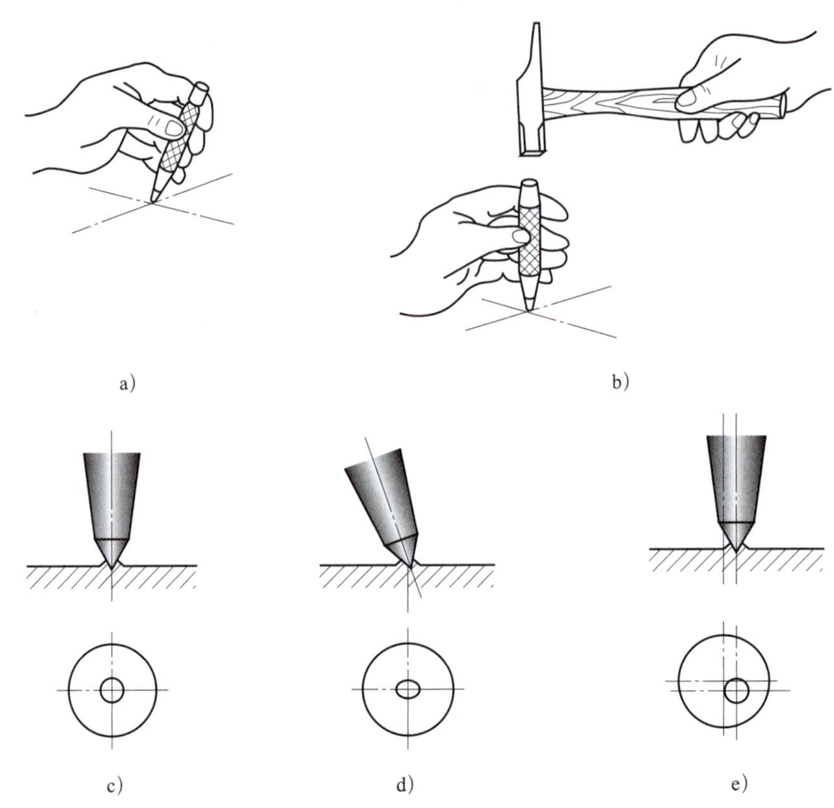

图 2-1-22　样冲的使用
a）样冲外倾　b）直立打样冲眼　c）正确　d）不垂直　e）偏心

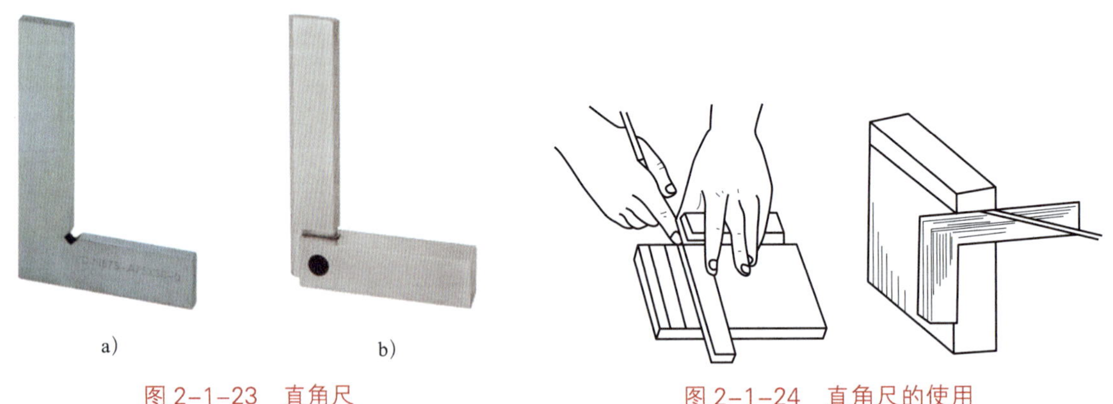

图 2-1-23　直角尺
a）整体式直角尺　b）组合直角尺

图 2-1-24　直角尺的使用

二、划线用涂料

常用的划线涂料配方和应用见表 2-1-3。

表 2-1-3 常用的划线涂料配方和应用

名称	配方	应用
蓝油	2%～4% 龙胆紫加 3%～5% 虫胶漆和 91%～95% 酒精混合而成	用于已加工表面或黄铜等有色金属
石灰水	稀糊状熟石灰水加适量牛皮胶调和而成	用于表面粗糙的铸件、锻件毛坯

任务小结

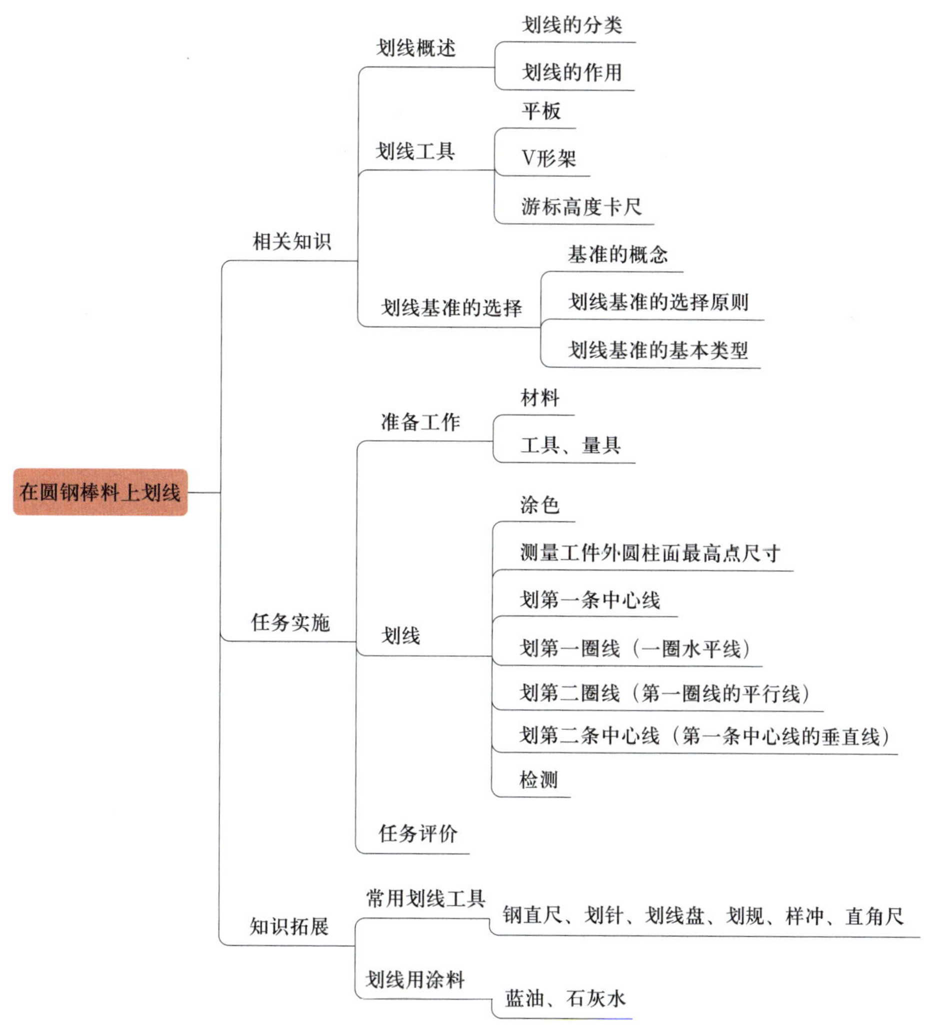

任务2 錾削圆钢棒料

学习目标

1. 熟悉常用的錾削工具及其使用方法。
2. 掌握游标卡尺的使用方法。
3. 掌握平面錾削的操作方法，了解板料和油槽錾削的操作要点。
4. 能正确使用錾削工具在圆钢棒料上完成平面錾削，并达到一定的精度要求。
5. 了解錾削角度的定义、作用及选择，錾削常见缺陷的产生原因。

任务描述

按照图 2–2–1 所示錾削图样要求，对任务 1 完成划线的工件进行錾削加工，錾削完成的工件如图 2–2–2 所示。

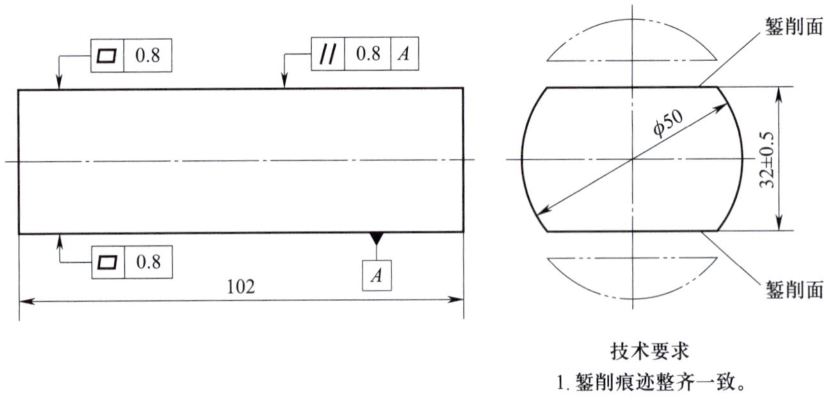

图 2–2–1 錾削图样

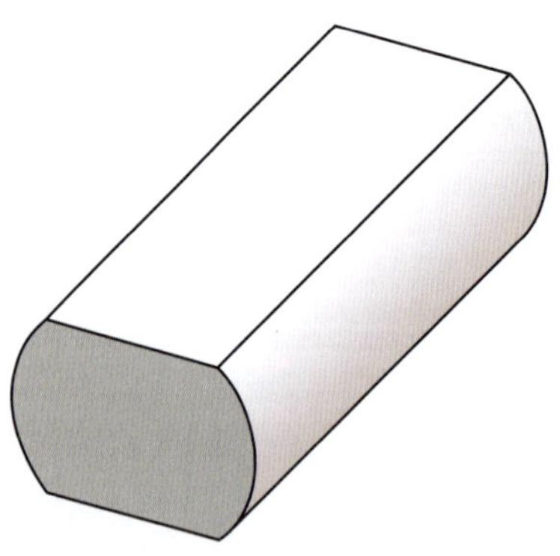

图 2–2–2 錾削完成的工件

任务分析

用锤子打击錾子对金属工件进行切削加工的方法称为錾削。錾削是一种粗加工，主要用于不便于机械加工的场合，如錾削平面和沟槽、分割材料以及清理毛坯上的毛刺等。

分析图 2–2–1 可知，本任务是在圆钢棒料上采用錾削方法加工两个平面，并达到尺寸要求（32 ± 0.5）mm、平面度要求 |▱|0.8| 和平行度要求 |//|0.8|A| 。要完成该任务，应先熟悉常用的錾削工具及其使用方法，掌握游标卡尺的使用方法，掌握錾削平面的操作方法。

相关知识

一、錾子

1. 錾子的结构

錾子是錾削用的刀具，一般用非合金工具钢锻成，由头部、錾身和切削部分组成，切削部分刃磨成楔形，如图 2–2–3 所示。

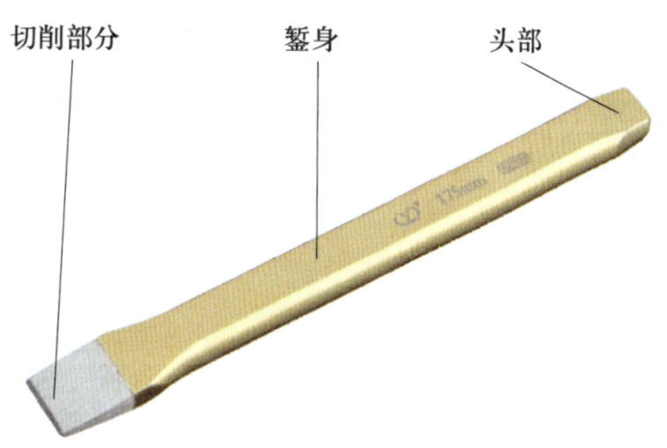

图 2–2–3　錾子的结构

2. 錾子的种类及用途

錾子的种类及用途见表 2–2–1。

表 2–2–1　錾子的种类及用途

名称	图示	说明
扁錾		切削部分扁平，刃口略带弧形，主要用来錾削平面、去毛刺和分割板料等
尖錾		切削刃比较短，切削部分的两侧面从切削刃到錾身逐渐变窄，以防止錾槽时两侧面被卡住，主要用来錾削沟槽、分割曲线形板料
油槽錾		切削刃很短，并呈圆弧形，为了能在对开式内曲面上錾削油槽，其切削部分常做成弯曲形状，主要用来錾削润滑油槽

二、锤子

锤子是钳工常用的敲击工具，由锤体、锤柄和倒楔组成，如图 2–2–4 所示。

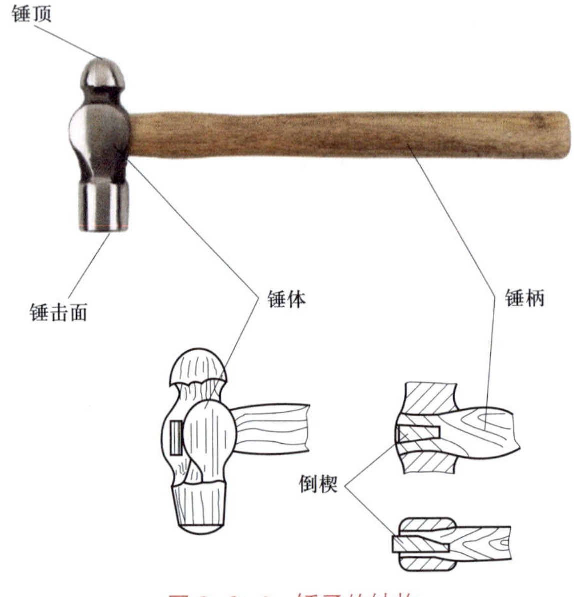

图 2–2–4　锤子的结构

锤子的规格用锤体的质量表示，钳工常用的包括 0.22 kg、0.34 kg、0.45 kg 和 0.61 kg 等几种。锤体用非合金工具钢 T7 制成，并经淬硬处理。锤柄用硬而不脆的木材制成，如檀木、胡桃木等。锤柄截面为椭圆形，其长度应根据锤子的规格来选用，如 0.61 kg 的锤子柄长一般为 350 mm 左右。锤柄装入锤孔后，应打上倒楔，以防锤体脱落。

三、游标卡尺

卡尺是一种中等精度量具，常用的包括游标卡尺、带表卡尺和数显卡尺等多种类型，如图 2–2–5 所示。

利用游标原理对两同名测量面相对移动分隔的距离进行读数的测量器具称为游标卡尺。常用游标卡尺的结构如图 2–2–6 所示。

游标卡尺通过外测量爪和内测量爪的配合可以直接测量出工件的外径、内径、长度、宽度和孔距等尺寸，利用深度尺还可以测量工件上沟槽和盲孔的深度，如图 2–2–7 所示。

1. 游标卡尺的标记原理

钳工常用游标卡尺的分度值包括 0.02 mm 和 0.05 mm 两种，如图 2–2–8 所示。

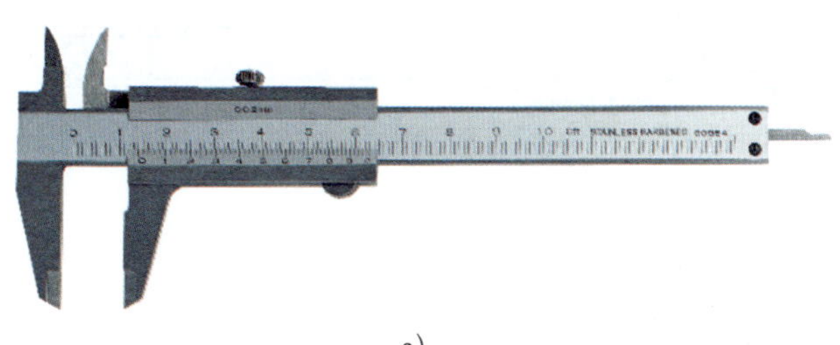

a）

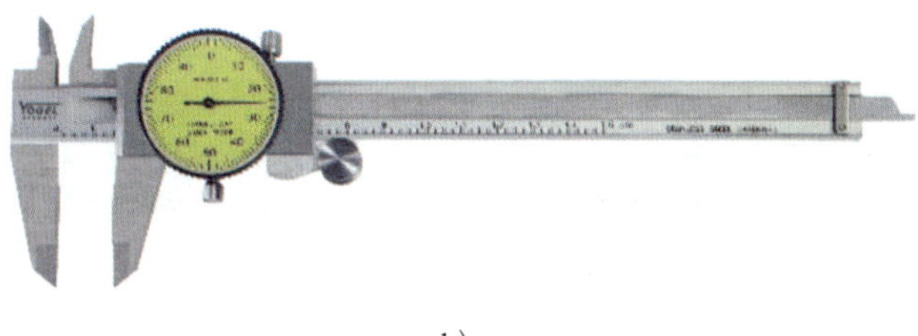

b）

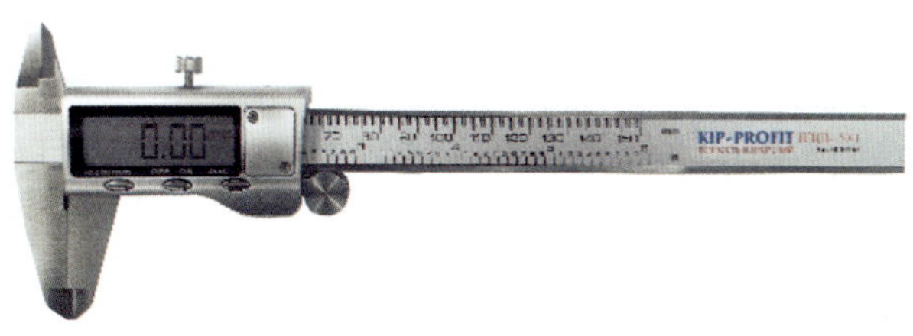

c）

图 2-2-5 常用卡尺的类型
a）游标卡尺 b）带表卡尺 c）数显卡尺

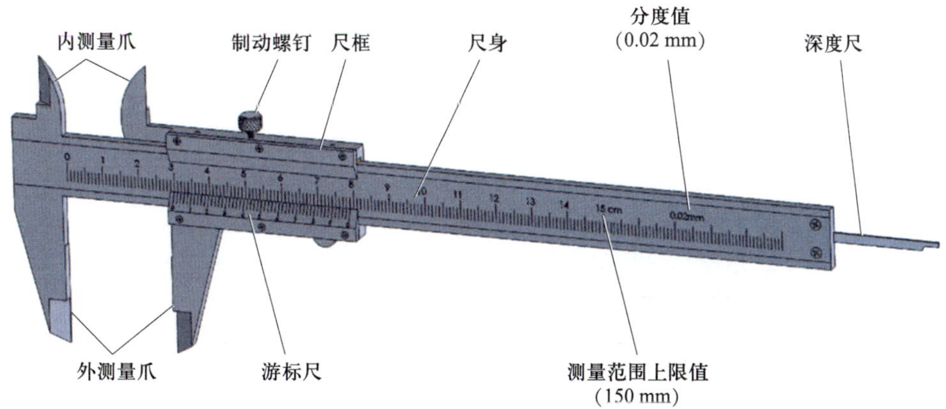

图 2-2-6 常用游标卡尺的结构

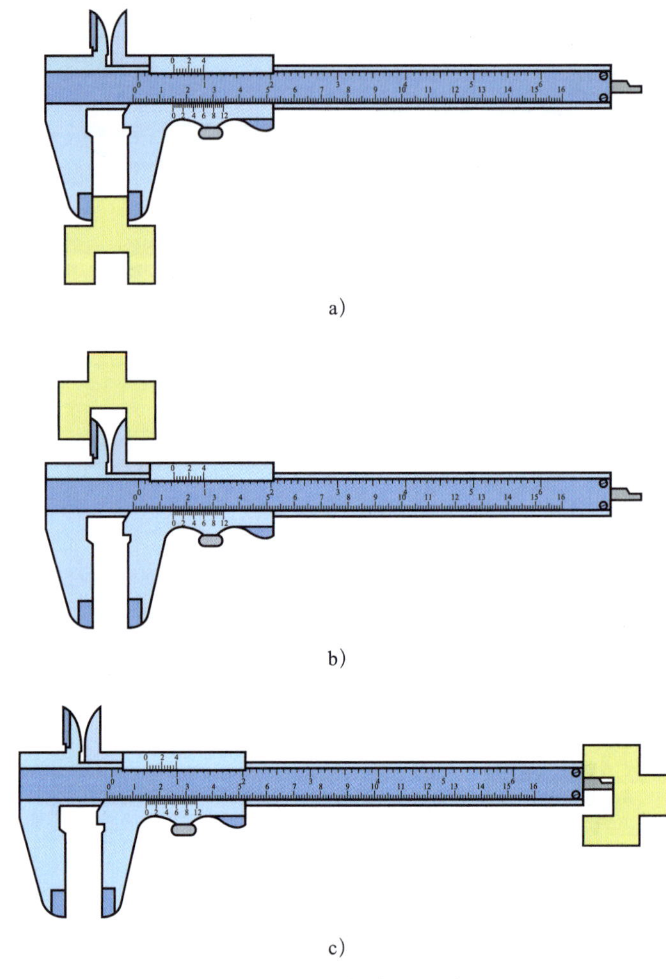

a）

b）

c）

图 2-2-7　游标卡尺的应用
a）测量外径　b）测量内径　c）测量深度

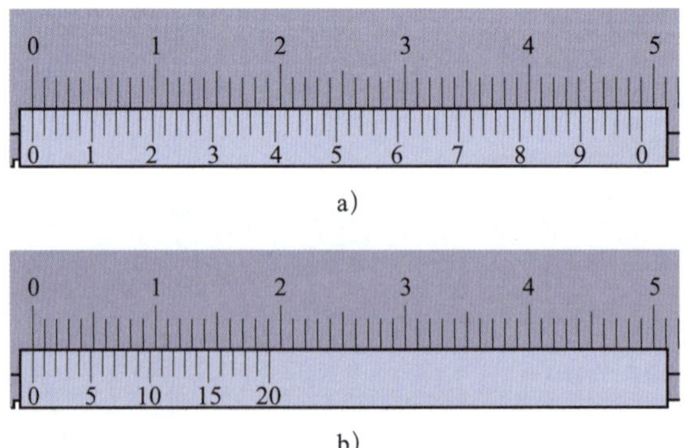

a）

b）

图 2-2-8　游标卡尺的标记原理
a）分度值为 0.02 mm 的游标卡尺　b）分度值为 0.05 mm 的游标卡尺

以分度值为 0.02 mm 的游标卡尺为例，尺身上主标尺间距（每小格长度）为 1 mm，当两测量爪合并时，游标尺上的 50 格刚好与主标尺上的 49 mm 对正，则游标尺间距（每小格长度）为 49 mm/50=0.98 mm，主标尺间距与游标尺间距每格相差 1 mm−0.98 mm=0.02 mm，0.02 mm 就是该游标卡尺的分度值（最小读数值）。

2. 游标卡尺的示值读取方法

如图 2–2–9 所示，游标卡尺的读数步骤如下：

（1）读整数。在主标尺上读出位于游标尺零线左边最接近的整数值，图示为 59 mm。

（2）读小数。在游标尺上读出与主标尺刻度线对齐的刻度线值，乘以游标卡尺的分度值，即为小数部分，图示为 24 × 0.02 mm=0.48 mm。

（3）求和。将上述两项读数值相加，即为被测尺寸数值，图示为 59 mm+0.48 mm= 59.48 mm。

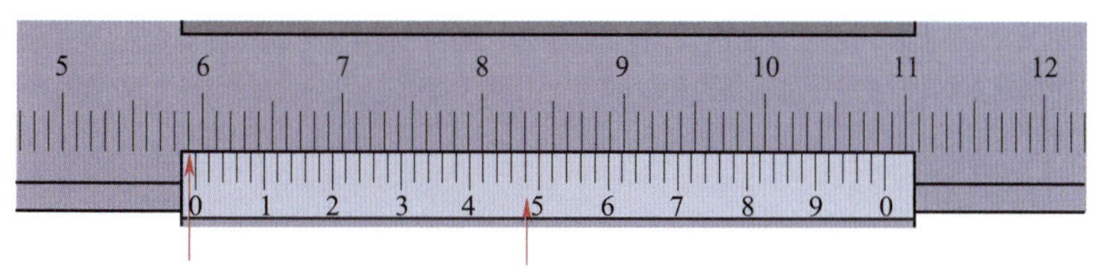

图 2–2–9 游标卡尺的示值读取方法

3. 游标卡尺的使用注意事项

（1）游标卡尺适用于 IT10 ~ IT16 尺寸的测量和检验，应按工件的尺寸和精度要求合理选用。

（2）不能用游标卡尺测量铸、锻件毛坯尺寸，也不能用游标卡尺测量精度要求过高的工件。

（3）使用前应检查游标卡尺测量爪和测量刃口是否平直无损，两测量爪贴合时有无漏光现象，主标尺和游标尺的零线是否对齐。

（4）测量外尺寸时，两外测量爪应张开到略大于被测尺寸，以固定量爪贴住工件，用轻微推力将活动量爪推向工件，测量面的连线应垂直于被测量表面，不得偏斜，如图 2–2–10 所示。

（5）测量内尺寸时，两内测量爪开度应略小于被测尺寸，测量位置要正确，不得倾斜。

（6）测量孔深或高度尺寸时，应使深度尺的测量面紧贴孔底，尺身的端面与被测件的表面接触，且深度尺要垂直，不得倾斜。

（7）读数时，游标卡尺应置于水平位置，视线垂直于刻度线表面，避免视线歪斜造成示值读取偏差。

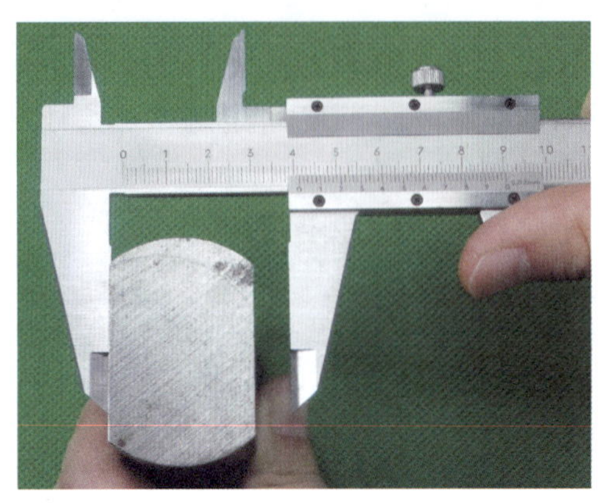

a）

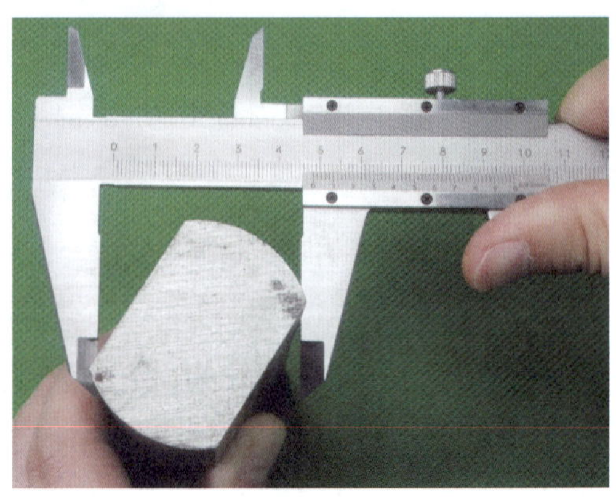

b）

图 2–2–10　游标卡尺测量外尺寸的方法
a）正确　b）错误

任务实施

一、准备工作

1. 材料

任务 1 完成划线的 ϕ50 mm × 102 mm 圆钢棒料。

2. 工具、量具

扁錾、锤子、游标卡尺、刀口尺、塞尺、游标高度卡尺等。

二、錾削

1. 装夹工件

按划线位置找正并在台虎钳上夹紧工件，同时在工件下面加木垫块，所划加工面的线条应平行于钳口平面，錾削面应高于钳口平面 10 ~ 15 mm，如图 2–2–11 所示。

图 2–2–11　装夹工件

2. 起錾

錾削的开始称为起錾。

（1）站立姿势

操作者站在台虎钳的左斜侧，左脚前跨半步，左膝略有弯曲，右腿在后，站稳并伸直，身体保持自然，重心稍微偏向后方，视线落在工件的錾削部位，如图 2–2–12 所示。

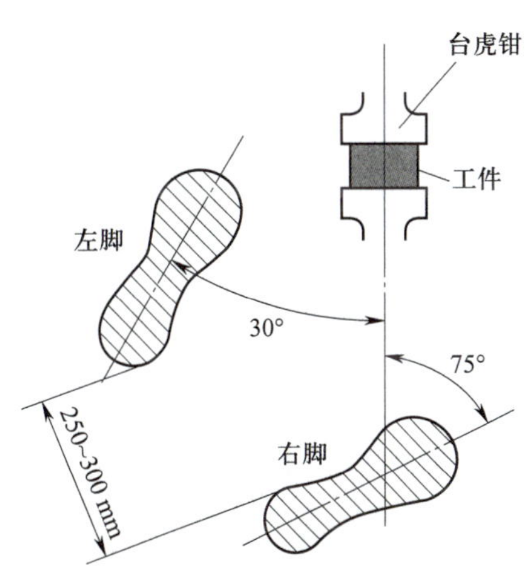

图 2–2–12 錾削时的站立姿势

（2）錾子的握法

錾子的握法包括正握法和反握法。

1）正握法。掌心向下，手腕伸直，用中指、无名指握住錾子，小指自然合拢，食指和拇指自然伸直地松靠，錾子头部伸出约 20 mm，如图 2–2–13a 所示。正握法的优点是錾子握得稳，有利于大力錾削，应用较多，但由于手背在錾子刃口上方，有时会挡住视线而导致看不到錾子刃口的切削状况，常用于较长錾子的握法。

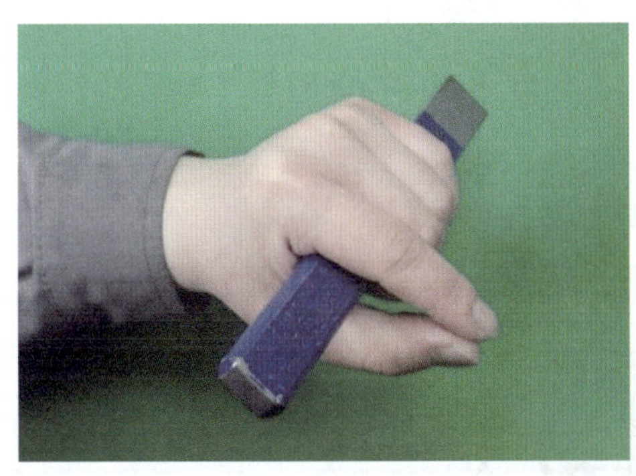

a）

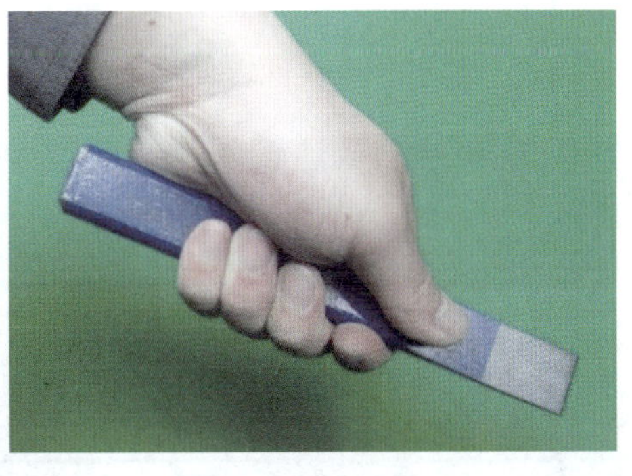

b）

图 2–2–13 錾子的握法
a）正握法 b）反握法

2）反握法。掌心向上，手指自然捏住錾子，手掌悬空，如图 2–2–13b 所示。反握法的优、缺点恰好与正握法相反，一般用于较短小錾子的握法。

（3）锤子的握法

起錾时，锤子的握法常采用紧握法，即用五指紧握锤柄，拇指合在食指上，虎口对准锤头方向，锤柄尾端露出 15 ~ 30 mm。在挥锤和锤击过程中，五指始终紧握锤柄，如图 2–2–14 所示。

图 2–2–14　紧握法

（4）挥锤方法

起錾时，采用腕挥的挥锤方法，即仅用手腕的动作进行锤击操作，采用紧握法握锤，如图 2–2–15 所示，挥动频率约为 50 次 /min，多用于余量较小的錾削、起錾或终錾等场合。

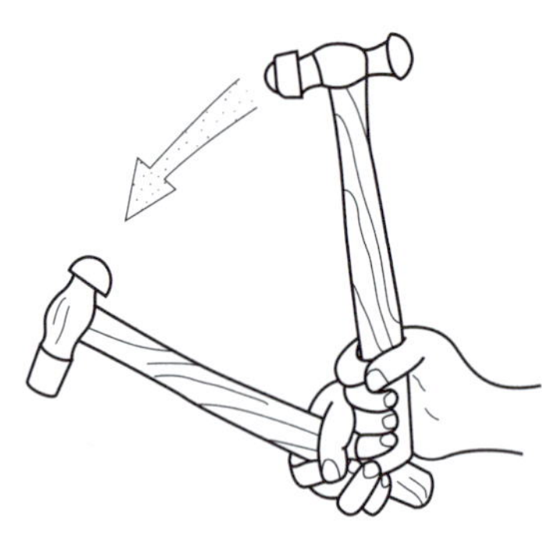

图 2–2–15　腕挥

（5）起錾方法

錾削平面时常用斜角起錾方法，即先在工件的边缘尖角处，将錾子负角放置（$-\theta$ = 3° ~ 5°），向上錾出一个斜面，然后按正常的錾削角度逐步向中间錾削，如图 2–2–16 所示。

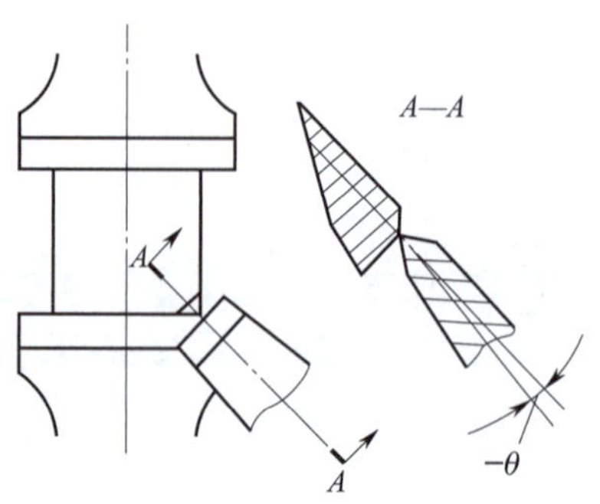

图 2–2–16　斜角起錾

此外，还有一种起錾方法——正面起錾，即錾子刃口贴住工件錾削部位的端面，錾子仍负角放置（$-\theta$=3°～5°），先錾出一个斜面，然后按正常角度錾削，如图 2–2–17 所示。这种起錾方法可避免錾子弹跳和打滑，且便于掌握加工余量，錾削沟槽时必须采用正面起錾方法。

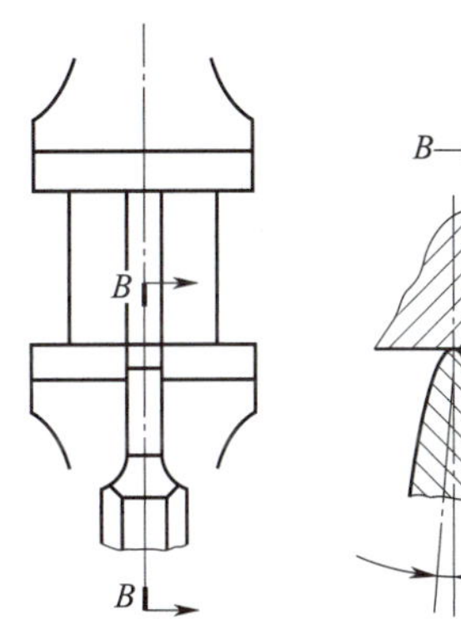

图 2–2–17　正面起錾

3. 錾削第一个面

（1）粗錾

粗錾时，每次的錾削量一般为 0.5～1.5 mm。一般每錾削两三次后，可将錾子退回一些，做一次短暂的停顿，然后再将刃口顶住上次錾削处继续錾削，这样，既可随时观察錾削面的平整情况，又可使手部肌肉有节奏地得到放松。

1）錾子的握法。采用正握法。

2）锤子的握法。正常錾削时，锤子的握法常采用松握法，即拇指和食指始终握紧锤柄，挥锤时，小指、无名指和中指依次放松；锤击时，又以相反的顺序收拢握紧，如图 2–2–18 所示。

3）挥锤方法。除了起錾时采用的腕挥，还有肘挥和臂挥两种挥锤方法。粗錾时，肘挥和臂挥均可采用，对于初学者，可先采用肘挥，待操作熟练后再采用臂挥。

①肘挥。用手腕和肘部一起挥动锤子进行锤击操作，采用松握法握锤，如图 2–2–19a 所示，锤击力较大，挥动频率约为 40 次 /min，一般锤击操作都采用肘挥。

②臂挥。用手腕、肘部和手臂一起挥动锤子进行锤击操作，如图 2–2–19b 所示，锤击力最大。

图 2–2–18　松握法

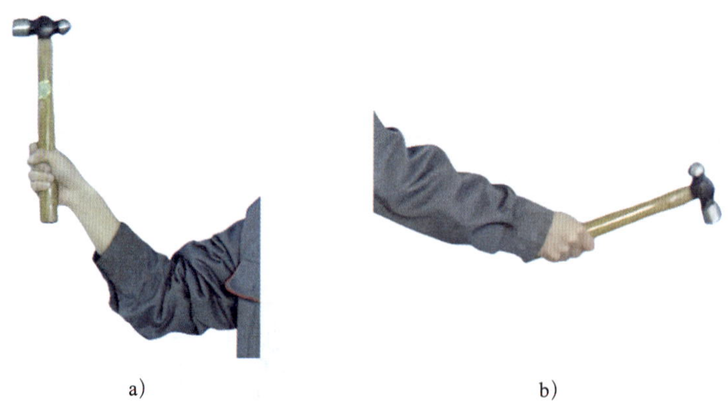

a）　　b）

图 2–2–19　挥锤方法
a）肘挥　b）臂挥

小提示

挥锤要点：肘收臂提，举锤过肩；手腕后弓，三指微松；锤面朝天，稍停瞬间。

锤击要点：目视錾刃，臂肘齐下；收紧三指，手腕加劲；锤錾一线，锤走弧形；左脚着力，右腿伸直。

锤击要求：稳（节奏平稳），准（锤击准确），狠（锤击有力）。

4）终錾方法。当錾削距工件尽头 10～15 mm 时，应将工件掉头，从另一端錾去剩余的部分，以防工件边缘崩裂，如图 2–2–20 所示。在錾削脆性材料时尤其应注意这一点。

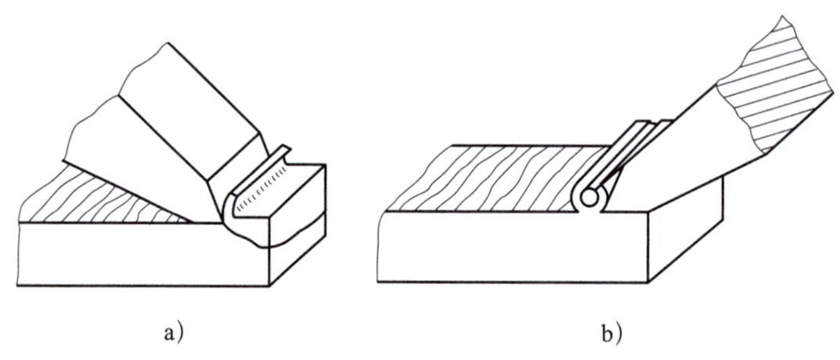

a）　　b）

图 2–2–20　终錾方法
a）错误　b）正确

（2）检测

为了保证加工面符合图样要求，加工过程中应经常检测尺寸和几何公差。

1）检测平面度。平面度一般使用钢直尺或刀口尺通过透光法检测，如图 2–2–21 所示。将刀口尺测量面轻轻地贴在平面的纵向、横向和对角线方向等多个位置，观察贴合处的透光情况，如果透光微弱且均匀，表示此处较平直；如果透光强弱不一，表示此处高低不平，透光强的地方较低，透光弱的地方较高。

图 2–2–21　采用透光法检测平面度

平面度误差的大小可借助塞尺测量透光处的间隙值来确定，如图 2–2–22 所示，先目测待测间隙的大小，选择合适厚度的塞尺片塞入间隙，若可以塞入，则说明间隙值大于该塞尺片的标称厚度；若不能塞入，则说明间隙值小于该塞尺片的标称厚度，以此判断间隙的大小。例如，用塞尺检测平面度要求 |⏥|0.8| 时，0.8 mm 厚的塞尺片应不能塞入。

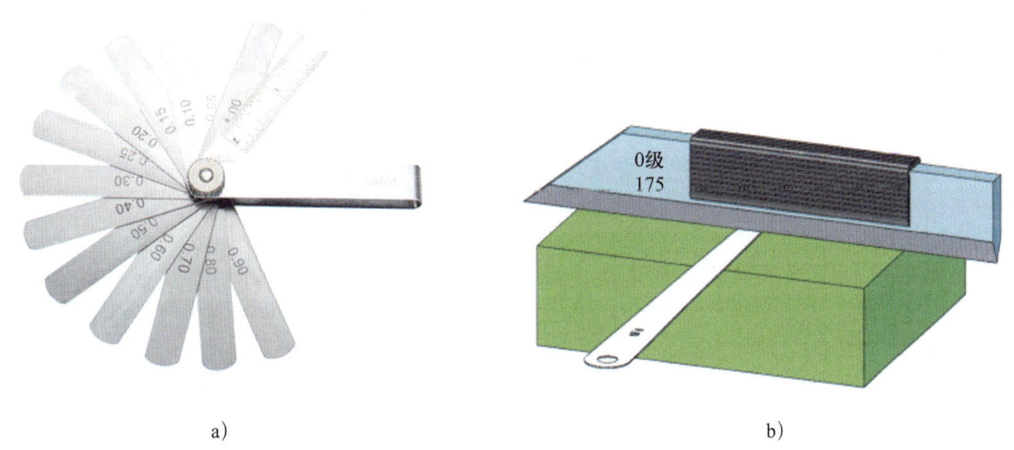

图 2–2–22　用塞尺测量平面度
a）塞尺　b）测量方法

小提示

每次改变检测位置时，应先提起刀口尺，然后轻放到另一位置，而不应在平面上拖动刀口尺，否则容易使刀口尺的边缘磨损而降低测量精度。

2）用游标卡尺测量尺寸。粗錾时，当錾削到接近所划的加工线时，为保证加工精度，应经常使用游标卡尺测量尺寸，以免尺寸超差，形成废品。

当尺寸錾削到 41.25 ~ 41.75 mm 时，即可停止粗錾，进入精錾。

（3）精錾

精錾的主要目的是对錾削面进行修整加工，精錾方法与粗錾方法基本相同，但每次錾削量应较少，一般不超过 0.5 mm，挥锤方法采用肘挥。精錾完成后检测尺寸和平面度，直至达到图样规定的尺寸和平面度要求，且錾削痕迹整齐一致。

4. 錾削第二个面

将工件旋转 180° 装夹在台虎钳上，采用同样的方法錾削第二个面，錾削完成后检测尺寸和平面度，直至达到图样规定的尺寸和平面度要求，且錾削痕迹整齐一致。

5. 检测平行度

用游标卡尺多位置测量两平面间的尺寸，测得的最大尺寸与最小尺寸的差值即为两平行平面的平行度误差。这里的平行度要求为 | // | 0.8 | A |，表示测得的最大尺寸与最小尺寸的差值不得超过 0.8 mm。

小提示

錾削时的注意事项：

（1）錾子头部若有明显的毛刺，应及时磨掉，以免伤手；錾子应刃磨锋利，以免錾削时“打滑”。

（2）锤子的锤击面、锤柄都不应沾油，以防滑出；如果锤柄松动或损坏，应立即装牢或更换，以免锤体脱落造成事故。

（3）錾削时应戴上防护眼镜，安装安全防护网，以防切屑飞出伤人；錾屑应用刷子刷掉，不得用手擦或用嘴吹。

（4）錾削时应保持正确的錾削角度，后角不能过小，否则锤击时，錾子易飞出伤人。

三、任务评价

錾削评分表见表 2-2-2。

表 2-2-2　錾削评分表

序号	项目	技术要求	评分标准	配分	得分
1	准备工作	劳动防护用品穿戴整齐	总体评定，酌情扣分	3	
2		工具、量具准备齐全	总体评定，酌情扣分	3	
3	錾削技术规范	工件装夹正确	不符合要求酌情扣分	5	
4		工具、量具摆放位置正确、排列整齐	不符合要求酌情扣分	5	

续表

序号	项目	技术要求	评分标准	配分	得分
5	錾削技术规范	站立位置和姿势正确、自然	不符合要求酌情扣分	5	
6		握錾正确、自然	不符合要求酌情扣分	5	
7		握锤与挥锤动作正确	不符合要求酌情扣分	5	
8		錾削时视线方向正确	不符合要求酌情扣分	5	
9		挥锤、锤击稳健有力，锤击落点准确	不符合要求酌情扣分	5	
10		錾削痕迹整齐一致，尾端无崩裂	不符合要求酌情扣分	10	
11		（32 ± 0.5）mm	超差不得分	15	
12		▱ 0.8 （2 处）	每超差一处扣 10 分	20	
13		// 0.8 A	超差不得分	10	
14	安全生产	遵守工作场地规章制度和安全文明生产要求	总体评定，酌情扣分	4	
总分				100	

知识拓展

一、錾削角度

錾削时，錾子与工件之间应形成适当的切削角度。图 2–2–23 所示为錾削平面时的錾削角度。錾削角度的定义及作用见表 2–2–3。

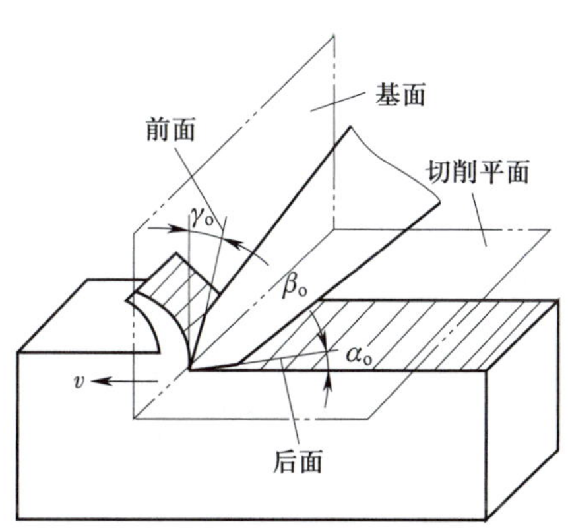

图 2–2–23 錾削平面时的錾削角度

表 2-2-3　錾削角度的定义及作用

錾削角度	定义	作用
楔角 β_o	錾子前面与后面之间的夹角	楔角小，錾削省力，但刃口薄弱，容易崩裂；楔角大，錾削费力，錾削表面不易平整。通常根据工件材料的软硬选择楔角的大小
后角 α_o	錾子后面与切削平面之间的夹角	减少錾子后面与錾削表面间的摩擦，使錾子容易切入材料。后角大小取决于錾子被握持的方向，其对錾削的影响如图 2-2-24 所示。后角过大，錾子容易切入工件太深；后角过小，錾子容易从錾削部位滑出
前角 γ_o	錾子前面与基面之间的夹角	减小錾削时切屑的变形，减小切削阻力。前角越大，錾削越省力

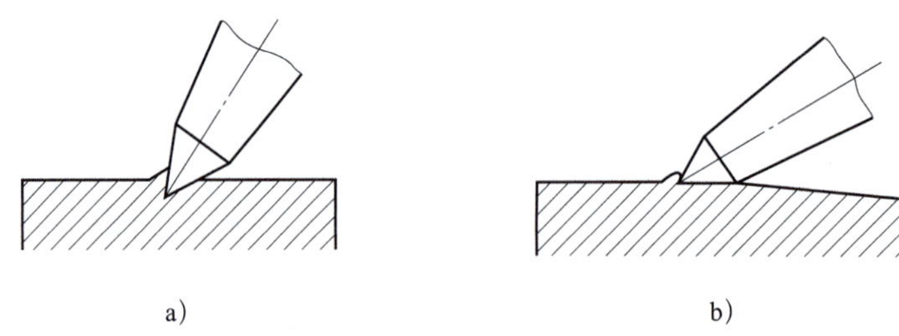

图 2-2-24　后角对錾削的影响
a）后角过大　b）后角过小

錾削角度的选择见表 2-2-4。

表 2-2-4　錾削角度的选择

工件材料	楔角 β_o	后角 α_o	前角 γ_o
工具钢、铸铁等硬材料	60° ~ 70°	5° ~ 8°	$\gamma_o=90°-(\beta_o+\alpha_o)$
结构钢等中等硬度材料	50° ~ 60°		
铜、铝、锡等软材料	30° ~ 50°		

二、錾削常见缺陷分析

錾削常见缺陷的产生原因见表 2-2-5。

表 2-2-5　錾削常见缺陷的产生原因

缺陷	产生原因
表面粗糙	1. 錾子刃口爆裂或卷刃，不锋利 2. 锤击力不均匀 3. 錾子头部已被锤平，导致受力方向经常改变

续表

缺陷	产生原因
表面凹凸不平	1. 后角在一段錾削过程中过大，造成錾削面下凹 2. 后角在一段錾削过程中过小，造成錾削面上凸
表面有梗痕	1. 未将錾子放正、握稳，致使錾子刃口倾斜，錾削时刃口啃入 2. 錾子刃磨时刃口磨成中凹状
崩裂或塌角	1. 錾削到工件尽头时未掉头錾削，造成棱角崩裂 2. 起錾量太大造成塌角
尺寸超差	1. 起錾时尺寸不准确 2. 检测不及时

三、板料的錾削

1. 錾削小尺寸板料

小尺寸板料常用台虎钳夹持进行切断，如图 2–2–25 所示，用扁錾沿钳口自右向左约成 45° 角的方向进行錾削，工件的断面与钳口平齐。注意：工件夹持要牢固，以防錾削过程中板料松动造成断面歪斜。用扁錾錾削窄平面时，扁錾的刃口宽度应大于被錾削平面的宽度。

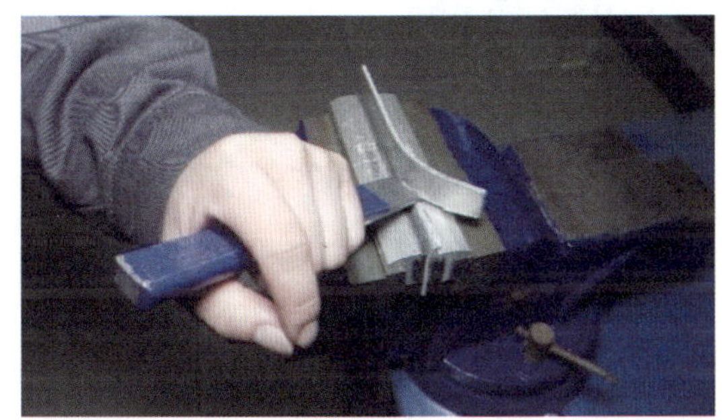

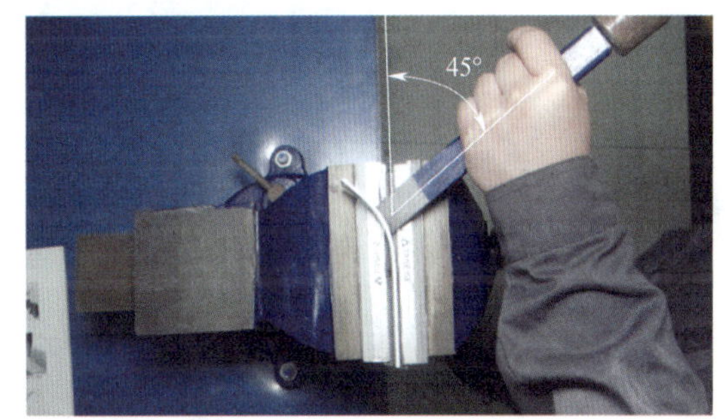

图 2–2–25　錾削小尺寸板料

2. 錾削大尺寸板料

大尺寸板料应在铁砧上进行切断，如图 2–2–26a 所示。注意：铁砧材料不宜过硬，以免损伤錾子刃口。有一定厚度或形状较复杂的板料，应先按划线钻出排孔，再用尖錾逐步切断，如图 2–2–26b 所示。

四、油槽的錾削

錾削油槽时，首先应按图样上油槽的断面形状，将油槽錾刃口磨好。在平面上錾削油槽时，錾削方法与錾削平面基本相同，如图 2–2–27 所示；在曲面上錾削油槽时，錾子的倾斜角度应随曲面的变化而不断调整，始终保持一个合适的后角。錾削时要掌握好尺寸和表面粗糙度，必要时可进行一些修整，因为油槽錾削完成后不再用其他方法进行精加工。

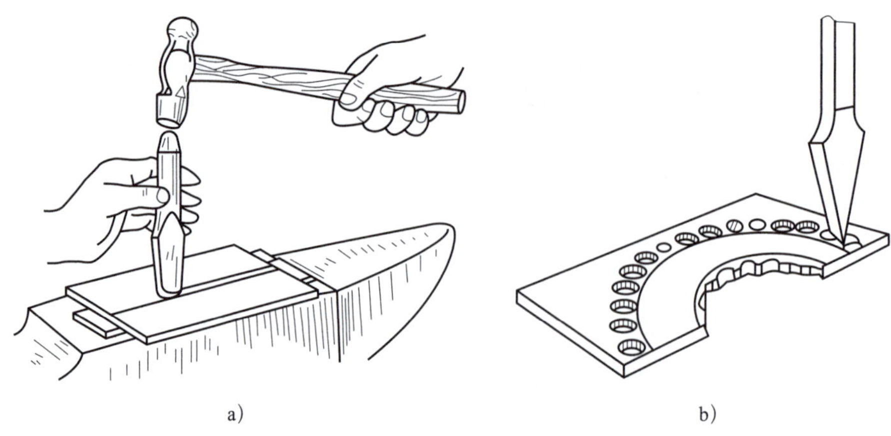

图 2-2-26　錾削大尺寸板料
a）在铁砧上切断板料　b）先钻排孔再切断

图 2-2-27　在平面上錾削油槽

任务小结

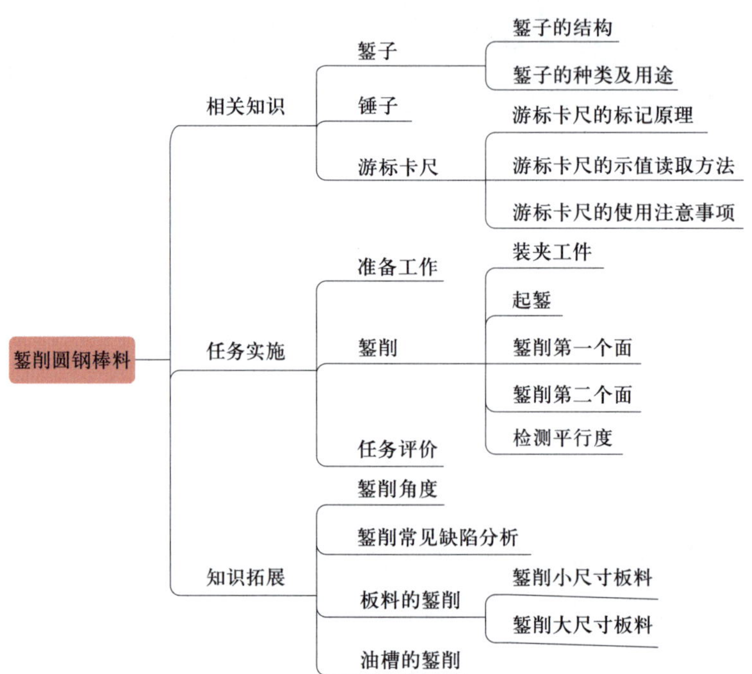

任务③ 锯削扁圆钢棒料

学习目标

1. 熟悉常用的锯削工具及其使用方法。
2. 掌握平面锯削的操作方法，了解管子和薄板锯削的操作要点。
3. 能正确使用锯削工具在扁圆钢棒料上完成平面锯削，并达到一定的精度要求。
4. 了解锯条损坏、锯削常见缺陷的产生原因和预防措施。

任务描述

按照图 2–3–1 所示锯削图样要求，对任务 2 完成錾削的工件进行锯削加工，锯削完成的工件如图 2–3–2 所示。

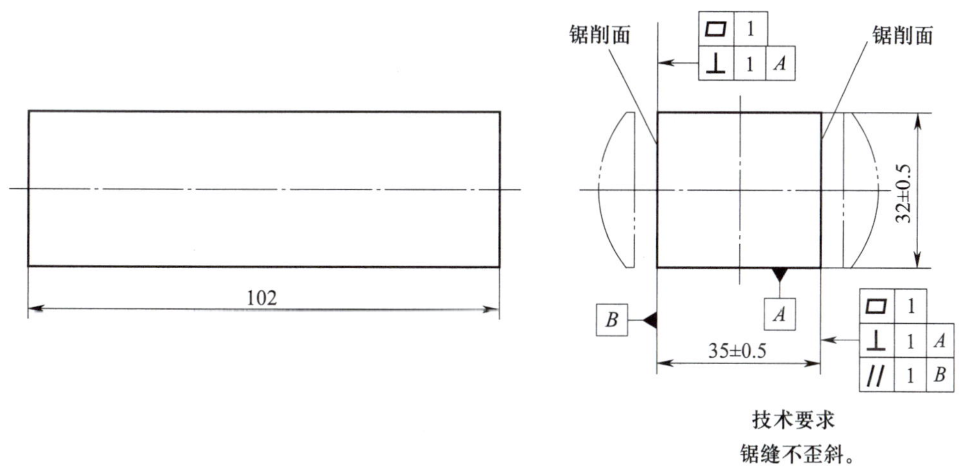

图 2–3–1 锯削图样

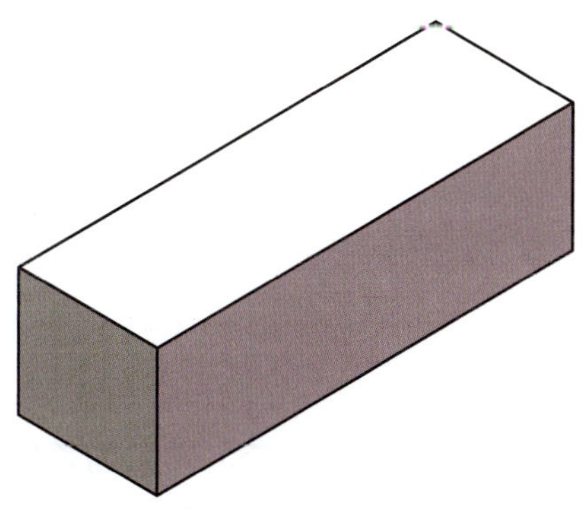

图 2–3–2 锯削完成的工件

任务分析

用手锯对材料或工件进行切断或切槽等的加工方法称为锯削。锯削是一种粗加工，平面度一般可控制在 0.2 ~ 0.5 mm，具有操作方便、简单、灵活的特点，应用较广。

分析图 2–3–1 可知，本任务是在扁圆钢棒料上采用锯削方法加工另外两个平面，并达到尺寸要求（35 ± 0.5）mm、平面度要求 |▱|1|、垂直度要求 |⊥|1|A| 和平行度要求 |//|1|B|。要完成该任务，应先熟悉常用的锯削工具及其使用方法，掌握平面锯削的操作方法。

相关知识

手锯由锯弓和锯条两部分构成。

一、锯弓

锯弓用于安装和张紧锯条，包括固定式和可调式两种。固定式锯弓只能安装一种长度规格的锯条，如图 2–3–3a 所示；可调式锯弓通过调整锯弓长度可以安装各种不同长度规格的锯条，其手柄形状符合自然握法的手形，便于用力，使用最广泛，如图 2–3–3b 所示。

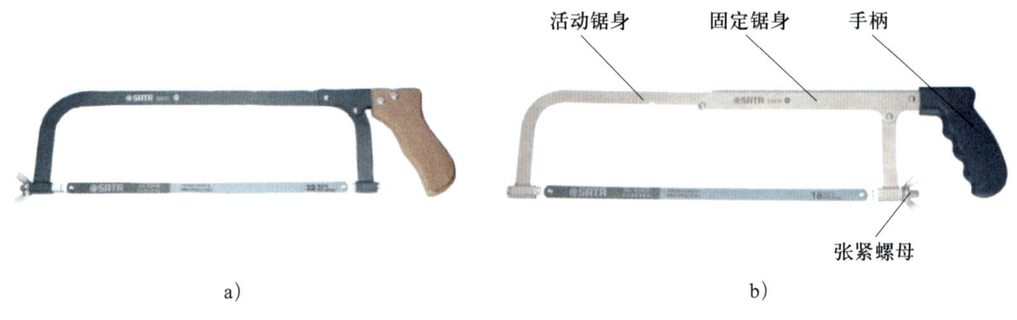

图 2–3–3　锯弓
a）固定式锯弓　b）可调式锯弓

二、锯条

锯条在锯削时起切削作用。锯条常用的材质包括碳素结构钢、合金工具钢、高速钢和双金属复合钢等。锯条按特性分为全硬型和挠性型两种类型，按齿形分为单面齿和双面齿两种类型。

1. 锯条的规格及选用

锯条的规格包括长度规格和粗细规格两部分。锯条的长度规格以两端销孔的中心距表示，常用的锯条长度为 300 mm，如图 2–3–4 所示。锯条的粗细规格用 25 mm 长度内的锯齿数或齿距（两相邻锯切刃之间的距离）表示。锯条的规格及基本尺寸见表 2–3–1。

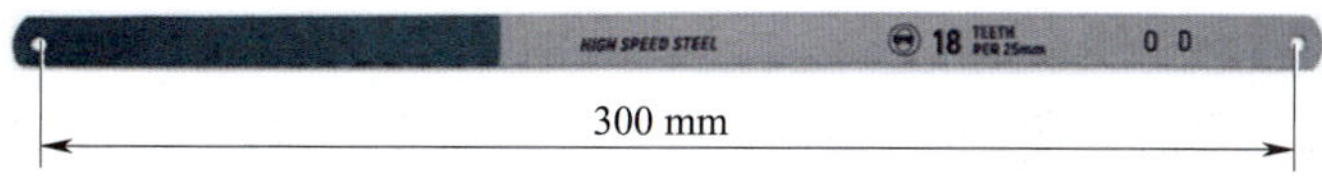

图 2–3–4 锯条

表 2–3–1 锯条的规格及基本尺寸

锯条类型	长度规格 /mm	粗细规格	
		每 25 mm 长度内的锯齿数	齿距 /mm
单面齿型	300 或 250	32	0.8
		24	1.0
		20	1.2
		18	1.4
		16	1.5
		14	1.8
双面齿型	296 或 292	32	0.8
		24	1.0
		18	1.4

锯条的粗细规格应根据材料的硬度和厚度来选用。通常锯削软材料或切面较大的工件时，每次锯削都会产生大量切屑，应选用齿距较大的锯条，其容屑槽较大，可防止排屑不畅而产生堵塞现象。锯削硬材料或切面较小的工件时，每次锯削产生的切屑少，不需太大的容屑空间，应选用齿距较小的锯条。锯削管子或薄板材料时，必须选用齿距小的锯条，其锯齿较密，同时参与锯削的锯齿更多，每齿的锯削量小，容易切削，并且可以防止锯齿卡住或崩裂。

2. 锯齿的切削角度

锯条的切削部分由许多按齿距均匀分布的锯齿组成，其锯齿形状如图 2–3–5 所示。

图 2–3–5 锯齿的形状

锯齿的切削角度见表 2–3–2。

表 2–3–2 锯齿的切削角度

齿距 /mm	θ / (°)	r / (°)
0.8、1.0、1.2	46 ~ 53	−2 ~ 2
1.4、1.5、1.8	50 ~ 58	

3. 锯条的分齿

在制造锯条时，将锯齿按一定规律左右错开排列成一定形状，使锯齿从锯条两侧凸出以提供锯切间隙的方法称为锯条的分齿。锯条的分齿形式包括交叉形和波浪形等，如图 2-3-6 所示。

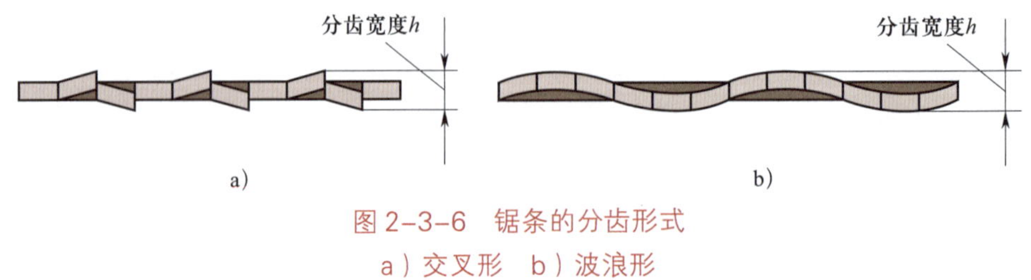

图 2-3-6 锯条的分齿形式
a）交叉形 b）波浪形

分齿的作用是使工件上的锯缝宽度大于锯条背部的厚度，从而减少锯削过程中锯缝两侧与锯条的摩擦，避免“夹锯”和锯条折断现象，延长锯条使用寿命。

任务实施

一、准备工作

1. 材料

任务 2 完成錾削的扁圆钢棒料。

2. 工具、量具

钢直尺、V 形架、平板、锯弓、锯条、游标卡尺、刀口尺、塞尺、直角尺、游标高度卡尺等。

二、划线

1. 划第一圈线（一圈水平线）

在平板上用 V 形架放置工件，用直角尺找正工件端面中心线，使之与平板垂直，若有倾斜，可略微转动工件，直至直角尺的测量面与中心线重合或平行，如图 2-3-7 所示。

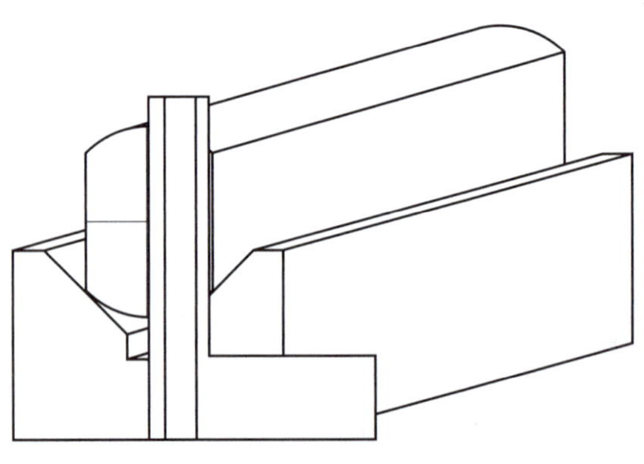

图 2-3-7 找正工件端面中心线至垂直

调整游标高度卡尺，升高至高度 L_2（L_2= 中心高度 H+17.5 mm），在工件两端面和外圆柱面上划出一圈水平线，如图 2–3–8 所示。

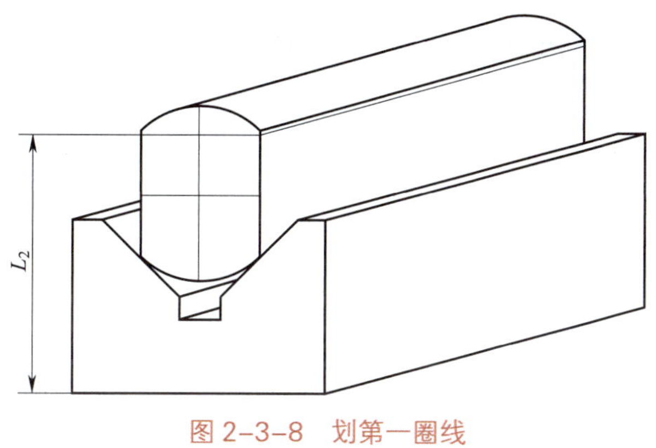

图 2–3–8 划第一圈线

2. 划第二圈线（第一圈线的平行线）

将工件旋转 180°，用直角尺再次找正工件端面中心线，使之与平板垂直；调整游标高度卡尺，升高至高度 L_2，在工件两端面和外圆柱面上划出一圈水平线，如图 2–3–9 所示。

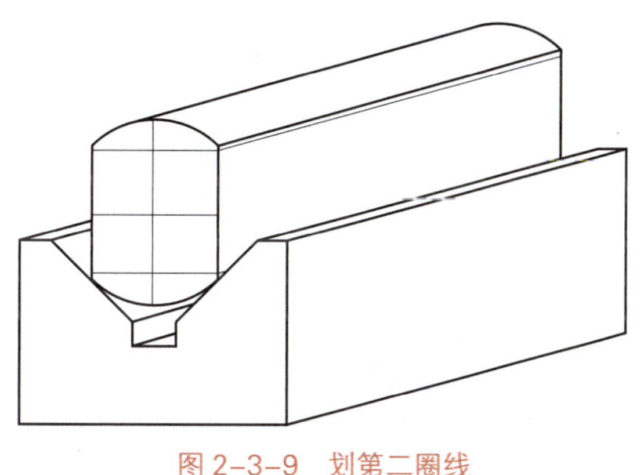

图 2–3–9 划第二圈线

3. 检测

用钢直尺检测所划线条尺寸是否正确。

三、安装锯条

锯条在使用前需要安装到锯弓上。安装锯条时，先将锯弓前端拉开到合适的位置，然后将锯条上的销孔套在锯弓的固定销上，旋转张紧螺母收紧锯条。

手锯在前推时才起切削作用，因此，安装锯条时应使锯齿的方向朝前，否则将影响正常的切削加工，如图 2–3–10 所示。可通过旋转张紧螺母来调节锯条的张紧力，张紧力应适当，过紧则锯条受力太大，容易折断；过松则锯条会发生扭曲，造成锯缝歪斜。

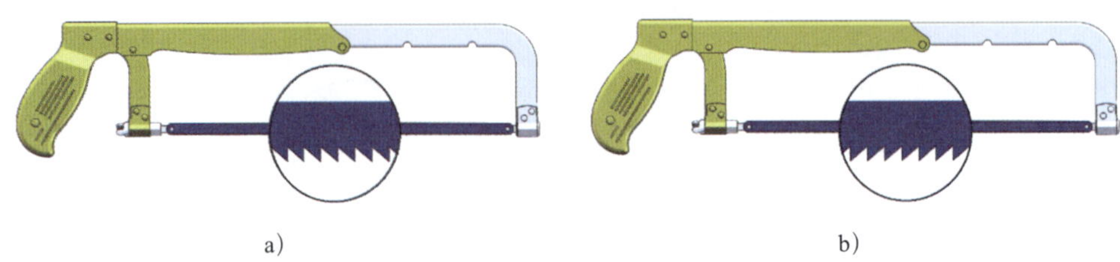

图 2–3–10　锯条的安装
a）正确　b）错误

四、锯削

1. 装夹工件

工件一般应装夹在台虎钳的左端，以便于操作，如图 2–3–11 所示。工件伸出钳口的部分不应过长，可使锯削面距离钳口左侧端面约 20 mm，以防止工件在锯削时产生振动；所划加工面的线条应平行于钳口左侧端面，使锯削方向与铅垂线方向一致，以便于控制锯缝不偏离划线线条；夹持要牢靠，同时应避免将工件夹变形和夹坏已加工面。

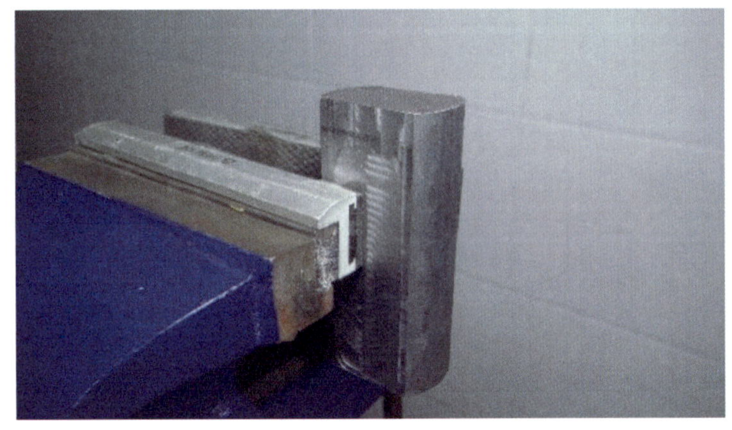

图 2–3–11　装夹工件

2. 起锯

（1）站立姿势

操作者站在台虎钳的左斜侧，左脚前跨半步，左膝略有弯曲，右腿在后，站稳并伸直，身体保持自然，如图 2–3–12 所示。

（2）起锯方法

起锯是锯削加工的开始，起锯质量直接影响锯削质量。如果起锯不当，一是锯条容易跳出锯缝将工件拉毛或者引起锯齿崩裂；二是起锯后的锯缝与划线位置不一致，将使锯削尺寸出现较大偏差。

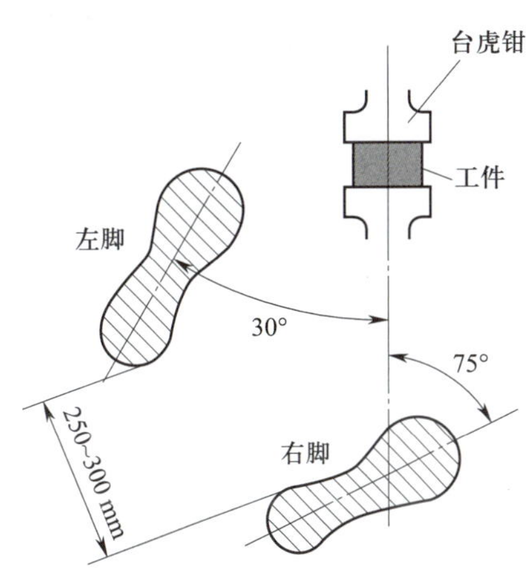

图 2–3–12 锯削时的站立姿势

起锯方法包括远起锯（见图 2–3–13a）和近起锯（图 2–3–13b）两种。一般情况下应尽量采用远起锯，因为远起锯时锯齿逐步切入材料，不易被卡住，起锯较为方便。如果采用近起锯导致锯齿被工件的棱边卡住，此时可向后拉手锯做倒向起锯，使起锯时接触的锯齿数增加，再做推进起锯就不会被棱边卡住。

a)

b)

图 2–3–13 起锯方法
a）远起锯 b）近起锯

起锯时，一只手满握锯弓手柄，另一只手的拇指挡住锯条，使锯条保持正确的起锯位置，施加压力要小，往复行程要短，速度要慢，起锯角 θ 要小些，一般为 15° 左右，如图 2–3–14a 所示。

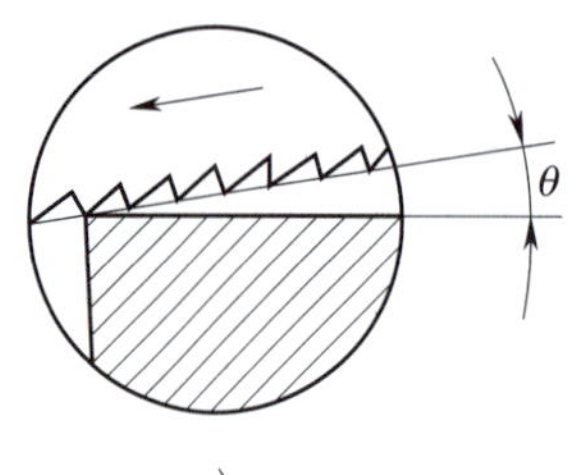

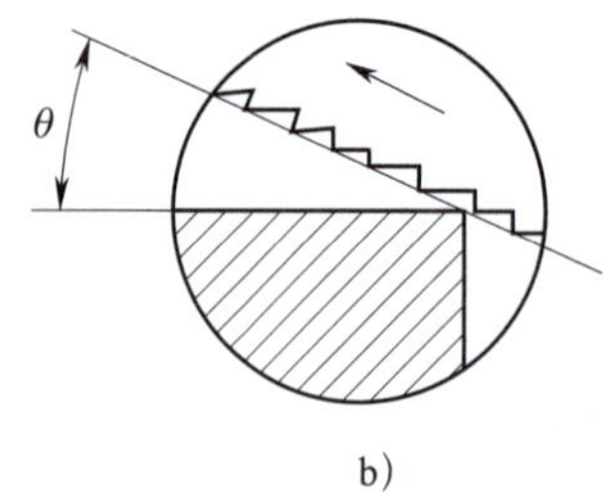

图 2–3–14　起锯的角度
a）起锯角合适　b）起锯角太大

小提示

若起锯角太大，则不易平稳起锯，尤其是近起锯时锯齿容易被工件的棱边卡住而引起崩裂（见图 2–3–14b）。但起锯角也不宜太小，否则与工件同时接触的锯齿数较多，不易切入材料，多次起锯往往容易发生偏离，使工件表面锯出许多锯痕，影响表面质量。

起锯到槽深达 2 ~ 3 mm 时，锯条已不会滑出槽外，拇指可离开锯条，扶正锯弓，使锯痕逐渐延伸至水平，继续正常锯削。

3. 锯削第一个面

（1）握锯方法

正常锯削时，手锯的握法如图 2–3–15 所示，一只手满握锯弓手柄，拇指压在食指上，另一只手轻扶在锯弓前端，配合扶正手锯，控制方向。

图 2–3–15　手锯的握法

（2）锯削姿势

锯削过程中身体的姿势如图 2–3–16 所示。锯削前，双手握锯放在工件上，左臂略弯曲，右臂与锯削方向保持一致，身体略前倾 10° 左右。向前锯削，身体与手锯一起向前运动，右腿伸直向前倾，身体也随之前倾，重心移到左腿上，左膝弯曲，身体前倾角度加大至 15° 左右。随着锯削行程的增大，身体前倾角度也随之增大到 18° 左右。当锯削至锯条长度的 3/4 时，身体停止运动，准备回程，身体前倾角度回到 15° 左右。注意：整个锯削过程中身体摆动要自然。

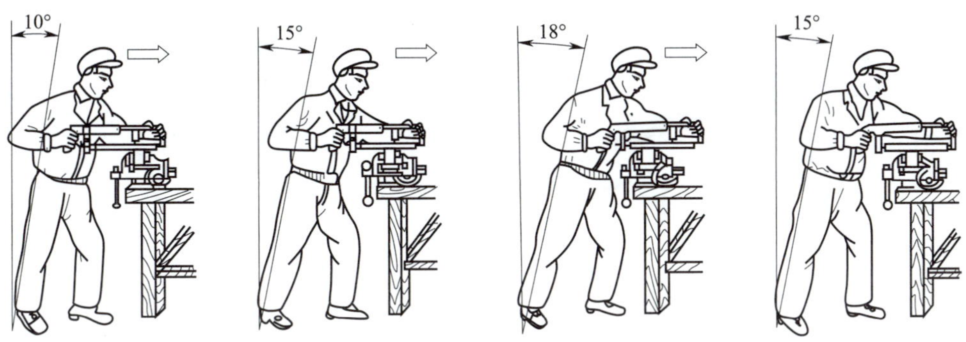

图 2–3–16　锯削过程中身体的姿势

（3）锯削时手锯的运动

锯削时，手锯的运动方式有两种：一种是直线式，两手均匀用力，向前推进手锯；另一种是摆动式，向前推进手锯时右手下压而左手上提，此种方式动作自然，可减轻疲劳。一般加工锯削面要求平直的槽和薄壁工件采用直线式运动方式，而锯断其他材料时常采用摆动式运动方式。

正常锯削时，应使锯条的全部有效锯齿在每次推进行程中都参加切削。不论采用哪种运动方式，在回程中都不应对手锯施以压力，否则会加快锯齿的磨损。初学者建议采用直线式运动方式，以便为锉削打下良好的基础。

（4）锯削速度

正常锯削时，锯削速度一般为 40 次 /min 左右。锯削软材料可以快些，锯削硬材料应该慢些。锯削速度太快，锯条发热严重，容易磨损，必要时可加切削液等进行冷却、润滑，以减小锯条的发热磨损。锯削速度太慢，则工作效率太低，锯削时间加长。

（5）深缝锯削

本任务锯削长度为 102 mm，大于锯弓的高度，因此，当锯削到锯弓高度时，可以将锯条转过 90° 重新安装，使锯弓在工件的外侧（见图 2–3–17a）；或将锯条转过 180° 重新安装，使锯弓在工件的底部（见图 2–3–17b），继续进行锯削。

（6）结束锯削

工件快要被锯断时，左手应扶住工件，右手轻施压力，慢速将工件锯断，如图 2–3–18 所示。

（7）检测

锯削完成后，用游标卡尺检测尺寸，用刀口尺和塞尺检测平面度，用直角尺检测垂直度，直至达到图样要求。

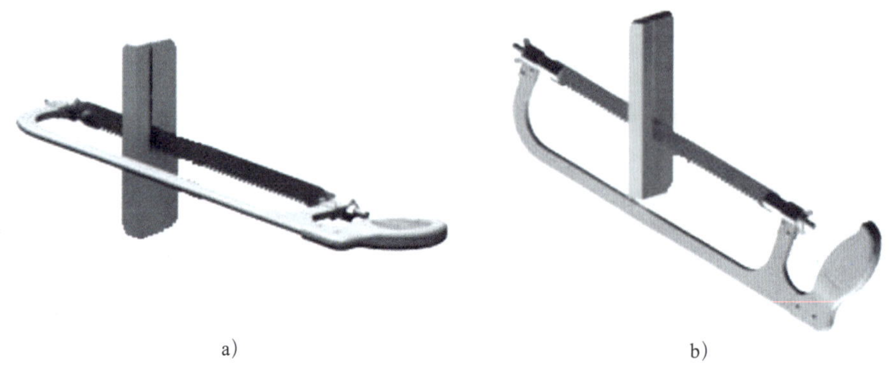

a）　　　　b）

图 2-3-17　深缝锯削

a）锯条转过 90°　b）锯条转过 180°

图 2-3-18　结束锯削

4. 锯削第二个面

将工件旋转 180° 装夹在台虎钳上，采用同样的方法锯削第二个面，锯削完成后，用游标卡尺检测尺寸和平行度，用刀口尺和塞尺检测平面度，用直角尺检测垂直度，直至达到图样要求。

小提示

锯削时的注意事项：

（1）工件装夹要牢固，锯条安装应正确。

（2）起锯角度、起锯方法要正确，锯削姿势自然、正确，压力和速度适当。

（3）锯削钢件时，可加切削液，起润滑、冷却作用。

（4）快要锯断时，速度要慢，压力要小，用一只手扶住将被锯断的部分。

（5）锯削时要防止锯条折断从锯弓中弹出伤人。

（6）锯削完毕，应将锯弓上的张紧螺母适当放松。

五、任务评价

锯削评分表见表 2–3–3。

表 2–3–3　锯削评分表

序号	项目	技术要求	评分标准	配分	得分
1	准备工作	劳动防护用品穿戴整齐	总体评定，酌情扣分	3	
2		工具、量具准备齐全	总体评定，酌情扣分	3	
3	锯削技术规范	工件装夹正确	不符合要求酌情扣分	5	
4		工具、量具摆放位置正确、排列整齐	不符合要求酌情扣分	5	
5		锯条安装正确	不符合要求酌情扣分	5	
6		站立位置和姿势正确、自然	不符合要求酌情扣分	5	
7		握锯和锯削姿势正确、自然	不符合要求酌情扣分	5	
8		锯削面纹路整齐	不符合要求酌情扣分	10	
9		（35 ± 0.5）mm	超差不得分	15	
10		□ 1（2 处）	每超差一处扣 8 分	16	
11		⊥ 1 A（2 处）	每超差一处扣 8 分	16	
12		// 1 B	超差不得分	8	
13	安全生产	遵守工作场地规章制度和安全文明生产要求	总体评定，酌情扣分	4	
总分				100	

知识拓展

一、锯条损坏的原因和预防措施

锯条损坏的原因和预防措施见表 2–3–4。

表 2–3–4　锯条损坏的原因和预防措施

损坏形式	原因	预防措施
锯条折断	1. 锯条安装得过紧或过松 2. 工件抖动或松动 3. 锯缝歪斜，纠正不当 4. 压力过大 5. 新锯条在旧锯缝中卡住	1. 锯条安装松紧适当 2. 工件装夹牢固，锯削面靠紧钳口端面 3. 扶正锯弓，按划线锯削 4. 适当控制压力 5. 调换新锯条后，掉头锯割

续表

损坏形式	原因	预防措施
锯齿崩裂	1. 锯条粗细规格选用不当 2. 起锯方向、起锯角度不对 3. 突然碰到砂粒、杂质	1. 正确选用锯条 2. 选用正确的起锯方向、起锯角度 3. 碰到砂粒、杂质时减小压力
锯齿很快磨钝	1. 冷却不够 2. 锯削速度太快	1. 改善冷却方法，根据实际情况加切削液 2. 控制锯削速度

二、锯削常见缺陷分析

锯削常见缺陷的产生原因和预防措施见表 2–3–5。

表 2–3–5　锯削常见缺陷的产生原因和预防措施

缺陷	产生原因	预防措施
尺寸不对	1. 划线不准确 2. 未按划线加工	1. 看清图样，划线时反复检查 2. 按所划加工线进行锯削
锯缝歪斜	1. 工件装夹歪斜 2. 锯条安装太松或相对锯弓平面扭曲 3. 锯条锯齿两侧磨损不均匀 4. 锯削压力过大使锯条左右偏摆 5. 锯弓未扶正或用力歪斜，使锯条偏离锯缝中心平面，而斜靠在锯削面的一侧	1. 工件装夹时，使锯削方向与铅垂线方向一致 2. 锯条松紧要适当，锯条平面与锯弓平面要平行 3. 使用前，检查锯条是否良好，如有需要，更换新锯条 4. 锯削姿势应正确，压力和速度要适当 5. 锯削过程中，要始终扶正锯弓，如有歪斜，应及时纠正
拉伤表面	1. 起锯时压力不均匀 2. 跑锯	1. 速度放慢，压力均匀 2. 握稳锯弓

三、管子的锯削

1. 管子的装夹

锯削管子时，必须将管子夹正，但又不可太紧，以免夹扁管子，可以用两块 V 形木块夹住管子，再在台虎钳中夹牢，如图 2–3–19 所示。有时还可采用填充法夹持，即先用铁砂或硬木屑填满管子并砸实后再装夹固定。

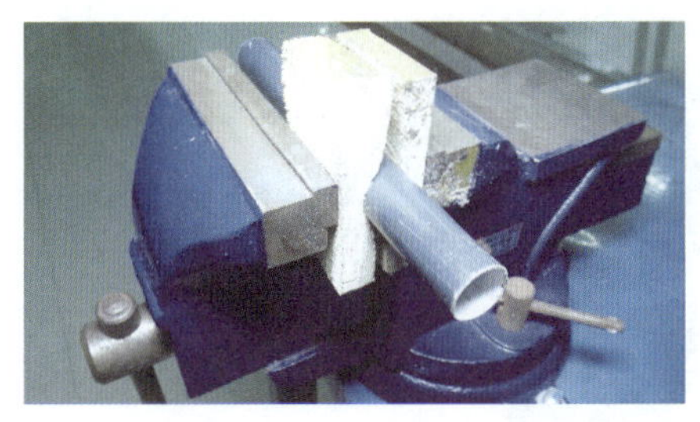
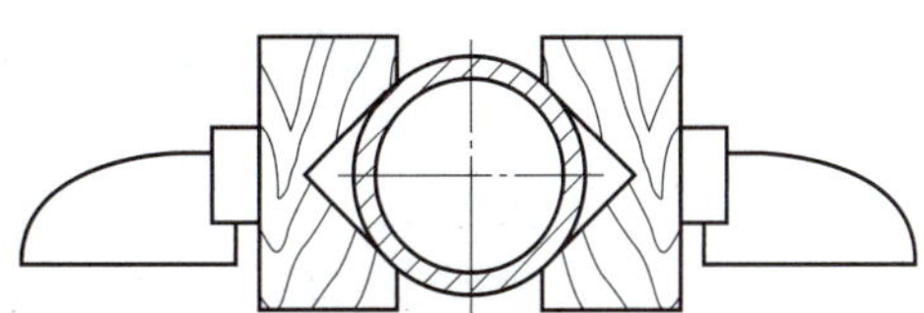

图 2–3–19　管子的装夹

2. 管子的锯削

锯削薄壁管子时，严禁从一个方向自始至终锯断，以免钩坏管子或者使锯条崩齿。正确的方法是采用转位锯削法，如图 2–3–20 所示，先从一个方向锯削至管子内壁处，然后将管子向推锯方向转过一定角度，沿原锯缝和锯削线继续锯削至管子内壁处，反复多次，到锯断为止。为保证管子断面平整，可先进行划线。

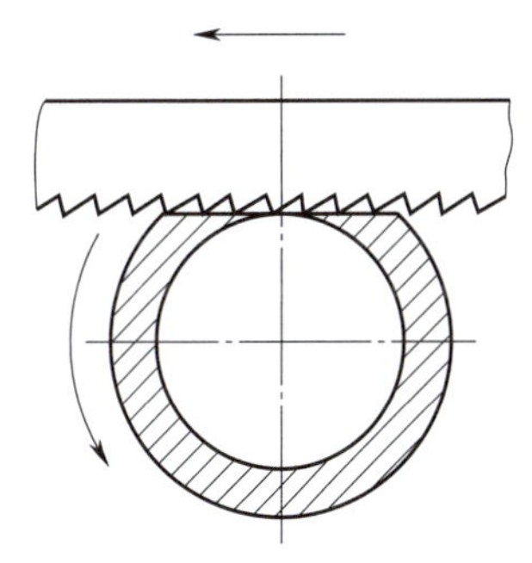

图 2–3–20　管子的锯削

四、薄板的锯削

当必须从窄面锯削薄板时，应用木板从两边夹持薄板，连同木板一起锯开，这样可增大锯削面积，防止锯齿被钩住，同时可以增加薄板的刚度，如图 2–3–21a 所示。有时也可采用横向斜推锯的方法，如图 2–3–21b 所示，以增大锯削面积，防止锯削时产生颤动，并避免锯齿被钩住。

a)

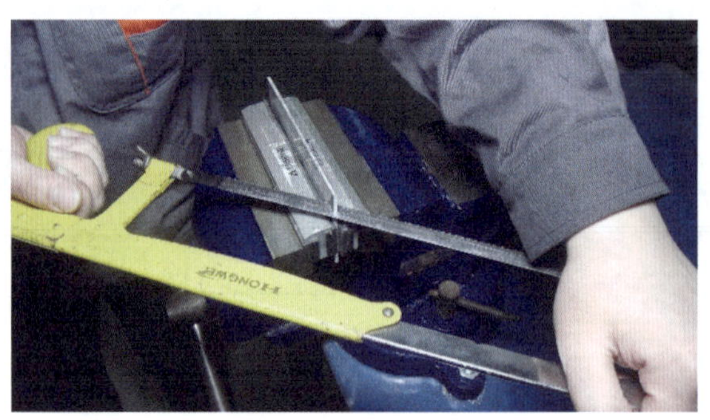

b）

图 2–3–21　薄板的锯削

a）用木板从两边夹持薄板　b）横向斜推锯

任务小结

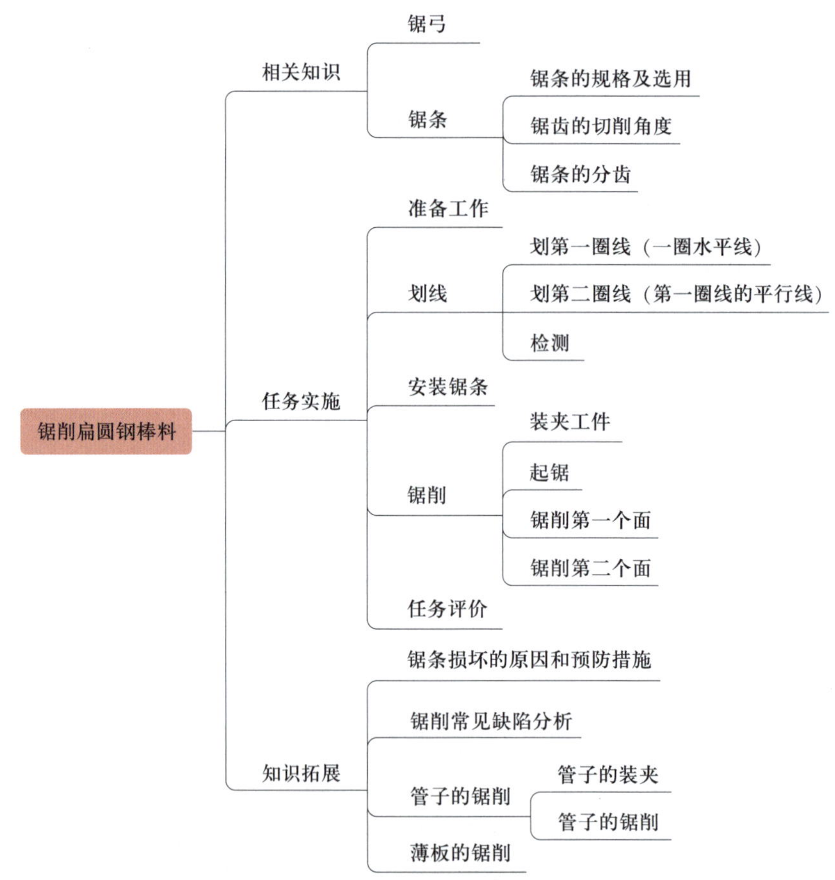

任务4　锉削长方体

学习目标

1. 熟悉锉刀及其使用方法。

2. 掌握外径千分尺的使用方法。

3. 掌握平面锉削的操作方法，了解外圆弧面、内圆弧面、外球面、平面的曲面连接处的锉削要点。

4. 能正确使用锉刀在长方体上完成平面锉削，并达到一定的精度要求。

5. 了解锉削常见缺陷的产生原因和预防措施。

任务描述

按照图 2–4–1 所示锉削图样要求，对任务 3 完成锯削的工件进行锉削加工，锉削完成的工件如图 2–4–2 所示。

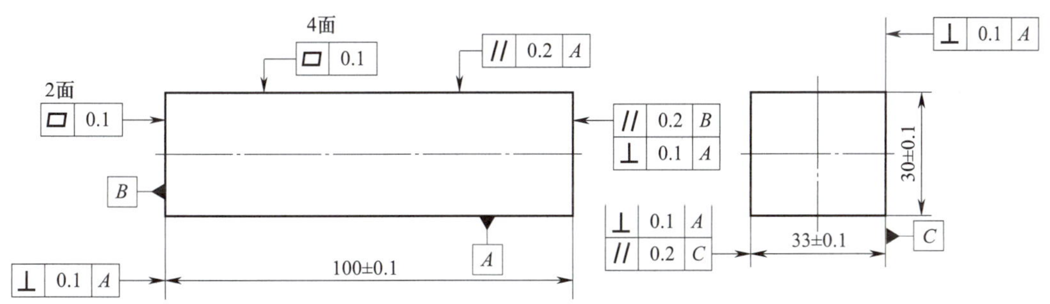

技术要求
1. 锉削表面粗糙度为 $Ra3.2$ μm。
2. 锐边倒角为 $C0.3$。

图 2–4–1　锉削图样

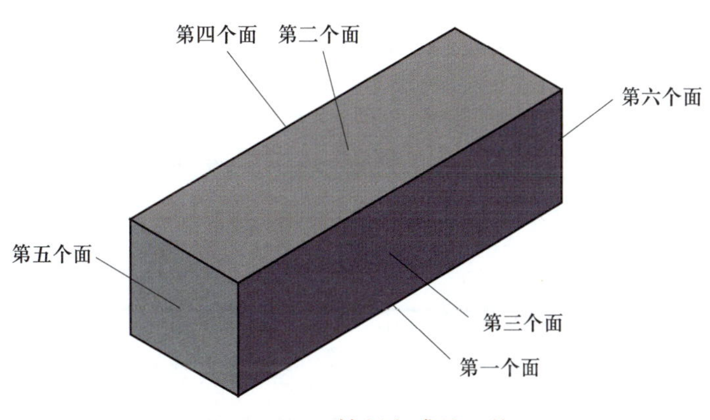

图 2–4–2　锉削完成的工件

任务分析

用锉刀对工件进行切削加工，使其尺寸、形状和表面粗糙度符合要求的操作方法称为锉削。锉削一般是在錾削、锯削之后对工件进行的精度较高的加工，其尺寸精度可达 0.01 mm，表面粗糙度可达 Ra0.8 μm。锉削的应用范围较广，可以锉削工件的内外平面、内外曲面、沟槽和各种复杂表面。

分析图 2–4–1 可知，本任务是在錾削、锯削之后，采用锉削的方法对长方体的 6 个面进行精加工，并达到图样要求。要完成该任务，应先熟悉锉刀及其使用方法，掌握外径千分尺的使用方法，掌握平面锉削的操作方法。

相关知识

一、锉刀

1. 锉刀的结构

锉刀的结构如图 2–4–3 所示。

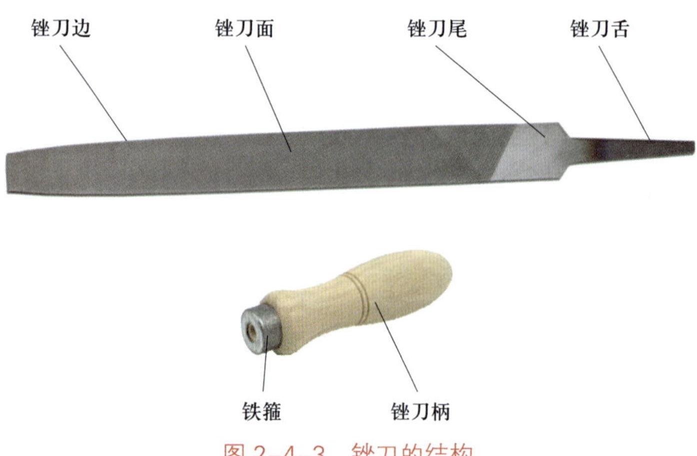

图 2–4–3　锉刀的结构

2. 锉刀的齿纹

锉刀面上布满锉齿，根据锉齿的排列方式，锉刀的齿纹包括单齿纹和双齿纹两种。

（1）单齿纹

单齿纹是指锉刀面上只有一个方向的锉齿，如图 2–4–4a 所示。单齿纹锉齿的强度低，全齿宽同时参加切削，需要较大切削力，适用于锉削软材料。

（2）双齿纹

双齿纹是指锉刀面上有两个方向排列的锉齿，如图 2–4–4b 所示。这样两个方向的锉齿，沿锉刀中心线方向形成倾斜和有规律的排列。锉削时，每个锉齿的锉痕交错而不重叠，锉面比较光滑，切屑是碎断的，比较省力，锉齿强度高，适用于锉削硬材料。

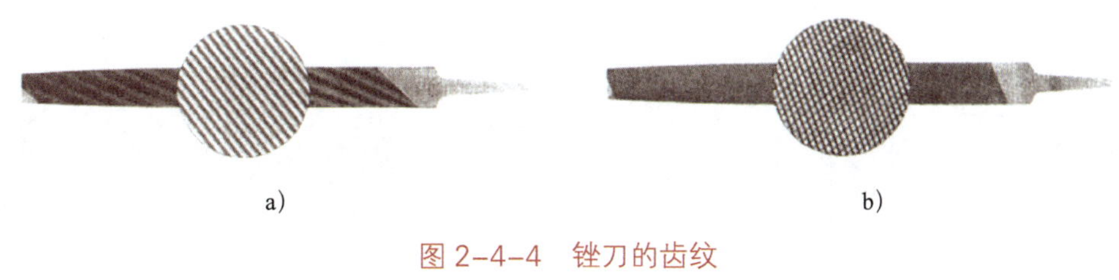

a)　　b)

图 2-4-4　锉刀的齿纹
a）单齿纹　b）双齿纹

3. 锉刀的种类

按用途不同，常用的锉刀可分为钳工锉、整形锉和异形锉三类，见表 2-4-1。

表 2-4-1　锉刀的种类

类型	图示	说明
钳工锉		钳工锉是钳工最常用的锉削工具，按其断面形状不同，分为平锉、方锉、三角锉、半圆锉和圆锉五种
整形锉		整形锉又称为什锦锉或组锉，主要用于修整工件上的细小结构。通常以 5 支、8 支、10 支为一组
异形锉		异形锉用来锉削工件上的特殊表面，包括弯形和直形两种

4. 锉刀的规格

锉刀的规格包括尺寸规格和粗细规格。

（1）尺寸规格

不同的锉刀有不同的表示方法，圆锉用断面直径表示，方锉用断面边长表示，其他锉刀用锉身长度表示。

（2）粗细规格

以锉刀每 10 mm 轴向长度内的主锉纹条数来表示。

钳工锉的锉纹参数见表 2-4-2。

表 2-4-2　钳工锉的锉纹参数

规格 /mm	每 10 mm 轴向长度内的主锉纹条数				
	锉纹号				
	1（粗齿锉刀）	2（中齿锉刀）	3（细齿锉刀）	4（双细齿锉刀）	5（油光锉）
100	14	20	28	40	56
125	12	18	25	36	50
150	11	16	22	32	45
200	10	14	20	28	40
250	9	12	18	25	36
300	8	11	16	22	32
350	7	10	14	20	—
400	6	9	12	—	—
450	5.5	8	11	—	—

5. 锉刀的选择

每种锉刀都有其合适的用途，如果选择不当，就会浪费工时或锉坏工件，也会过早使锉刀失去切削能力，因此锉削前必须正确选择锉刀。通常应根据工件的表面形状、尺寸精度、材料性质、加工余量和表面粗糙度等要求来选择锉刀。

（1）锉刀断面形状的选择

锉刀断面形状应与工件被加工表面的形状相适应，见表 2-4-3。

表 2-4-3　锉刀断面形状的选择

类别	用途	示例
平锉	锉削平面、外圆弧面、外球面	
方锉	锉削方孔、长方孔	

续表

类别	用途	示例
三角锉	锉削三角孔、内角、平面	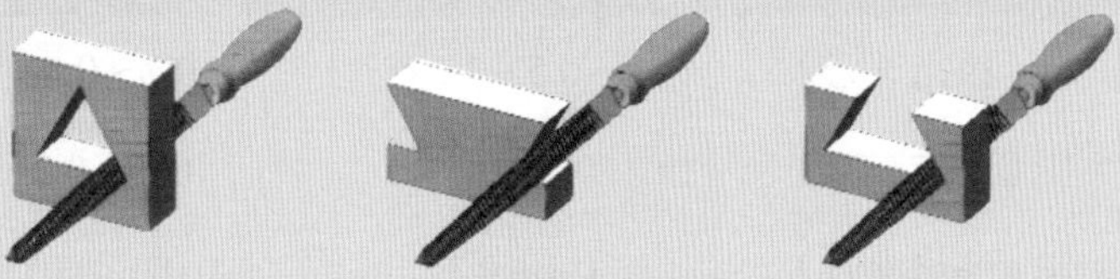
圆锉	锉削圆孔、半径较小的内圆弧面	
半圆锉	锉削内圆弧面、平面	
菱形锉	锉削菱形孔、锐角槽	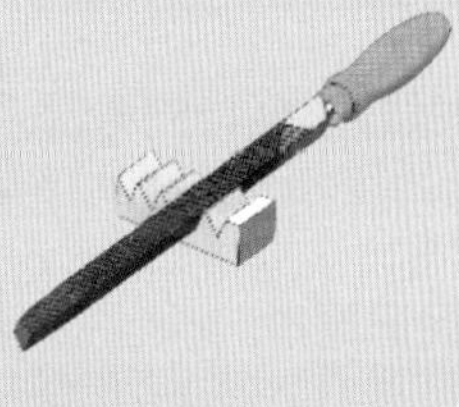
刀口锉	锉削方孔、三角孔、长方孔的平面，锉削内角、窄槽、楔形槽	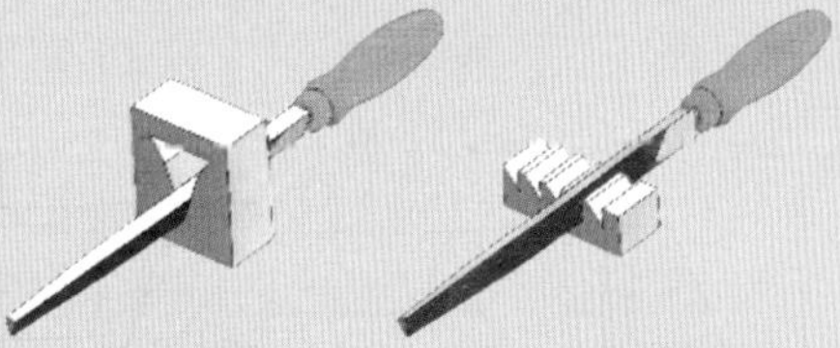

（2）锉刀粗细规格的选择

一般来说，粗齿锉刀适用于锉削铜、铝等软金属以及加工余量大、精度要求低和表面粗糙度要求不高的工件；细齿锉刀适用于锉削钢、铸铁以及加工余量小、精度要求高和表面粗糙度要求高的工件。此外，新锉刀的锉齿比较锋利，适合锉削软金属，新锉刀使用一段时间后再锉削硬金属较好。锉刀粗细规格的适用场合见表 2–4–4。

表 2-4-4　锉刀粗细规格的适用场合

粗细规格	适用场合		
	锉削余量 /mm	尺寸精度 /mm	表面粗糙度 *Ra*/μm
1 号（粗齿锉刀）	0.5 ~ 1	0.2 ~ 0.5	100 ~ 25
2 号（中齿锉刀）	0.2 ~ 0.5	0.05 ~ 0.2	25 ~ 6.3
3 号（细齿锉刀）	0.1 ~ 0.3	0.02 ~ 0.05	12.5 ~ 3.2
4 号（双细齿锉刀）	0.1 ~ 0.2	0.01 ~ 0.02	6.3 ~ 1.6
5 号（油光锉）	0.1 以下	0.01	1.6 ~ 0.8

（3）锉刀尺寸规格的选择

锉刀尺寸应与工件被加工表面的大小相适应。工件被加工表面的尺寸越大，选用的锉刀尺寸应越大；反之，应选用小尺寸的锉刀，特别是锉削内表面，其锉刀尺寸必须小于或等于被加工表面的尺寸，否则无法进行锉削加工。

二、外径千分尺

利用螺旋副原理，对尺架上两测量面间分隔的距离进行读数的外尺寸测量器具称为外径千分尺。外径千分尺是一种精密量具，其测量精度比游标卡尺高，应用广泛。

1. 外径千分尺的结构

外径千分尺的结构如图 2-4-5 所示，主要由尺架、测砧、测微螺杆、固定套管、微分筒、测力装置和锁紧装置等组成。

2. 外径千分尺的标记原理

外径千分尺的分度值包括 0.01 mm、0.001 mm 和 0.002 mm 等。

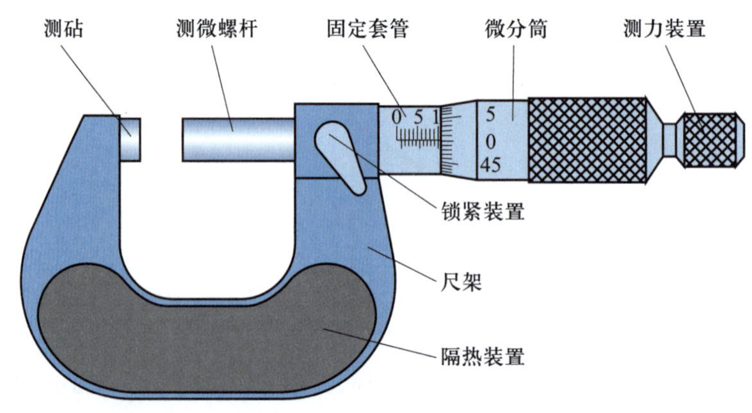

图 2-4-5　外径千分尺的结构

分度值为 0.01 mm 的外径千分尺的标记原理如下：

如图 2-4-6 所示，固定套管上的标记为主标尺，在基准线两侧分别有两排标记，标有数字的一排间距为 1 mm，另一排为每毫米标记的中分线，即上、下两相邻标记的间距为 0.5 mm；微分筒圆锥面上的标记为副标尺，在圆周上有 50 个等分标记。由于外径千分尺测微螺杆的螺距为 0.5 mm，因此，当微分筒（与测微螺杆相连接）旋转 1 周时，测微螺杆就轴向移动 0.5 mm。当微分筒旋转 1/50 周时（转过 1 格），测微螺杆移动的轴向距离为 0.5 mm/50=0.01 mm。

由此可知，该外径千分尺的分度值为 0.01 mm。

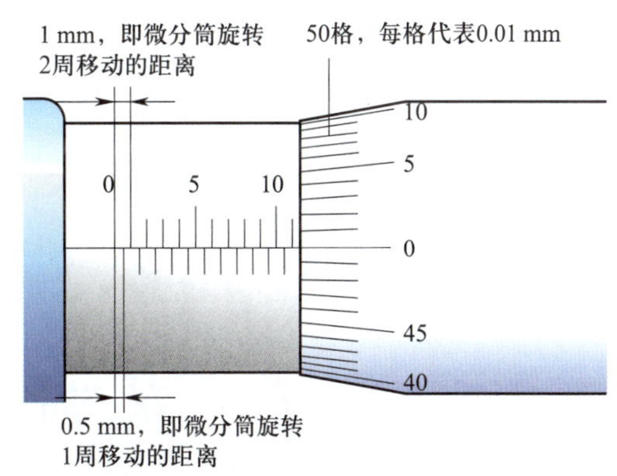

图 2-4-6 分度值为 0.01 mm 的外径千分尺的标记原理

3. 外径千分尺的示值读取方法

外径千分尺的示值读取方法如下：

（1）在固定套管上读出与微分筒相邻近的标记数值。

（2）用微分筒上与固定套管的基准线对齐的标记格数，乘以外径千分尺的分度值（如 0.01 mm），读出不足 0.5 mm 的数值。

（3）将两项读数相加，即为被测尺寸的数值。

如图 2-4-7a 所示，外径千分尺示值为 35 mm+0.340 mm=35.340 mm；如图 2-4-7b 所示，外径千分尺示值为 48.5 mm+0.450 mm=48.950 mm。

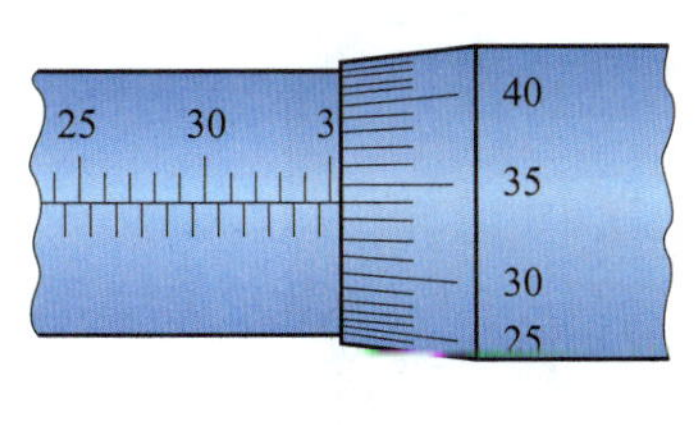

a）

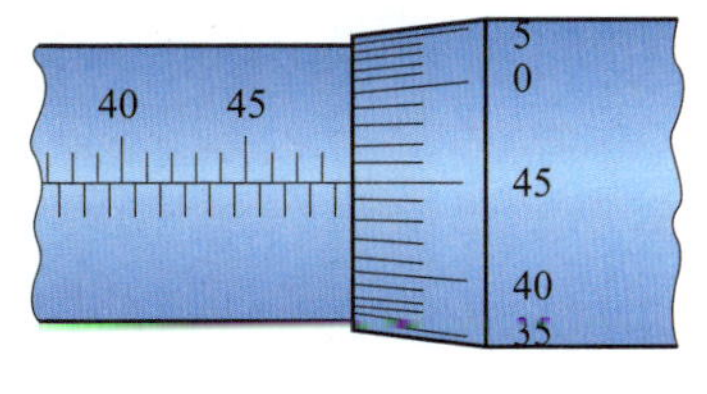

b）

图 2-4-7 外径千分尺的读数方法

4. 外径千分尺的使用方法

用外径千分尺进行测量前，应先将测砧和测微螺杆的测量面擦拭干净，并校准零位，如图 2-4-8 所示。

测量时，双手操作，先旋转微分筒，当测量面快接触或刚接触工件表面时，再旋转测力装置（棘轮），当听到“吱吱”声时，停止转动，如图 2-4-9 所示。

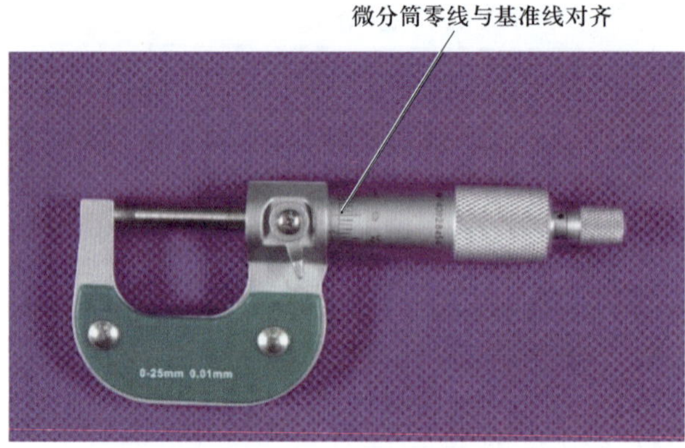

a）

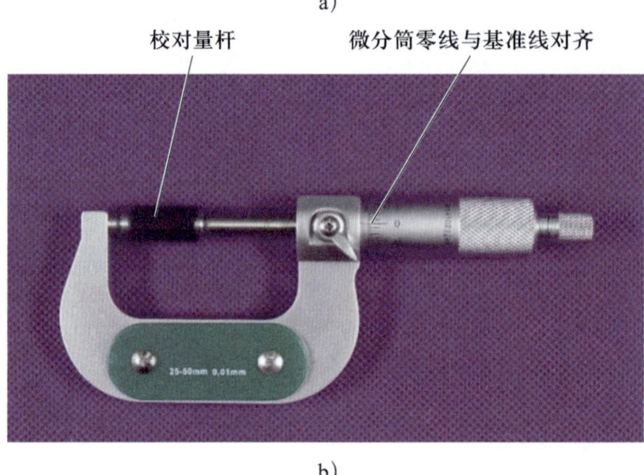

b）

图 2-4-8　外径千分尺校零

a）0～25 mm 外径千分尺校零　b）25～50 mm 外径千分尺校零

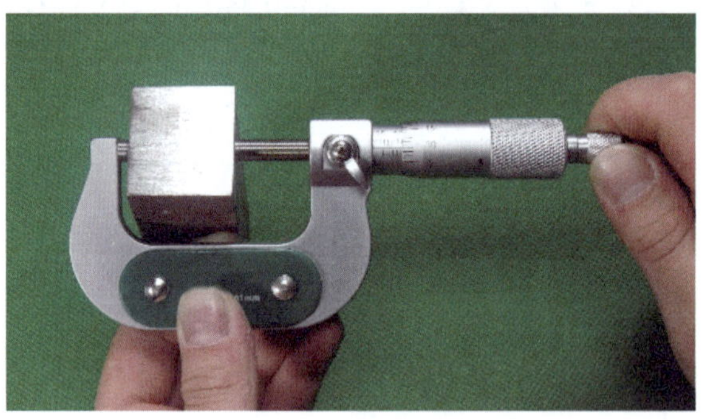

图 2-4-9　外径千分尺的使用方法

5. 外径千分尺的使用注意事项

（1）外径千分尺适用于较精密件的测量和检验，应按工件的尺寸和精度要求正确合理地选用外径千分尺。

（2）不能用外径千分尺测量毛坯或转动的工件。

（3）测量时，外径千分尺要放正，并注意温度的影响。

（4）为防止尺寸变动，可转动锁紧装置，锁紧测微螺杆。

（5）读数时，最好不要取下外径千分尺。

任务实施

一、准备工作

1. 材料

任务 3 完成锯削的长方体工件。

2. 工具、量具

游标卡尺、25～50 mm 外径千分尺、刀口尺、直角尺、塞尺、平板、游标高度卡尺、锉刀（300 mm 1 号纹平锉、200 mm 2 号纹平锉、150 mm 1 号纹平锉、150 mm 2 号纹平锉）等。

二、装拆锉刀柄

锉刀需安装锉刀柄后方可使用。

1. 锉刀柄的安装

一只手拿锉刀柄，另一只手拿锉刀，先将锉刀舌插入锉刀柄的安装孔，然后在台虎钳工作台上敲几下，利用锉刀自重墩入锉刀柄，如图 2-4-10a 所示。

2. 锉刀柄的拆卸

一只手拿锉刀柄，另一只手拿锉刀，在台虎钳工作台边缘水平撞击锉刀柄，使锉刀与锉刀柄分离，如图 2-4-10b 所示。

a）

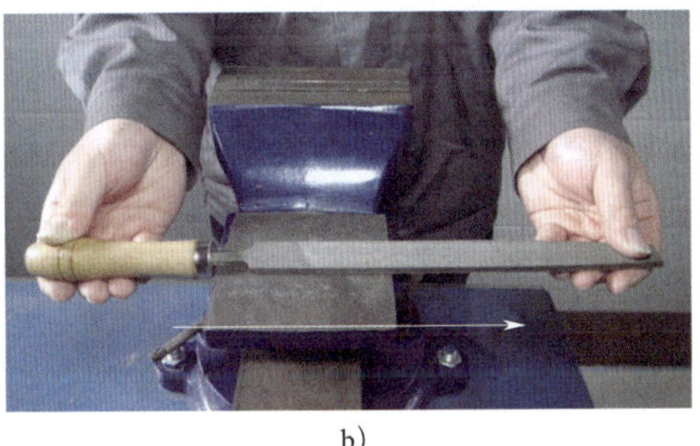

b）

图 2-4-10　锉刀柄的装拆
a）锉刀柄的安装　b）锉刀柄的拆卸

三、锉削

本任务是采用锉削的方法将长方体工件的基本尺寸从 102 mm × 35 mm × 32 mm 加工到 100 mm × 33 mm × 30 mm，则三个方向的单面切削余量分别为

单面切削余量 1=（102−100）mm/2=1 mm

单面切削余量 2=（35−33）mm/2=1 mm

单面切削余量 3=（32–30）mm/2=1 mm

锉削加工过程一般分为粗锉和精锉两个阶段。粗锉余量约为 0.5 ~ 1 mm，精锉余量约为 0.1 ~ 0.3 mm。

粗锉主要是以较大的锉削力度和动作幅度锉去大部分切削余量，为精锉做好准备。

精锉则以提高锉削面的尺寸、几何精度和减小表面粗糙度值为主，最终达到图样要求。

1. 装夹工件

将工件夹紧在台虎钳钳口宽度方向的中间位置，锉削面高出钳口平面 10 ~ 15 mm，并处于水平位置，如图 2–4–11 所示。

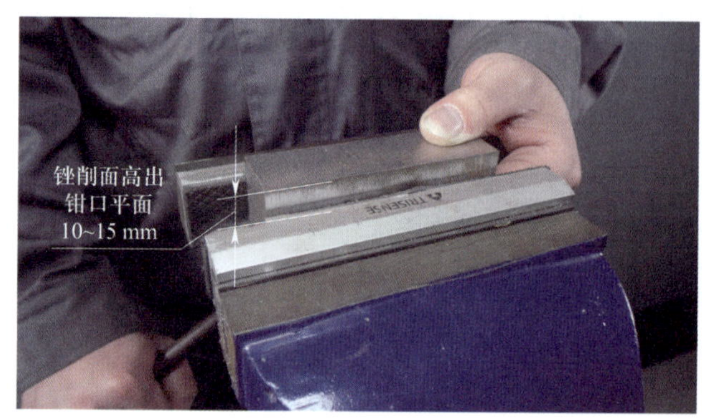

图 2–4–11　装夹工件

小提示

（1）工件尽量夹持在台虎钳钳口宽度方向的中间位置，使锉削面靠近钳口，以防锉削时产生振动。

（2）装夹要稳固，但用力不可太大，以防将工件夹变形。

（3）装夹已加工表面和精密工件时，应在台虎钳钳口上衬纯铜皮或铝皮等制成的软钳口，以防夹坏工件。

2. 锉削第一个面

（1）站立姿势

操作者站在台虎钳的左斜侧，左脚前跨半步，左膝略有弯曲，右腿在后，站稳并伸直，身体保持自然，如图 2–4–12 所示。

（2）粗锉

1）锉刀的握法。粗锉时，应选用较大尺寸锉刀（长度大于 250 mm），这里可选用 300 mm 1 号纹平锉。较大尺寸锉刀的握法如图 2–4–13 所示，右手紧握锉刀柄，柄端顶住掌心，拇指放在锉刀柄的上部，其余手指满握锉刀柄；左手拇指根部压在锉刀头上，拇指自然伸直，中指、无名指握住锉刀前端，食指、小指自然收拢。

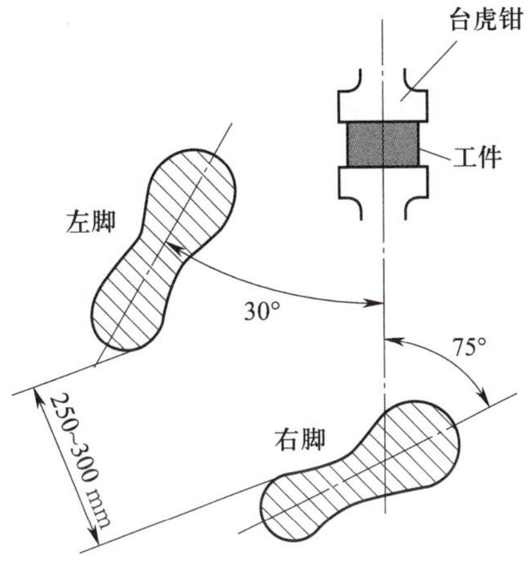

图 2-4-12　锉削时的站立姿势

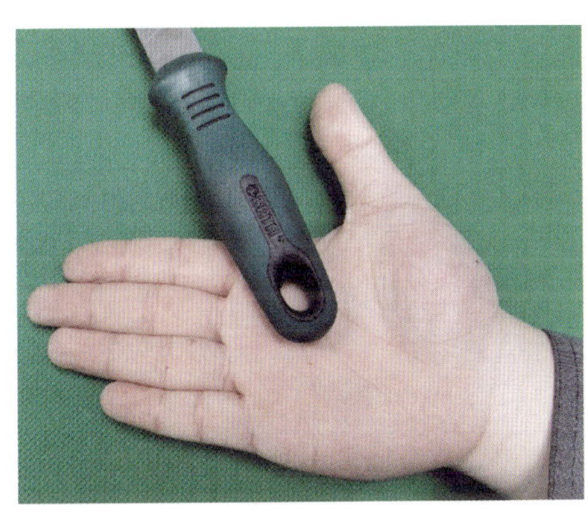

a）

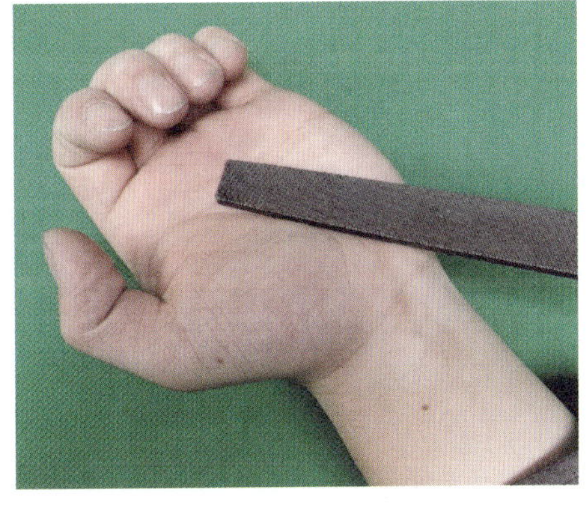

b）

图 2-4-13　较大尺寸锉刀的握法
a）右手握法　b）左手握法

锉削时两手的姿势如图 2-4-14 所示，左手的肘部要适当抬起（不要下垂），否则力量不能正常发挥。

图 2-4-14　锉削时两手的姿势

2）锉削姿势。锉削姿势及操作要领见表 2–4–5。

表 2–4–5　锉削姿势及操作要领

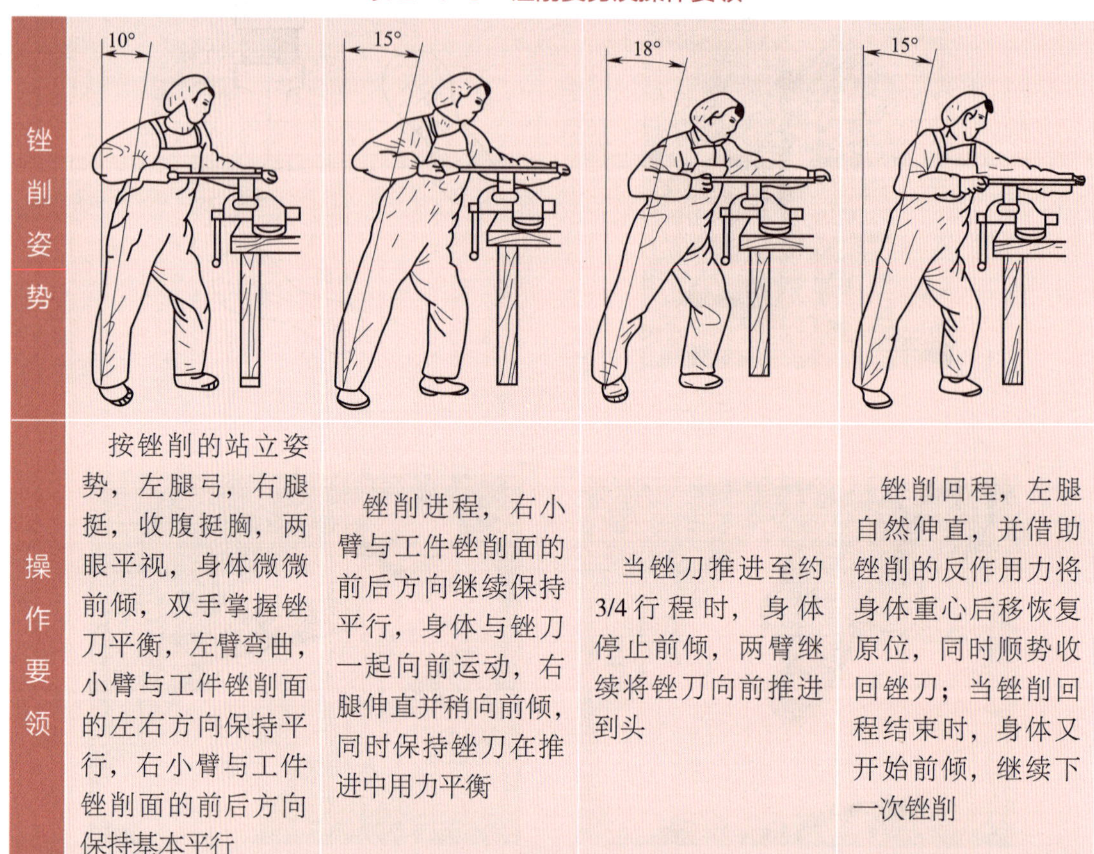

锉削姿势				
操作要领	按锉削的站立姿势，左腿弓，右腿挺，收腹挺胸，两眼平视，身体微微前倾，双手掌握锉刀平衡，左臂弯曲，小臂与工件锉削面的左右方向保持平行，右小臂与工件锉削面的前后方向保持基本平行	锉削进程，右小臂与工件锉削面的前后方向继续保持平行，身体与锉刀一起向前运动，右腿伸直并稍向前倾，同时保持锉刀在推进中用力平衡	当锉刀推进至约 3/4 行程时，身体停止前倾，两臂继续将锉刀向前推进到头	锉削回程，左腿自然伸直，并借助锉削的反作用力将身体重心后移恢复原位，同时顺势收回锉刀；当锉削回程结束时，身体又开始前倾，继续下一次锉削

3）锉削时锉刀的受力。推进锉刀时，两手加在锉刀上的压力应保证锉刀平稳而不上下摆动，这样才能锉出平整的平面。推进锉刀时的推力大小主要由右手控制，而压力大小则由两手共同控制。

保持锉刀平稳前进应满足以下条件：锉刀在工件上任意位置时，锉刀前后两端所受的力矩应相等。由于锉刀的位置是不断改变的，因此，两手所加的压力也要随之做相应的改变。随着锉刀的推进，左手施加的压力逐渐减小，而右手施加的压力逐渐增大，如图 2–4–15 所示。这是锉削平面时最关键的技术要领。

4）锉削速度。锉削速度一般为 40 次 /min 左右，推出时稍慢，回程稍快。速度太快容易疲劳和加快锉齿的磨损。

5）锉削方法。平面锉削方法主要包括顺向锉、交叉锉和推锉等。

①顺向锉。如图 2–4–16a 所示，顺向锉时，锉刀的运动方向始终与台虎钳中心线（工件夹持方向）保持一致，因此，锉削面可得到整齐一致的锉痕，比较美观。顺向锉一般用于锉削较小平面和精锉。

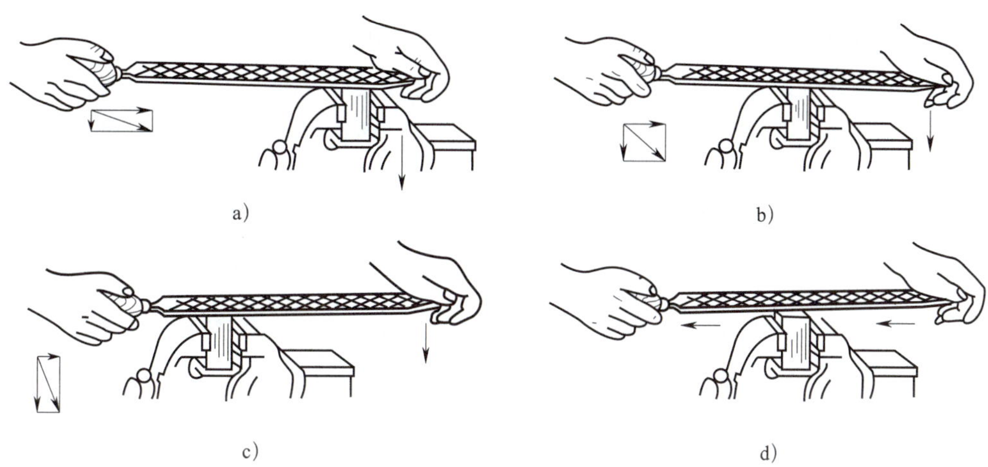

图 2-4-15 锉削时锉刀的受力

a）开始锉削 b）锉削过程中 c）接近锉削行程尾部 d）锉削回程

②交叉锉。如图 2-4-16b 所示，交叉锉时，锉刀的运动方向与台虎钳中心线成 35°左右的夹角，锉刀与工件的接触面增大，锉刀容易掌握平稳，但锉削面的锉痕交叉，表面美观度比顺向锉差。交叉锉常用于粗锉，但在完成前仍需要改为顺向锉，以使锉痕平直。

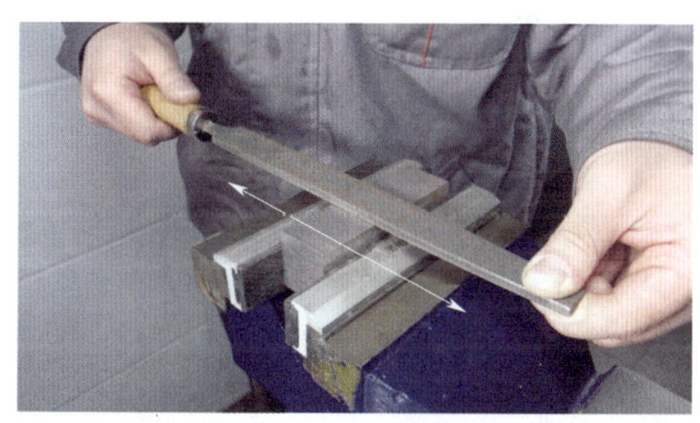

a)

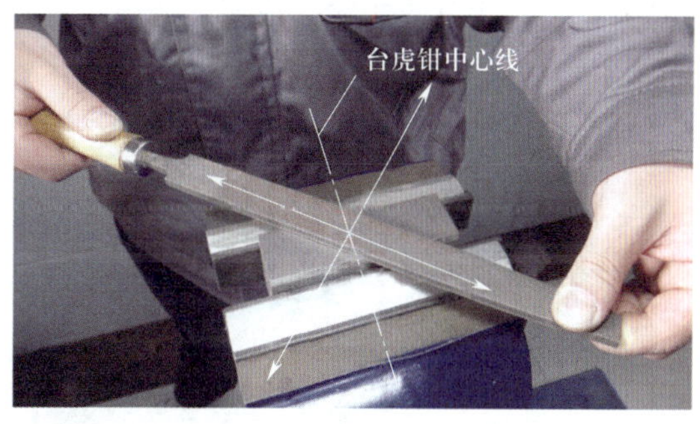

b)

c)

图 2-4-16 锉削方法

a）顺向锉 b）交叉锉 c）推锉

③推锉。如图 2-4-16c 所示，推锉时，两手对称横握锉刀，用拇指推动锉刀顺着工件的长度方向进行锉削，锉刀的利用率不高，且不能充分发挥手的力量，因此锉削效率较低。推锉只适用于加工余量较小的场合如锉削窄长平面、修整尺寸，或不方便采用顺向锉的场合。

小提示

（1）锉削平面时，无论采用顺向锉还是交叉锉，为了使整个被加工表面能被均匀地锉削到，一般在每次抽回锉刀时要向旁边略做移动，如图 2-4-17 所示。

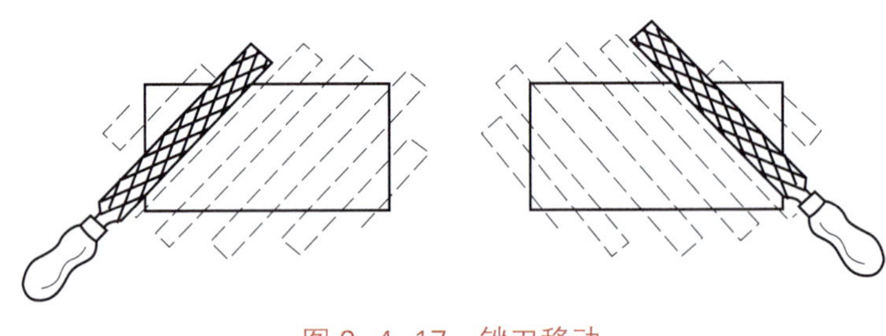

图 2-4-17　锉刀移动

（2）为保证被加工表面光洁，在锉削钢件时，应经常用划针或钢丝刷清除嵌入锉刀锉齿内的切屑，不可用手擦或用嘴吹切屑，如图 2-4-18 所示。

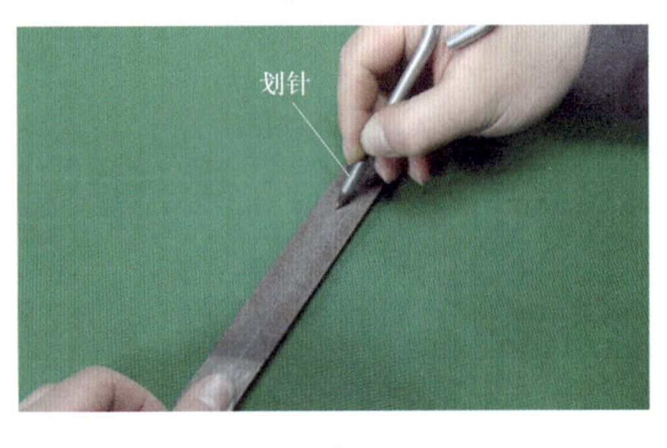

a)

b)

图 2-4-18　清除锉齿内的切屑
a）用划针清理　b）用钢丝刷清理

6）检测。用刀口尺和塞尺检测锉削面平面度，当锉削面上道工序（錾削或锯削）的痕迹被锉光，且平面度、表面粗糙度接近锉削质量要求时即可结束粗锉。

（3）精锉

对初学者，精锉余量一般为 0.3 mm 左右，熟练掌握锉削技能后，精锉余量一般为 0.1 mm。

1）锉刀的握法。精锉时，选用中等尺寸锉刀（长度为 200 mm 左右），这里可选用 200 mm 2 号纹平锉。中等尺寸锉刀右手的握法与上述较大尺寸锉刀的握法相同，左手只需用拇指、食指和中指轻轻捏住锉刀前端即可，不需要像较大尺寸锉刀那样施加很大的力，如图 2-4-19 所示。

图 2-4-19　中等尺寸锉刀的握法

2）锉削方法。精锉时，务必采用顺向锉方法。

3）检测

①用刀口尺和塞尺检测锉削面平面度。

②检测锉削表面粗糙度。锉削表面锉纹应一致，检测表面粗糙度时可采用目测方法，初学者也可采用与表面粗糙度样板进行比对的方法。

当第一个面的平面度达到 |⏥|0.1|，表面粗糙度达到 $Ra3.2\ \mu m$，用游标卡尺测量工件尺寸约为 31 mm 后，即完成第一个面的锉削加工。

第一个面是控制其余各面的尺寸精度、几何精度的测量基准，因此，必须在达到规定的平面度要求后，才能加工其他面。

3. 锉削第二个面（第一个面的相对面）

以加工好的第一个面作为基准面，将工件放置于平板上，用游标高度卡尺划出距第一个面 30 mm 的第二个面的加工线。

重新装夹工件，采用同样的方法锉削第二个面，先粗锉，留 0.3 mm 左右的精锉余量，再精锉至达到图样要求，即第二个面与第一个面间的尺寸达到（30 ± 0.1）mm，平面度达到 |⏥|0.1|，平行度达到 |//|0.2|A|，表面粗糙度达到 $Ra3.2\ \mu m$ 等。

（1）用外径千分尺测量第二个面与第一个面间的尺寸

测量时，应采用多点测量的方法，一般测量两平面间的尺寸时，应在四角和中间位置共测量五个点的数值，取其平均值作为测量结果，如图 2-4-20 所示。若平面面积较大，可测量更多点。

（2）检测平行度

用外径千分尺多点测量两平面间的尺寸，测得的最大尺寸与最小尺寸的差值即为两平

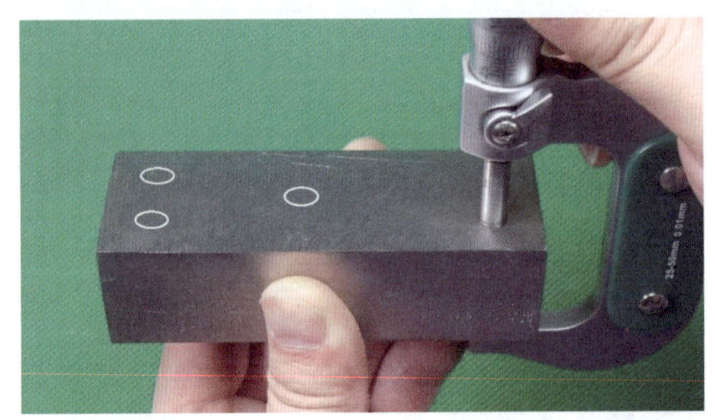

图 2–4–20　用外径千分尺测量平行平面间的尺寸

行平面的平行度误差。这里的平行度要求为 [// 0.2 A]，表示测得的最大尺寸与最小尺寸的差值不得超过 0.2 mm。

4. 锉削第三个面（第一个面的相邻面）

重新装夹工件，锉削第三个面，锉削、检测方法基本同第一个面，只是增加了一项精度要求，即在锉削过程中要经常用直角尺检测第三个面与第一个面的垂直度。

第三个面的锉削质量要求：平面度达到 [▱ 0.1]，垂直度达到 [⊥ 0.1 A]，表面粗糙度达到 *Ra*3.2 μm。

5. 锉削第四个面（第三个面的相对面）

以加工好的第三个面作为基准面，将工件放置于平板上，用游标高度卡尺划出距第三个面 33 mm 的第四个面的加工线。

重新装夹工件，锉削第四个面，锉削、检测方法基本同第二个面，只是增加了一项精度要求，即在锉削过程中也要经常用直角尺检测第四个面与第一个面的垂直度。

第四个面的锉削质量要求：与第三个面间的尺寸达到（33 ± 0.1）mm，平面度达到 [▱ 0.1]，垂直度达到 [⊥ 0.1 A]，平行度达到 [// 0.2 C]，表面粗糙度达到 *Ra*3.2 μm。

6. 锉削第五个面（端面）

长方体端面的面积较小，因此可选用较小尺寸锉刀，粗锉时选用 150 mm 1 号纹平锉，精锉时选用 150 mm 2 号纹平锉。由于较小尺寸锉刀需要施加的力较小，因此，其握法也有所不同，如图 2–4–21 所示，这样的握法不易感到疲劳，锉刀也容易掌握平稳。

重新装夹工件，锉削第五个面，锉削、检测方法同第三个面，锉削过程中也要经常检测第五个面与第一个面的垂直度。

第五面的锉削质量要求：平面度达到 [▱ 0.1]，垂直度达到 [⊥ 0.1 A]，表面粗糙度达到 *Ra*3.2 μm。

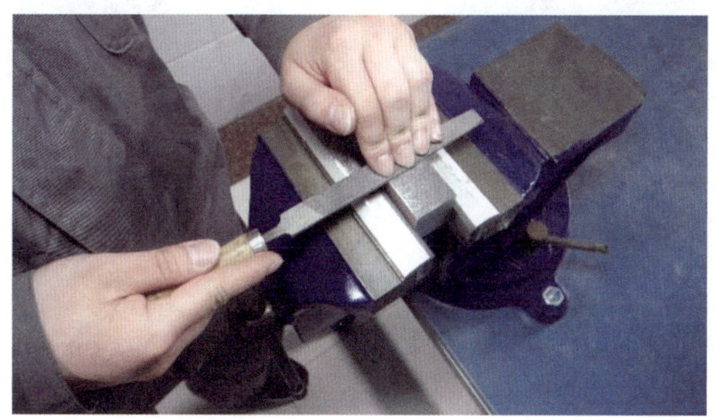

图 2–4–21 较小尺寸锉刀的握法

小提示

使用较小尺寸锉刀时，不可用力过猛，以免折断锉刀。

7. 锉削第六个面（第五个面的相对面）

以加工好的第五个面作为基准面，将工件放置于平板上，用游标高度卡尺划出距第五个面 100 mm 的第六个面的加工线。

重新装夹工件，锉削第六个面，锉削、检测方法同第四个面。

第六个面的锉削质量要求：与第五个面间的尺寸达到（100 ± 0.1）mm，平面度达到 | ▱ | 0.1 |，垂直度达到 | ⊥ | 0.1 | A |，平行度达到 | // | 0.2 | B |，表面粗糙度达到 *Ra*3.2 μm。

8. 全面检测

全面检测锉削质量，如有必要，可进行适当修整，并去除毛刺，进行锐边倒角。

四、任务评价

锉削评分表见表 2–4–6。

表 2–4–6 锉削评分表

序号	项目	技术要求	评分标准	配分	得分
1	准备工作	劳动防护用品穿戴整齐	总体评定，酌情扣分	3	
2		工具、量具准备齐全	总体评定，酌情扣分	3	
3	锉削技术规范	工件装夹正确	不符合要求酌情扣分	5	
4		握锉姿势正确	不符合要求酌情扣分	5	
5		站立位置和姿势正确、自然	不符合要求酌情扣分	5	
6		锉削姿势协调、自然	不符合要求酌情扣分	10	

续表

序号	项目	技术要求	评分标准	配分	得分
7	锉削技术规范	量具使用正确	不符合要求酌情扣分	5	
8		（30±0.1）mm	超差不得分	3	
9		（33±0.1）mm	超差不得分	3	
10		（100±0.1）mm	超差不得分	3	
11		▱ 0.1（6处）	每超差一处扣3分	18	
12		// 0.2 A	超差不得分	3	
13		// 0.2 B	超差不得分	3	
14		// 0.2 C	超差不得分	3	
15		⊥ 0.1 A（4处）	每超差一处扣3分	12	
16		锉削表面粗糙度 *Ra*3.2 μm（6处）	一处不符合要求扣1分	6	
17		锐边倒角 *C*0.3 mm	不符合要求酌情扣分	6	
18	安全生产	遵守工作场地规章制度和安全文明生产要求	总体评定，酌情扣分	4	
总分				100	

知识拓展

一、锉削常见缺陷分析

锉削常见缺陷的产生原因和预防措施见表2–4–7。

表2–4–7　锉削常见缺陷的产生原因和预防措施

缺陷	产生原因	预防措施
工件表面夹伤	1. 已加工表面被台虎钳钳口夹出伤痕 2. 夹紧力太大，导致空心工件被夹扁	1. 夹持已加工表面应使用软钳口 2. 夹紧力要适当，夹持空心工件应使用V形或弧形木块
尺寸超差	1. 划线不正确 2. 未及时检测尺寸	1. 按图样正确划线，并反复校对 2. 经常检测，做到心中有数

续表

缺陷	产生原因	预防措施
表面不平	1. 锉削姿势不正确 2. 选用刃口中凹的锉刀，导致锉出的平面中凸	1. 加强锉削技能训练 2. 正确选用锉刀
表面粗糙	1. 精锉时仍使用粗齿锉刀 2. 粗锉时锉痕太深，以至精锉无法去除 3. 切屑嵌在锉齿中未及时清除而将表面拉毛	1. 正确选用锉刀 2. 适当多留精锉余量 3. 及时清除切屑
不应锉的部位被锉掉	1. 锉直角时未使用光边锉刀 2. 锉刀打滑而锉坏相邻面	1. 选用光边锉刀 2. 注意清除油污等引起打滑的因素

二、外圆弧面的锉削

1. 锉刀的选用

锉削外圆弧面时，一般选用平锉，有时也可使用半圆锉的平面部分进行锉削。

2. 锉削方法

锉削外圆弧面时，需要使锉刀同时完成两个方向的运动，即在做前进运动的同时绕圆弧中心转动，常用的方法包括顺圆弧锉和横向锉两种。

（1）顺圆弧锉

顺圆弧锉时，右手将锉刀柄向下压，左手将锉刀前端顺势向上抬，即沿着圆弧面均匀切去一层，如图 2-4-22a 所示。顺圆弧锉的优点是圆弧面光滑，缺点是锉削力不大，锉削效率较低，适用于精锉外圆弧面。

（2）横向锉

横向锉时，锉刀做直线运动，并同时沿圆弧面不断摆动，如图 2-4-22b 所示。横向锉的锉削力较大，锉削效率较高，但锉削后整个圆弧面呈多棱形，一般用于粗锉外圆弧面。

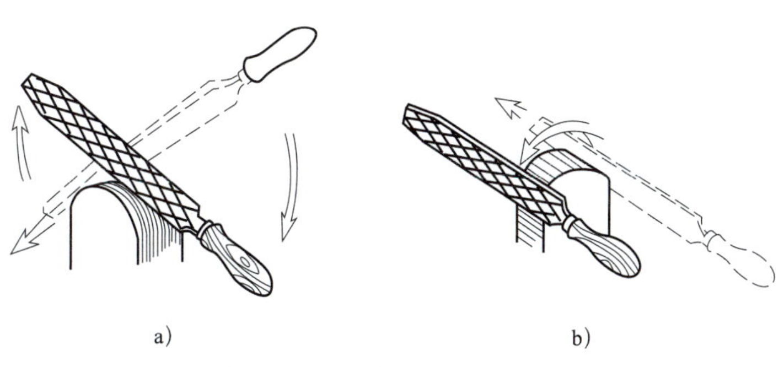

图 2-4-22　外圆弧面的锉削

a）顺圆弧锉　b）横向锉

三、内圆弧面的锉削

1. 锉刀的选用

锉削内圆弧面时，必须选用半圆锉或圆锉，并且锉刀的圆弧半径必须小于或等于被加工内圆弧的半径。当被加工内圆弧的半径较大时，也可选用小方锉进行粗锉。

2. 锉削方法

锉削内圆弧面时，必须使锉刀同时完成三个运动：前进运动、沿圆弧面的左右移动和绕自身中心线的转动，如图 2-4-23 所示。只有使这三个运动同时作用于工件表面，才能确保锉出的内圆弧面光滑、准确。

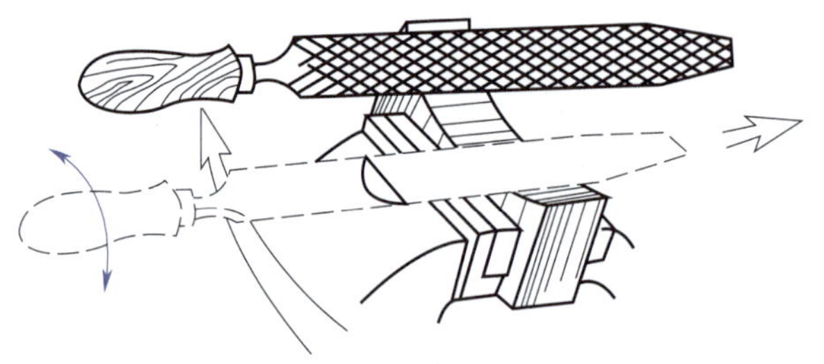

图 2-4-23　内圆弧面的锉削

四、外球面的锉削

锉削外球面时，一般选用平锉，锉削运动包括直向锉运动和横向锉运动，如图 2-4-24 所示。每种锉削运动中，锉刀至少需要同时完成三个运动：前进运动、上下或左右摆动和绕自身中心线的转动。同时要使这两种锉削运动不断地交替进行，以获得所要求的外球面。

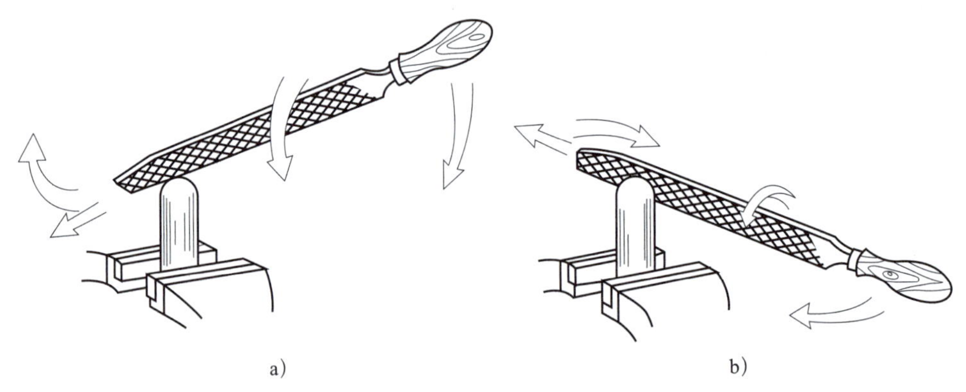

图 2-4-24　外球面的锉削
a）直向锉运动　b）横向锉运动

五、平面的曲面连接处的锉削

一般情况下，应先加工平面，再加工曲面连接处，便于实现光滑连接，锉削过程如图 2-4-25 所示。

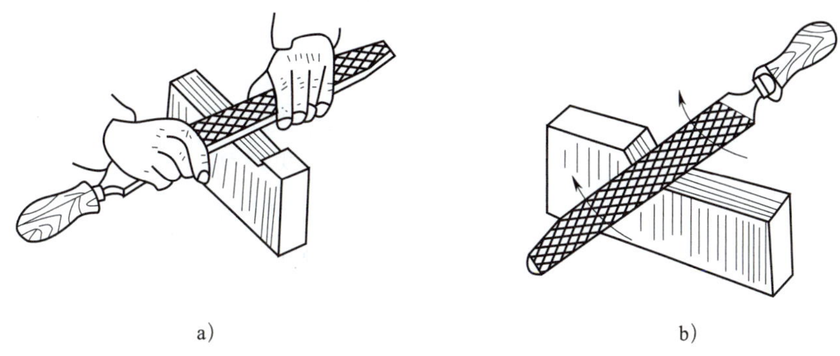

图 2-4-25 平面的曲面连接处的锉削
a）推锉窄平面 b）推锉内圆弧连接面

六、曲面锉削质量的检测

对于锉削加工后的内、外圆弧面，可使用半径样板检测曲面的轮廓度。半径样板俗称 R 规，包括检测凸圆弧的凹形样板和检测凹圆弧的凸形样板，如图 2-4-26 所示。其中，凸形样板本身为标准外圆弧面，用于检测内圆弧面，如图 2-4-26 中半径样板的左端。检测时，要在整个圆弧面上进行，综合评定，如图 2-4-27 所示。

图 2-4-26 半径样板

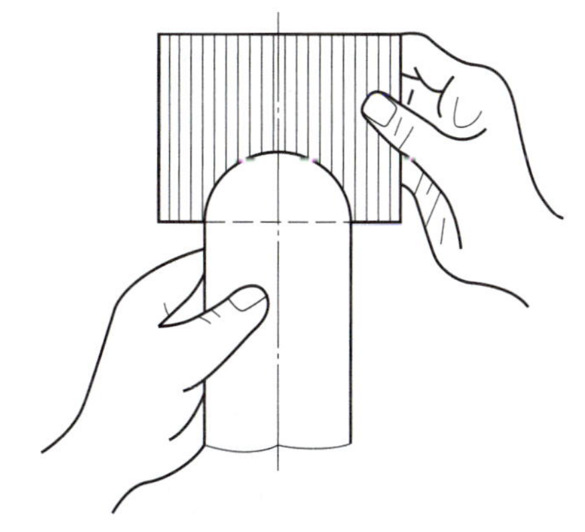

图 2-4-27 用半径样板检测曲面的轮廓度

任务小结

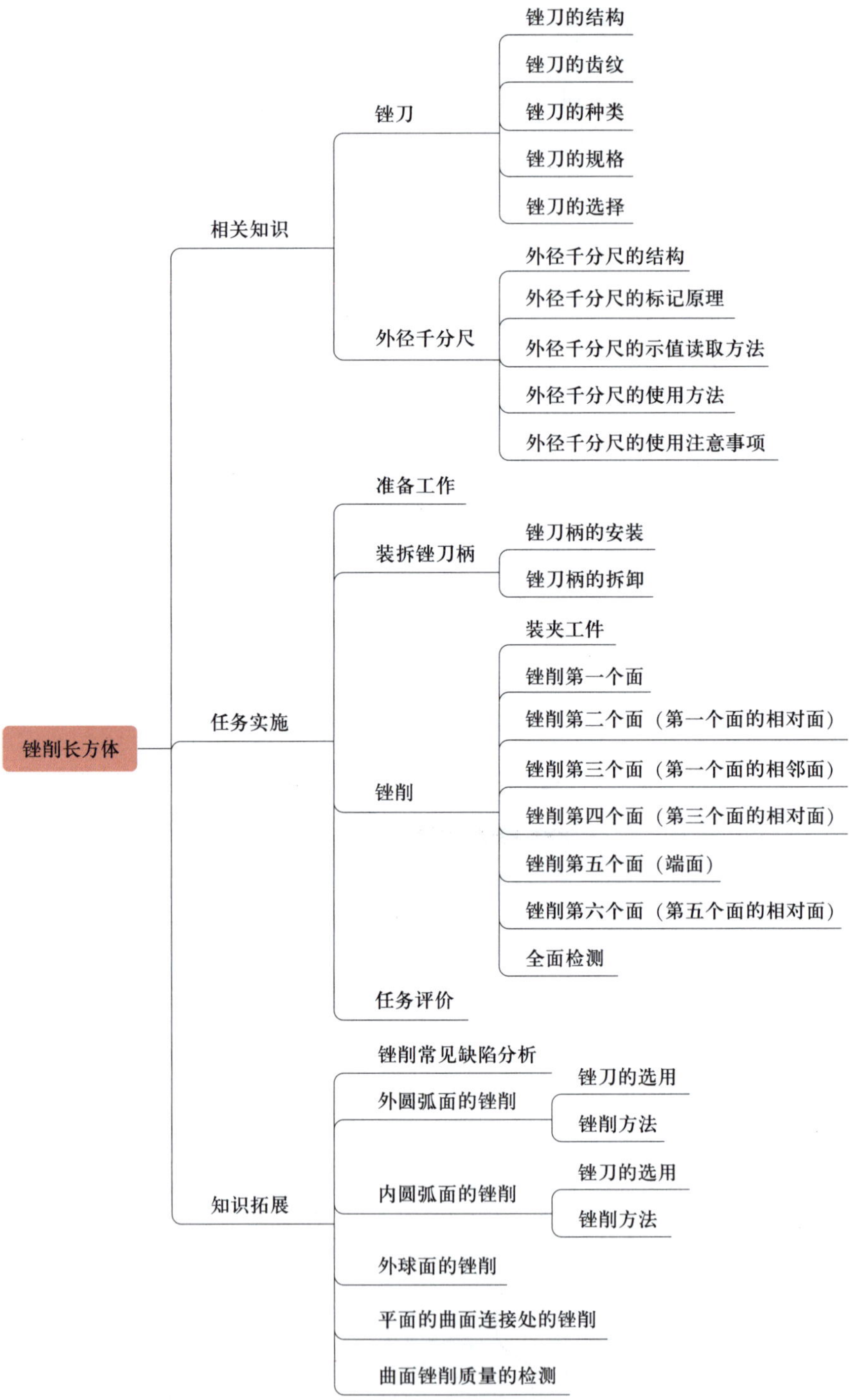

- 锉削长方体
  - 相关知识
    - 锉刀
      - 锉刀的结构
      - 锉刀的齿纹
      - 锉刀的种类
      - 锉刀的规格
      - 锉刀的选择
    - 外径千分尺
      - 外径千分尺的结构
      - 外径千分尺的标记原理
      - 外径千分尺的示值读取方法
      - 外径千分尺的使用方法
      - 外径千分尺的使用注意事项
  - 任务实施
    - 准备工作
    - 装拆锉刀柄
      - 锉刀柄的安装
      - 锉刀柄的拆卸
    - 锉削
      - 装夹工件
      - 锉削第一个面
      - 锉削第二个面（第一个面的相对面）
      - 锉削第三个面（第一个面的相邻面）
      - 锉削第四个面（第三个面的相对面）
      - 锉削第五个面（端面）
      - 锉削第六个面（第五个面的相对面）
      - 全面检测
    - 任务评价
  - 知识拓展
    - 锉削常见缺陷分析
    - 外圆弧面的锉削
      - 锉刀的选用
      - 锉削方法
    - 内圆弧面的锉削
      - 锉刀的选用
      - 锉削方法
    - 外球面的锉削
    - 平面的曲面连接处的锉削
    - 曲面锉削质量的检测

任务⑤ 在长方体上钻孔、扩孔、锪孔

学习目标

1. 熟悉麻花钻、台式钻床及其使用方法。
2. 掌握钻削用量、钻孔用切削液的选择。
3. 掌握钻孔、扩孔、锪孔的操作方法。
4. 能正确使用台式钻床在长方体上完成沉孔加工，并达到一定的精度要求。
5. 了解常用的钻床、孔加工常用的夹持方式和钻孔常见缺陷的产生原因。

任务描述

按照图 2–5–1 所示沉孔加工图样要求，在任务 4 完成锉削的长方体工件上加工沉孔，沉孔加工完成的工件如图 2–5–2 所示。

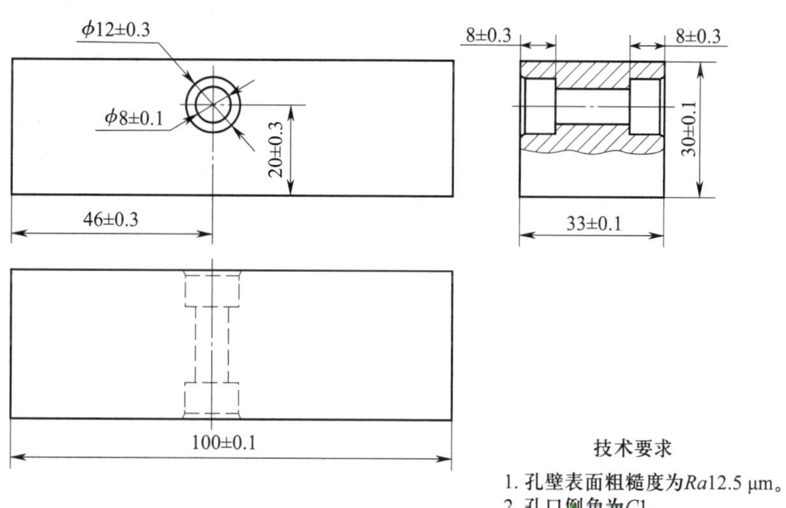

图 2–5–1 沉孔加工图样

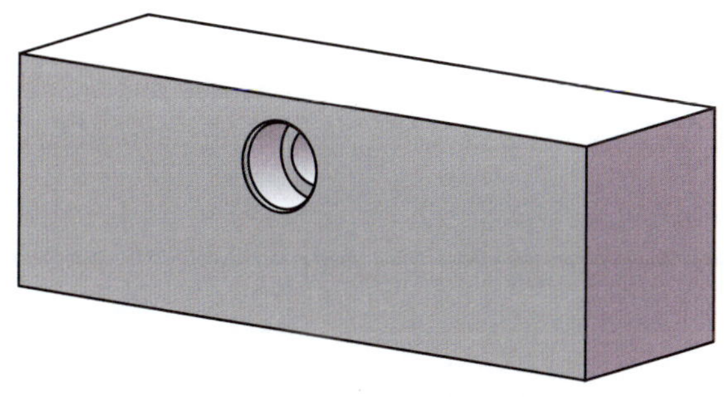

图 2–5–2 沉孔加工完成的工件

任务分析

用钻头在实体材料上加工孔的方法称为钻孔。由于钻孔时钻头处于半封闭状态，转速高，切削量大，排屑困难，摩擦严重，因此，钻孔的加工精度低，一般尺寸精度为 IT11 ~ IT10，表面粗糙度为 Ra50 ~ 12.5 μm，常用于加工要求不高的孔或孔的粗加工。用扩孔工具扩大工件孔径的加工方法称为扩孔。用锪钻在孔口表面锪出一定形状的孔或表面的加工方法称为锪孔。

分析图 2–5–1 可知，本任务是在锉削后的长方体工件上加工沉孔（包括钻孔、扩孔、锪孔），并达到图样要求。要完成该任务，应先熟悉麻花钻、台式钻床及其使用方法，掌握钻削用量、钻孔用切削液的选择。

相关知识

一、钻削运动

钳工钻孔时常在各类钻床上进行。在钻床上钻孔时，钻头安装在钻床的主轴孔中，工件固定在工作台上，通过钻头与工件的相对运动来完成钻削加工，其切削过程由两个运动合成，如图 2–5–3 所示。

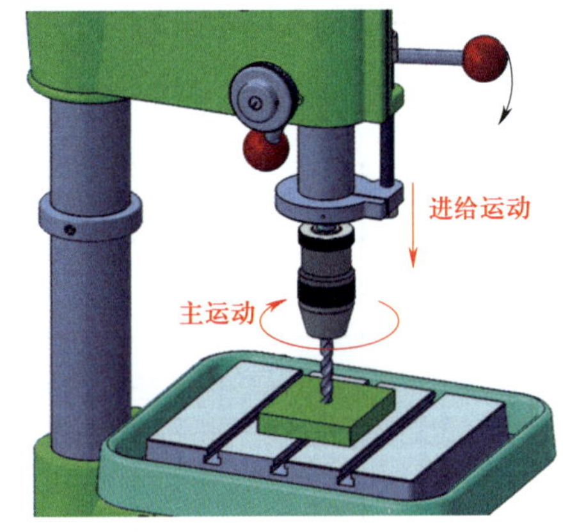

图 2–5–3　钻削运动

1. 主运动

主运动是钻头的旋转。

2. 进给运动

进给运动是钻头沿轴向的移动。

二、麻花钻

钻头的种类较多，如麻花钻、扁钻、深孔钻、中心钻等。其中，麻花钻（俗称钻头）是指容屑槽由螺旋面构成的钻头，钻体部分形状像麻花一样，是钳工常用的钻孔刀具。麻花钻的规格用直径表示（靠近钻尖处测量），主要用来在实体材料上钻削直径 100 mm 以下的孔。

麻花钻工作部分用 W6Mo5Cr4V2 或其他同等性能的普通高速钢制造，也可用高性能高速钢制造。

麻花钻由钻柄和钻体两部分组成，如图 2–5–4 所示。

1. 钻柄

钻柄是麻花钻的夹持部分，主要用来连接钻床主轴并传递钻孔时所需的转矩和轴向力。

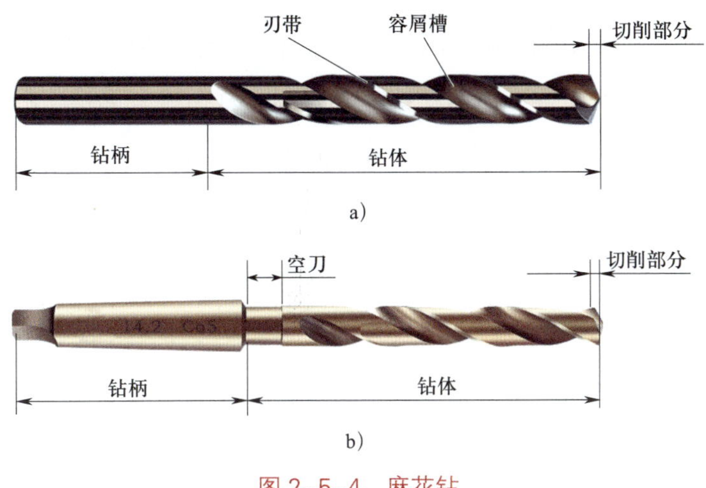

图 2-5-4 麻花钻
a）直柄麻花钻 b）锥柄麻花钻

钻柄分为直柄和锥柄两种，一般直径小于 13 mm 的麻花钻做成直柄，制造方便且传递的转矩较小；直径大于或等于 13 mm 的麻花钻做成莫氏锥柄，装夹时定位精度较高，锥柄的扁尾用来帮助传递转矩，避免麻花钻在主轴孔中或锥套中打滑，且便于从主轴孔中顶出麻花钻。

2. 钻体

麻花钻的钻体包括切削部分和由两条刃带形成的导向部分及空刀。

切削部分是指由产生切屑的诸要素（主切削刃、横刃、前面、后面、刀尖）所组成的工作部分，承担着主要的切削工作。标准麻花钻的切削部分由五刃（两条主切削刃、两条副切削刃和一条横刃）、六面（两个前面、两个后面和两个副后面）和三尖（一个钻尖和两个刀尖）构成，如图 2-5-5 所示。

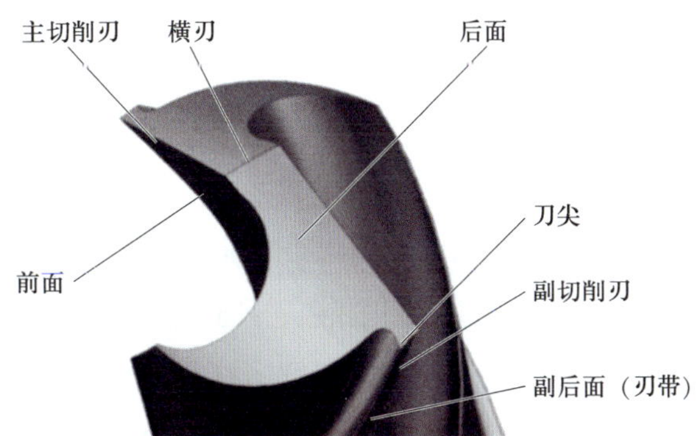

图 2-5-5 麻花钻切削部分的构成

导向部分用来保持麻花钻钻孔时的正确方向并修光孔壁，在麻花钻刃磨时可作为切削部分的后备。两条容屑槽的作用是形成切削刃，便于容屑、排屑和切削液输入。为了减少刃带与孔壁的摩擦，便于导向，麻花钻的导向部分直径略有倒锥（用倒锥度表示，每 100 mm 长度上为 0.02～0.12 mm，但总倒锥量不应超过 0.25 mm）。

空刀是钻体上直径减小的部分，其作用是在磨制麻花钻时作退刀槽使用，通常锥柄麻花钻的规格、材料及商标也打印在此处。

三、钻削用量的选择

钻削用量是指在钻削过程中，切削速度、进给量和背吃刀量的总称。

切削速度是指钻孔时钻头直径上一点的线速度。

进给量是指主轴每转一周，钻头相对工件沿主轴轴线的相对移动量。

背吃刀量通常指已加工表面与待加工表面之间的垂直距离，钻孔时的背吃刀量等于钻头直径的一半。

选择钻削用量的目的是在不超过钻床、钻头、夹具和工件等的强度和刚度的前提下，保证孔的加工精度，提高生产效率，延长钻头使用寿命。

钻孔时，由于背吃刀量已由钻头直径确定，因此，只需选择切削速度和进给量。

对钻孔生产率的影响，切削速度和进给量是相同的；对钻头寿命的影响，切削速度比进给量大。对孔的表面粗糙度的影响，进给量比切削速度大。综合以上影响因素，钻削用量的选择原则是：在允许的范围内，尽量先选较大的进给量，当进给量受到表面粗糙度要求和钻头刚度的限制时，再考虑选较大的切削速度。

具体选择时，还要根据钻头直径、钻头材料、工件材料、加工精度和表面粗糙度要求等来考虑。一般情况下，当孔的尺寸精度、表面粗糙度要求较高时或钻小孔时，进给量取小些，切削速度取大些，钻大孔时反之；在软材料上钻孔时，进给量取大些，切削速度取小些，在硬材料上钻孔时反之。

四、钻孔用切削液的选择

在钻孔过程中，钻头与工件的摩擦和切屑的变形等产生大量的切削热，严重降低了钻头的切削能力，甚至引起钻头退火。为了提高生产效率，延长钻头的使用寿命，保证钻孔质量，钻孔时要注入充足的切削液。注入切削液，一方面有利于切削热的传导，起到冷却作用；另一方面切削液流入钻头与工件的切削部位，有利于减小两者之间的摩擦，减小切削阻力，提高孔壁表面质量，起到润滑作用。

钻削不同的材料应选用不同的切削液，见表 2-5-1。

表 2-5-1 钻削不同材料时选用的切削液

工件材料	切削液
各类结构钢	3% ~ 5% 乳化液、7% 硫化乳化液
不锈钢、耐热钢	3% 肥皂加 2% 亚麻油水溶液、硫化切削液
纯铜、黄铜、青铜	5% ~ 8% 乳化液（也可不用）
铸铁	5% ~ 8% 乳化液、煤油（也可不用）
铝合金	5% ~ 8% 乳化液、煤油、煤油与菜油的混合油（也可不用）
有机玻璃	5% ~ 8% 乳化液、煤油

任务实施

一、准备工作

1. 材料

任务 4 完成锉削的长方体工件。

2. 工具、量具

平板、游标高度卡尺、样冲、锤子、划针、钢直尺、游标卡尺、活扳手、麻花钻（ϕ8 mm、ϕ12 mm）、柱形锪钻、90° 锥形锪钻等。

二、钻孔

1. 划线

钻孔前必须找正基准，在待加工位置进行划线。

按图样中孔的尺寸要求，划出十字中心线，然后打上中心样冲眼，打中心样冲眼是为了准确落钻定心。为了便于及时检查和校正钻孔的位置，可以划出几个大小不等的检查圆，如图 2-5-6a 所示。对于尺寸要求较高的孔，为避免样冲眼产生偏差，可在划十字中心线时，划出几个大小不等的方框，作为钻孔时的检查线，如图 2-5-6b 所示。

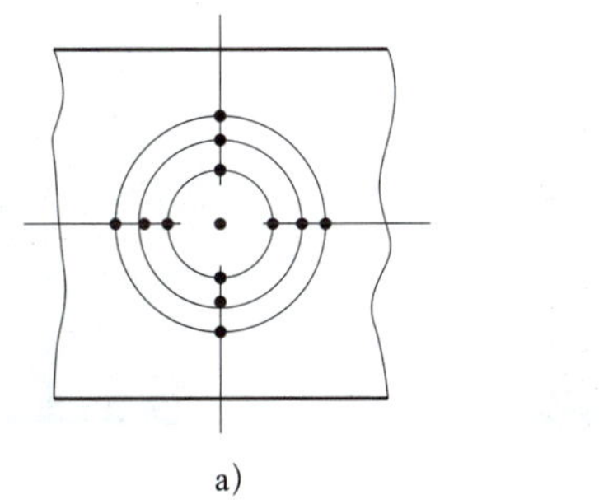

a)

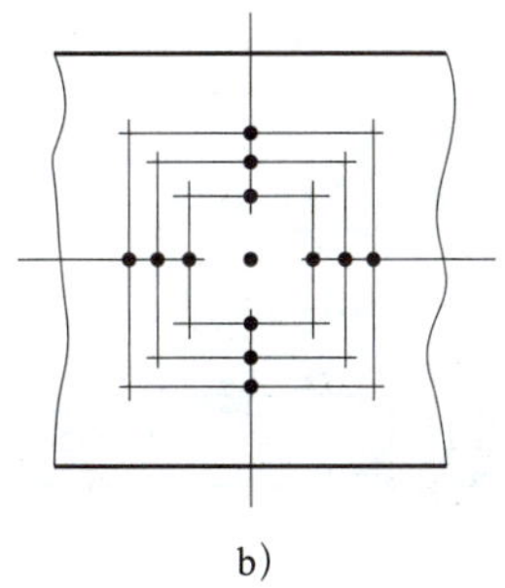

b)

图 2-5-6 孔加工线的划法

a）检查圆 b）检查线

本任务需要钻 ϕ8 mm 的孔，划线时，先划出孔的十字中心线，再划 4 mm × 4 mm、6 mm × 6 mm、8 mm × 8 mm 的方框作为孔的检查线，最后打样冲眼。

小提示

中心样冲眼要正确、垂直，它直接关系到起钻的定心位置。此外，在检查线的要点（孔的象限点）上也要打样冲眼。

2. 调整钻床转速

本任务只需在台式钻床上即可完成孔加工。台式钻床简称台钻，是一种可安装在作业台上、主轴垂直布置的小型钻床，最大钻孔直径为 12 mm，其结构如图 2–5–7a 所示。

钻孔前，需要对台式钻床转速进行调整，一般来说，麻花钻直径越小，所需的转速越高。本任务要钻的孔直径相对较小，因此需要较高的转速。

台式钻床的转速由五级带轮控制，调速时，先取下钻床上的防护罩，将调速带调整到第二挡，再将防护罩盖好，并拧紧螺纹紧固件，如图 2–5–7b 所示。

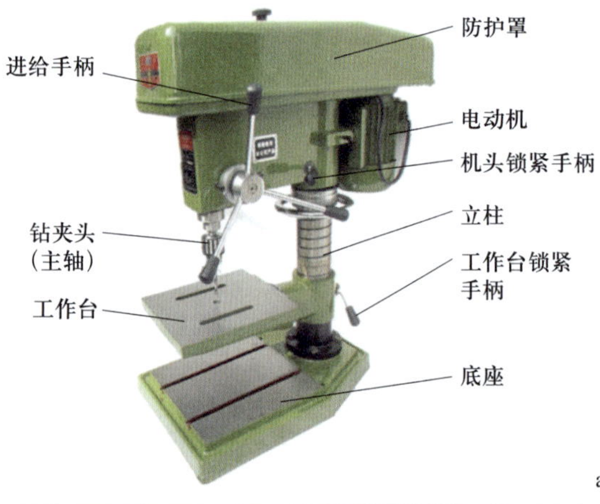

a）

b）

图 2–5–7　台式钻床

a）台式钻床的结构　b）转速的调整

3. 装夹麻花钻

本任务先用 ϕ8 mm 麻花钻钻通孔。ϕ13 mm 以下的麻花钻一般做成直柄，通过钻夹头安装在钻床上，由钻夹头钥匙对麻花钻进行夹紧和松开，如图 2-5-8 所示。

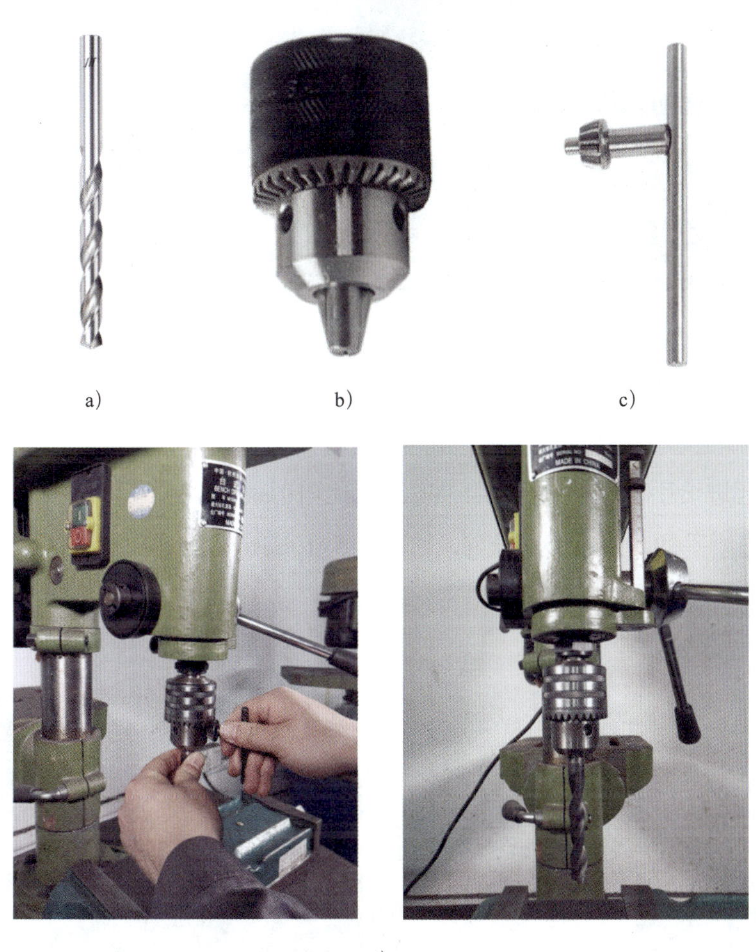

图 2-5-8 麻花钻的装夹

a）直柄麻花钻 b）钻夹头 c）钻夹头钥匙 d）直柄麻花钻的装夹

4. 装夹工件

在长方体工件上钻孔时可以用平口钳装夹，工件应放置在等高垫铁上，以防钻坏平口钳，如图 2-5-9 所示。工件表面要与麻花钻的轴线垂直，以保证钻出的孔的轴线与工件表面垂直。夹紧力要适当，既要确保夹紧工件以保证工件在加工过程中不能松动，又不能太大，以防夹伤工件。

5. 钻 ϕ8 mm 通孔

（1）起钻

起钻时，应先将麻花钻的钻尖对准中心样冲眼，右手操纵进给手柄，使麻花钻轻压

图 2-5-9　工件的装夹

在工件表面上，左手反转钻夹头，使钻尖自动找正，以对准中心样冲眼，如图 2-5-10a 所示。

找正后抬起进给手柄，使钻尖与工件表面相距 10 mm 左右，启动钻床，左手轻扶平口钳，右手转动进给手柄，钻一个小浅坑，如图 2-5-10b 所示。

a)

b)

图 2-5-10　起钻
a）钻尖对准中心样冲眼　b）钻一个小浅坑

（2）校正

钻孔时，要根据孔的检查线不断校正。校正方法如下：先用麻花钻对准中心样冲眼钻出一浅坑，观察钻孔位置是否正确，通过不断校正使浅坑与孔的中心同轴。若偏离较少，可在起钻的同时用力将工件向偏离的反方向推，达到逐步校正；若偏离较多，可在校正方向打上几个样冲眼或用油槽錾錾削出几条槽，以减小此处的切削阻力，达到校正的目的，如图 2-5-11 所示。无论采用何种方法，都必须在浅坑外圆小于麻花钻之前完成，否则校正就困难了。

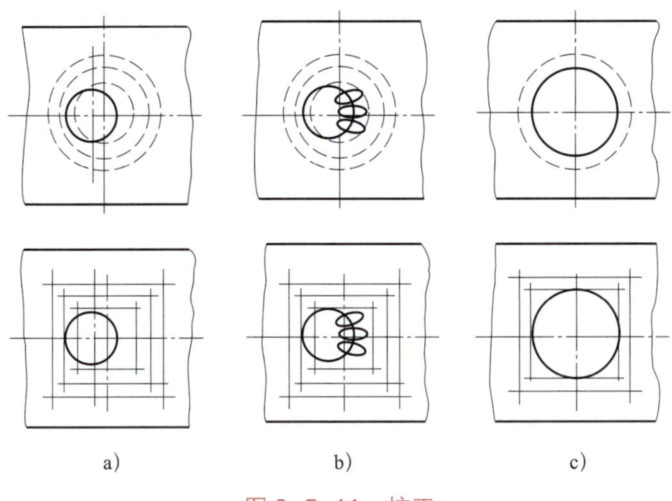

图 2–5–11 校正
a）偏离 b）錾槽校正 c）正确

（3）钻孔

当起钻达到钻孔位置要求后，即可按要求进行正常钻孔。手动进给时，要适当用力，不应使麻花钻发生弯曲，以免钻孔轴线歪斜或麻花钻折断。

当钻尖将要钻穿工件时，轴向阻力突然减小，由于钻床进给机构的间隙和弹性变形的恢复，将使麻花钻以很大的进给量自动切入，易造成麻花钻折断或钻孔质量降低等，因此当孔将要钻穿时，必须减小进给量。

按上述方法完成 ϕ8 mm 通孔的加工，并用游标卡尺进行检测，保证（20 ± 0.3）mm、（46 ± 0.3）mm 的尺寸要求。

6. 加工 ϕ12 mm 沉孔

沉孔一般采用锪孔加工完成，圆柱形沉孔可用柱形锪钻加工。柱形锪钻如图 2–5–12 所示，前端有导柱，主要切削刃是端面刃，柄部用于夹持以传递动力。

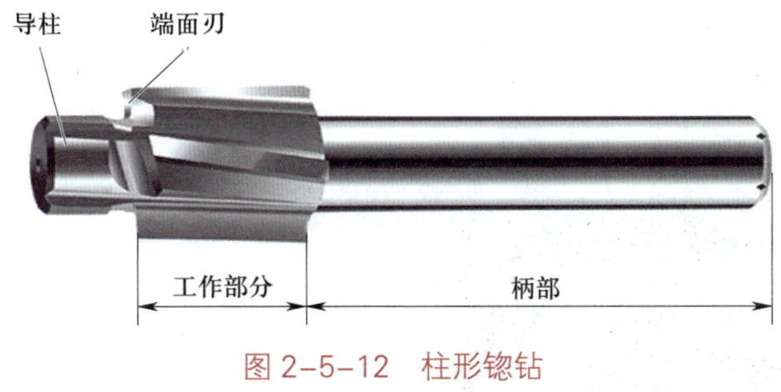

图 2–5–12 柱形锪钻

沉孔的加工方法如图 2–5–13 所示，由于柱形锪钻在加工时是用端面刃进行切削的，产生的轴向切削力大，切削不稳定，因此，为了减小切削量，一般先用相同直径的麻花钻进行扩孔，再用柱形锪钻把孔底锪平。

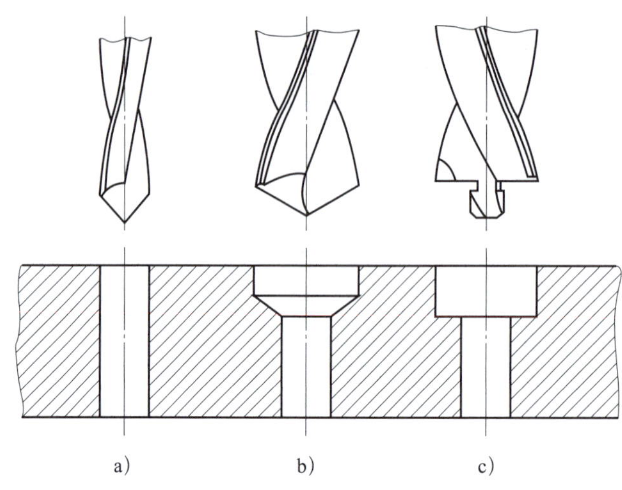

图 2-5-13　沉孔的加工方法
a）钻底孔　b）麻花钻扩孔　c）锪钻锪平孔底

为确保 ϕ8 mm 通孔和 ϕ12 mm 沉孔同轴，钻完通孔后，不要改变工件和钻床主轴的相对位置。加工沉孔时，先换上 ϕ12 mm 麻花钻，将台式钻床的调速带调至第四挡。孔的深度可通过钻床上的标尺进行控制，如图 2-5-14a 所示，用麻花钻抵住孔口，将标尺上的螺母升高 8 mm，启动钻床扩孔，由于螺母的作用，孔的深度就是螺母所调的高度。

扩孔结束后，再换上柱形锪钻，并将台式钻床的转速调至最低挡，检查无误后开始锪孔。由于钻床标尺只能提供大致的尺寸，精度不高，因此孔深的尺寸精度最终需要用游标卡尺测量来保证，测量的方法如图 2-5-14b 所示。

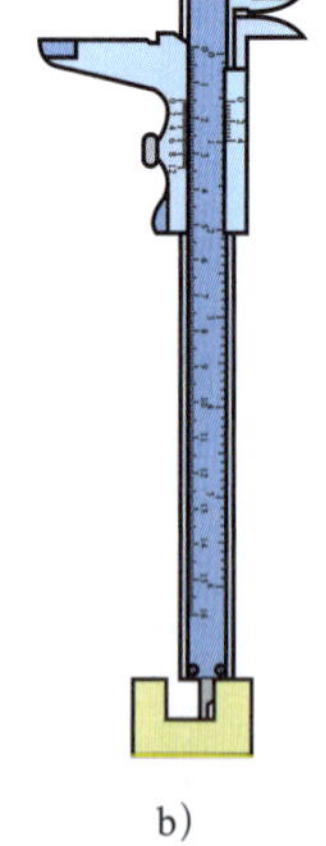

图 2-5-14　孔深的控制
a）钻床标尺　b）用游标卡尺测量孔深

小提示

在钢件上锪孔时，由于产生的切削热量大，加工过程中要加注切削液进行冷却、润滑。当锪至所需深度时，应停止进给，让锪钻继续旋转几圈，再提起锪钻。

7. 孔口倒角

沉孔加工完成后，需对孔口进行倒角。倒角时，换上 90° 锥形锪钻，用起钻找正的方法使锥形锪钻与已加工孔同轴，当锥形锪钻刚接触到工件时，在钻床的标尺上做记号，启动钻床，使锥形锪钻向下切削 1 mm，即完成孔口倒角，如图 2–5–15 所示。孔口倒角主要是为了去除孔口毛刺，没有较高的精度要求，随着操作技能的熟练，也可采用目测的方法确定倒角尺寸。

图 2–5–15 孔口倒角

一侧的沉孔和孔口倒角完成后，将工件翻转 180° 装夹，采用同样的方法完成另一侧沉孔的加工和孔口倒角。

小提示

钻孔时的注意事项：

（1）钻孔前，应检查钻床的润滑是否良好、转速是否合理，麻花钻刃磨质量是否合格，将工作台面清洁干净，不准放置刀具、量具等物品。

（2）开动钻床前，应检查是否有钻夹头钥匙插在主轴上。

（3）操作钻床时严禁戴手套，袖口必须扎紧，女生应把头发包进工作帽。

（4）操作钻床时，操作者头部不要与旋转的主轴靠得太近。

（5）钻孔时，不能用手和棉纱擦或用嘴吹来清除切屑，必须用刷子清除，长切屑或切屑绕在麻花钻上时要用钩子钩除或停车清除。

（6）工件必须装夹牢固，孔将要钻穿时应减小进给量。

（7）钻通孔时，工件下面必须垫上垫铁或使麻花钻对准工作台上的 T 形槽，以免钻坏工作台。

（8）严禁在开车状态下装拆工件，检测工件和变速须在停车状态下完成。停车时应让主轴自然停止，不能用手制动，也不能反转制动。

（9）清洁钻床或加注润滑油时，必须切断电源。

三、任务评价

钻孔评分表见表 2–5–2。

表 2-5-2　钻孔评分表

序号	项目	技术要求	评分标准	配分	得分
1	准备工作	劳动防护用品穿戴整齐	总体评定，酌情扣分	3	
2		工具、量具准备齐全	总体评定，酌情扣分	3	
3	钻孔技术规范	工件装夹正确	不符合要求酌情扣分	10	
4		钻床操作正确	不符合要求酌情扣分	15	
5		钻床转速选择正确	不符合要求酌情扣分	15	
6		（46±0.3）mm	超差不得分	5	
7		（20±0.3）mm	超差不得分	5	
8		（8±0.3）mm（2 处）	每超差一处扣 5 分	10	
9		ϕ（8±0.1）mm	超差不得分	5	
10		ϕ（12±0.3）mm（2 处）	每超差一处扣 5 分	10	
11		孔壁表面粗糙度 *Ra*12.5 μm	不符合要求不得分	5	
12		孔口倒角 *C*1 mm（2 处）	一处不符合要求扣 5 分	10	
13	安全生产	遵守工作场地规章制度和安全文明生产要求	总体评定，酌情扣分	4	
总分				100	

知识拓展

一、常用钻床

钳工常用的钻床除了台式钻床，还有立式钻床和摇臂钻床。

1. 立式钻床

立式钻床简称立钻，如图 2-5-16a 所示，主轴箱和工作台安装在立柱上，主轴垂直布置。立钻的刚度高、强度高、功率较大，最大钻孔直径有 25 mm、35 mm、40 mm 和 50 mm 等多种规格。立钻可用来进行钻孔、扩孔、铰孔、攻螺纹和锪端面等。

2. 摇臂钻床

摇臂钻床如图 2-5-16b 所示，可用来对大、中型工件同一平面内、不同位置的多孔系进行钻孔、扩孔、锪孔、铰孔、攻螺纹和锪端面等。

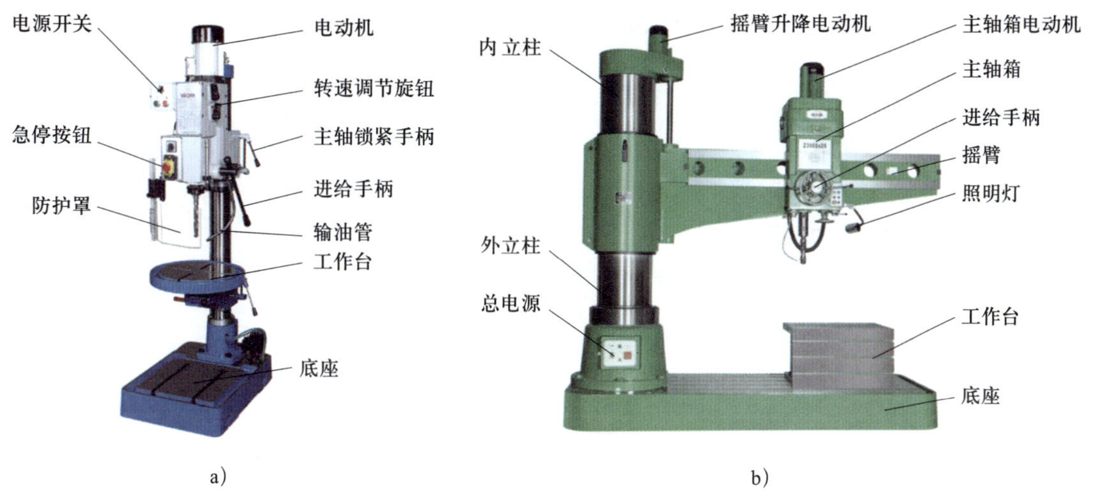

图 2-5-16 常用钻床
a）立式钻床 b）摇臂钻床

二、钻床上工件的装夹

在钻床上除了可以用平口钳夹持工件，还应根据工件的不同、所加工孔的不同而采取不同的夹持方式，如图 2-5-17 所示为孔加工常用的夹持方式。

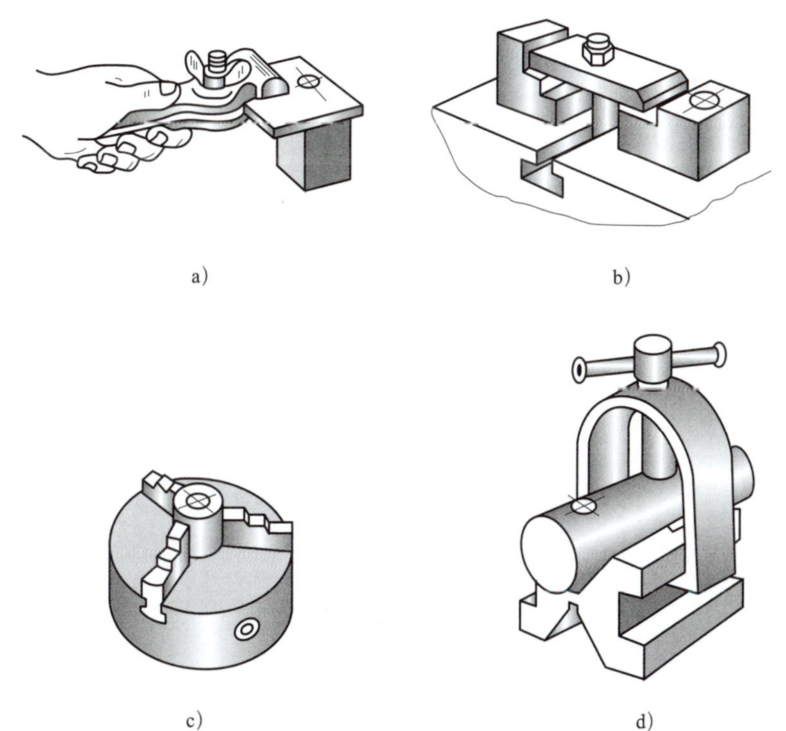

图 2-5-17 孔加工常用的夹持方式
a）用手虎钳夹持 b）用压板夹持 c）用三爪自定心卡盘夹持 d）用 V 形架夹持

1. 用手虎钳夹持

在小型工件、薄板上钻小孔或不能用手握住工件钻孔时，必须将工件放置在定位块上，用手虎钳夹持进行钻孔，如图 2–5–17a 所示。

2. 用压板夹持

钻大孔或不便用平口钳夹持的工件，可用压板、螺栓、垫铁直接固定在钻床工作台上进行钻孔，如图 2–5–17b 所示。

使用压板时应注意：

（1）垫铁应尽量靠近工件，以防压板变形。

（2）垫铁应比工件压紧表面稍高，以保证对工件有较大的压紧力，避免工件在压紧过程中移位。

（3）螺栓应尽量靠近工件，这样可使工件获得较大的夹紧力。

（4）当压紧已加工表面时，要用衬垫进行保护，以防止压出印痕。

3. 用三爪自定心卡盘夹持

在圆柱形工件端面上钻孔时，可用三爪自定心卡盘夹持，如图 2–5–17c 所示。

4. 用 V 形架夹持

在圆柱形工件上钻孔时，可用带夹紧装置的 V 形架夹持，如图 2–5–17d 所示，也可将工件放在 V 形架上并配以压板压牢，以防止工件在钻孔时转动。

三、钻孔常见缺陷分析

钻孔常见缺陷的产生原因见表 2–5–3。

表 2–5–3　钻孔常见缺陷的产生原因

缺陷	产生原因
孔径偏大	1. 钻头两主切削刃长度不等、高度不一致 2. 钻床主轴有摆动或工作台未锁紧 3. 钻头弯曲或在钻夹头中未装好，引起摆动
孔呈多棱形	1. 钻头后角太大 2. 钻头两主切削刃长度不等、角度不对称
孔位置偏移	1. 工件划线不正确或装夹不正确 2. 样冲眼中心不准确 3. 钻头横刃太长，定心不稳 4. 起钻过偏没有纠正
孔壁粗糙	1. 钻头不锋利 2. 进给量太大 3. 切削液性能差或供给不足 4. 切屑堵塞容屑槽

续表

缺陷	产生原因
孔歪斜	1. 钻头与工件表面不垂直，钻床主轴与工作台面不垂直 2. 进给量过大，造成钻头弯曲 3. 工件安装时，安装接触面上的切屑等污物未及时清除 4. 工件装夹不牢，钻孔时产生歪斜，或工件有砂粒
钻头折断	1. 钻头磨钝仍在继续钻孔 2. 进给量太大 3. 未经常退屑使钻头在容屑槽中阻塞 4. 孔将钻穿时未减小进给量 5. 工件未夹紧，钻孔时有松动 6. 钻黄铜等软金属或薄板料时，钻头未修磨 7. 孔已歪斜仍继续钻孔
钻头切削刃迅速磨损或崩裂	1. 切削速度太快 2. 钻头刃磨未适应工件材料的硬度 3. 工件有硬块或砂粒 4. 进给量太大 5. 切削液输入不足

任务小结

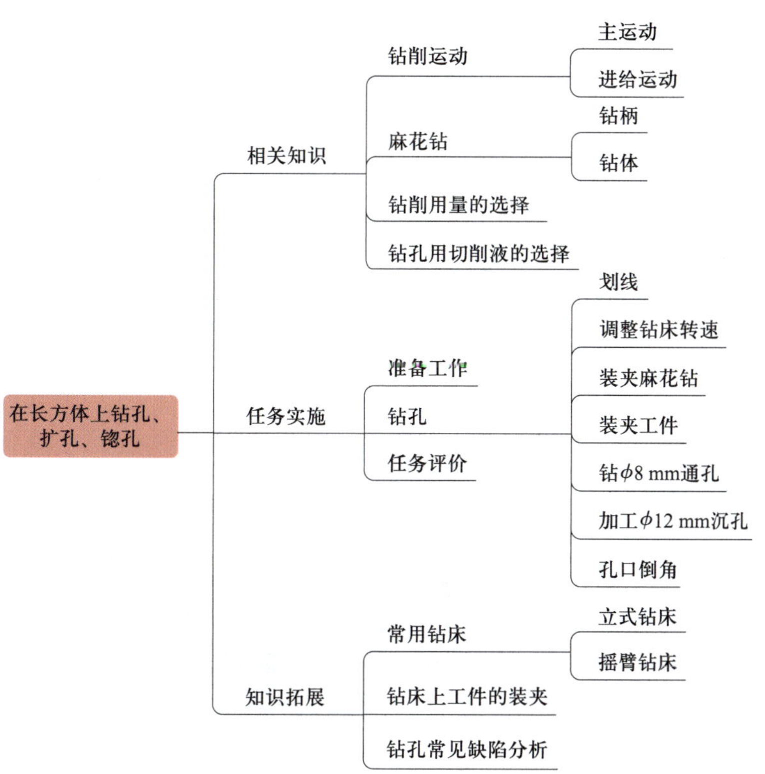

任务⑥ 在长方体上铰孔

学习目标

1. 熟悉铰刀及其使用方法。
2. 掌握铰削用量、铰孔用切削液的选择。
3. 掌握铰孔的操作方法。
4. 能正确使用铰刀在长方体上完成铰孔，并达到一定的精度要求。
5. 了解铰孔常见缺陷的产生原因和预防措施、铰刀损坏的形式和原因。

任务描述

按照图 2–6–1 所示铰孔图样要求（注：沉孔加工尺寸同任务 5 图样，此处为突出铰孔尺寸要求，予以省略），在任务 5 完成沉孔加工的长方体工件上铰孔，铰孔完成的工件如图 2–6–2 所示。

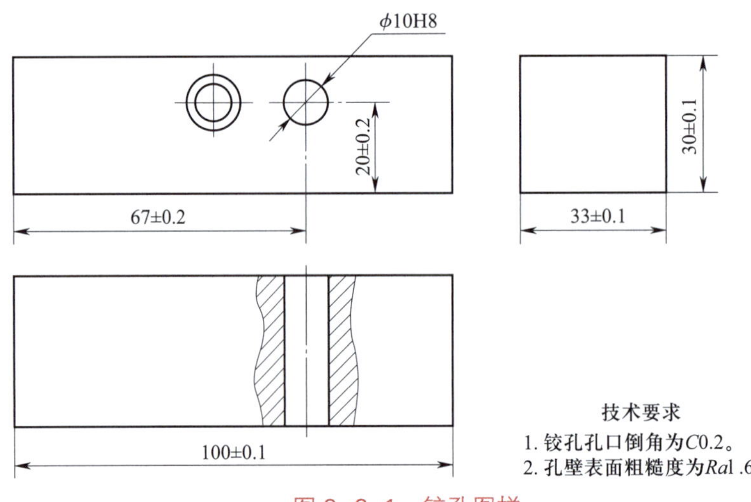

图 2–6–1　铰孔图样

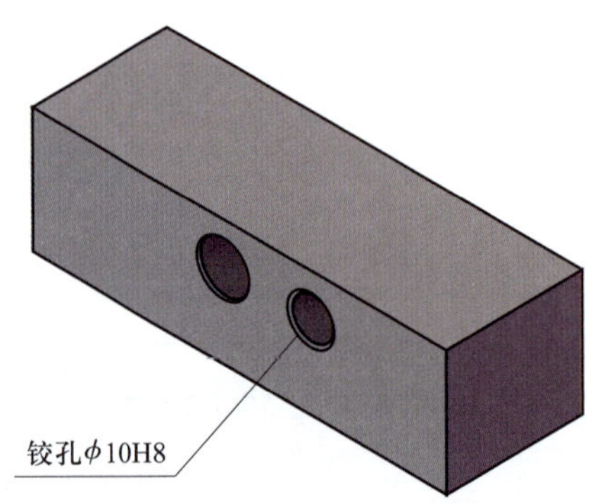

图 2–6–2　铰孔完成的工件

任务分析

用铰刀从工件孔壁上切除微量金属层，以提高孔的尺寸精度和表面质量的加工方法称为铰孔。铰刀是精度较高的多刃刀具，具有切削刃锋利、切削余量小、导向性好、加工精度高、刚性好、适应性强等特点。铰孔尺寸精度一般为 IT9 ~ IT7，表面粗糙度一般为 $Ra3.2 \sim 0.8\ \mu m$。

分析图 2–6–1 可知，本任务是在长方体工件上铰孔，并达到图样要求。要完成该任务，应先熟悉铰刀及其使用方法，掌握铰削用量、铰孔用切削液的选择。

相关知识

一、铰刀

铰刀由柄部和刀体两部分组成，刀体是铰刀的主要工作部分。常用铰刀按使用方法分为手用铰刀和机用铰刀两种，如图 2–6–3 所示。手用铰刀柄部为方榫形，以便铰杠套入，直径为 1 ~ 50 mm，其工作部分较长，导向作用较好，可防止铰孔时铰刀歪斜。机用铰刀分为直柄、锥柄和套式三种，多为锥柄，其工作部分较短，直径为 10 ~ 80 mm，可装在钻床、车床、铣床和镗床上进行铰孔。

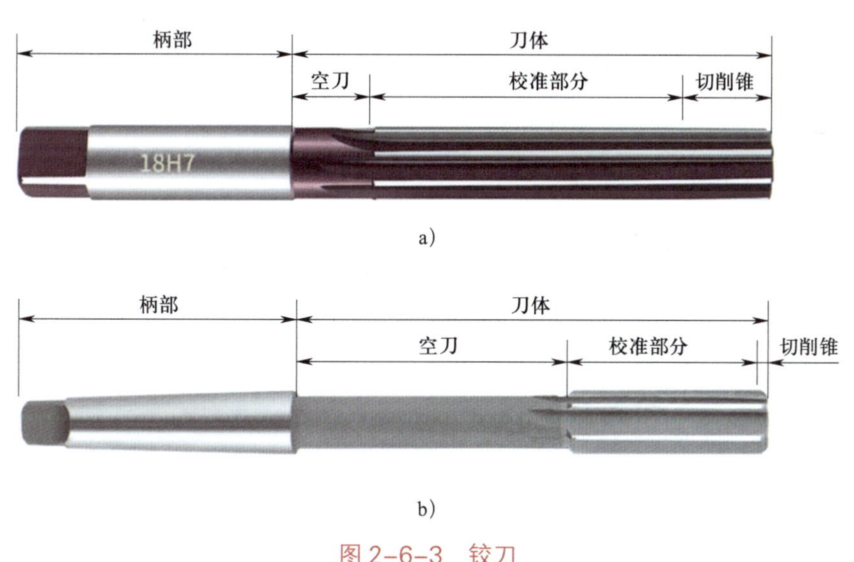

图 2–6–3 铰刀
a）手用铰刀 b）机用铰刀

二、铰削用量的选择

1. 铰削余量

铰削余量是指上道工序（钻孔或扩孔）完成后，在直径方向上留下的加工余量。

铰削余量的大小对铰孔的质量影响最大。铰削余量太大，会使刀齿切削负荷增大，变形增大，切削热增加，被加工表面呈撕裂状态，致使尺寸精度降低，表面粗糙度值增大，同时加剧铰刀的磨损。铰削余量太小，上道工序的残留变形难以纠正，原有刀痕不能去除，铰削质量达不到要求。

选择铰削余量时，应考虑孔径大小、材料硬度、尺寸精度、表面粗糙度要求、铰刀类型和加工工艺等诸多因素的综合影响。用普通标准高速钢铰刀铰孔时，可参考表 2–6–1 选择铰削余量。

表 2–6–1　铰削余量的选择

铰孔直径 /mm	≤ 5	>5 ~ 20	>20 ~ 32	>32 ~ 50	>50 ~ 70
铰削余量 /mm	0.1 ~ 0.2	0.2 ~ 0.3	0.3	0.5	0.8

此外，铰削余量的确定与上道工序的加工质量有直接的关系。对铰削前预加工孔时出现的弯曲、锥度、椭圆和不光洁等缺陷，应有一定限制。铰削精度较高的孔，必须经过扩孔或粗铰，才能保证最后的铰孔质量。因此，选择铰削余量时，还要考虑铰孔的工艺过程。

2. 机铰切削速度（v）

机铰时，切削速度应根据工件材料进行选择，通常情况下选用较小的切削速度。用普通标准高速钢机铰刀在钢件上铰孔时，v =4 ~ 8 m/min；在铸铁件上铰孔时，v =6 ~ 10 m/min；在铜件或铝件上铰孔时，v =8 ~ 12 m/min。

3. 机铰进给量（f）

机铰时，进给量要适当，进给量过大，铰刀容易磨损，且影响加工质量；进给量过小，则很难切下金属材料，并对材料产生挤压，使其产生塑性变形和表面硬化，进而导致切削刃撕去大片切屑，致使表面粗糙度值增大，且加快铰刀磨损。

用普通标准高速钢机铰刀在钢件上铰孔时，f =0.4 ~ 0.8 mm/r；在铸铁件上铰孔时，f =0.5 ~ 1 mm/r；在铜件或铝件上铰孔时，f =1 ~ 1.2 mm/r。

三、铰孔用切削液的选择

铰削的切屑细碎且易黏附在切削刃上，甚至挤在孔壁与铰刀之间，而刮伤孔壁、扩大孔径。铰孔时，必须使用适当的切削液冲掉切屑，减少摩擦，并降低工件和铰刀的温度，防止产生积屑瘤以及工件和铰刀的变形或孔径扩大现象。切削液种类是影响铰孔表面粗糙度的主要因素。铰孔时选用的切削液见表 2–6–2。

表 2-6-2 铰孔时选用的切削液

工件材料	切削液
钢	1. 10%～20% 乳化液 2. 铰孔要求较高时，采用 30% 菜油加 70% 浓度为 3%～5% 的乳化液 3. 铰孔要求更高时，可用菜油、柴油、猪油等
铸铁	1. 不用 2. 煤油，但会引起孔径缩小，最大缩小量达 0.02～0.04 mm 3. 3%～5% 低浓度乳化液
铝	煤油、松节油
铜	5%～8% 乳化液

任务实施

一、准备工作

1. 材料

任务 5 完成沉孔加工的长方体工件。

2. 工具、量具

平板、游标高度卡尺、样冲、锤子、划针、钢直尺、游标卡尺、活扳手、铰刀（ϕ10H8）、铰杠、中心钻（ϕ5 mm）、麻花钻（ϕ8 mm、ϕ9.8 mm）、90° 锥形锪钻等。

二、加工底孔

1. 划线

根据图样要求，在工件铰孔位置处划出十字中心线和 3 mm×3 mm、5 mm×5 mm、8 mm×8 mm 的方框作为孔的检查线，并在相应位置打上样冲眼，如图 2-6-4 所示。

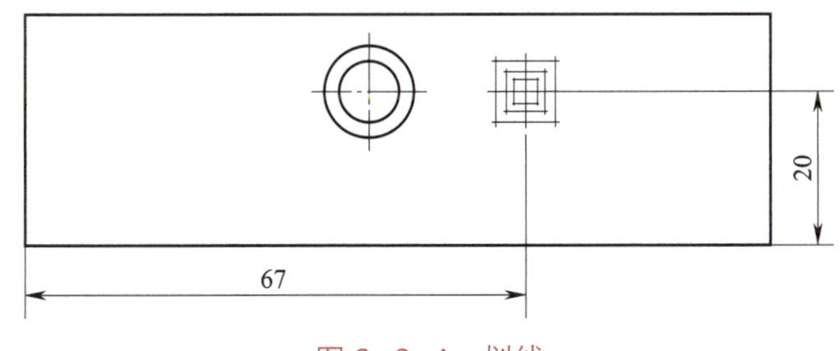

图 2-6-4 划线

2. 钻孔和扩孔

一般钻孔的相关精度不高，而铰孔的尺寸精度和表面质量都比较高。铰孔时，通常先加工一个底孔，再用铰刀进行铰孔。

如图 2-6-5 所示，加工底孔时，先用 ϕ5 mm 中心钻定位，再用 ϕ8 mm 麻花钻钻孔，钻削过程中要根据孔的检查线不断校正和检测，以保证（20±0.2）mm、（67±0.2）mm的尺寸要求，最后用 ϕ9.8 mm 麻花钻扩孔至 ϕ9.8 mm。

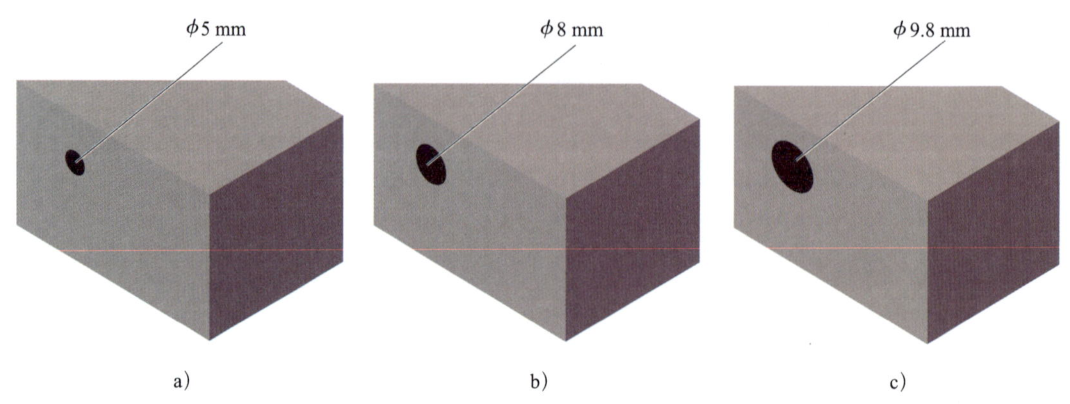

图 2-6-5　底孔加工
a）钻 ϕ5 mm 定位孔　b）钻 ϕ8 mm 底孔　c）扩 ϕ9.8 mm 底孔

小提示

为了提高底孔的加工质量，扩 ϕ9.8 mm 孔时，尽量匀速进给，并可适当加些浓度不高的乳化液。

三、铰孔

1. 装夹工件

装夹工件时，在台虎钳钳口处安装软钳口，以防止夹伤已加工表面，并要夹紧、找正，保证工件上表面水平。

2. 安装铰刀

手用铰刀应装夹在铰杠上，如图 2-6-6 所示。

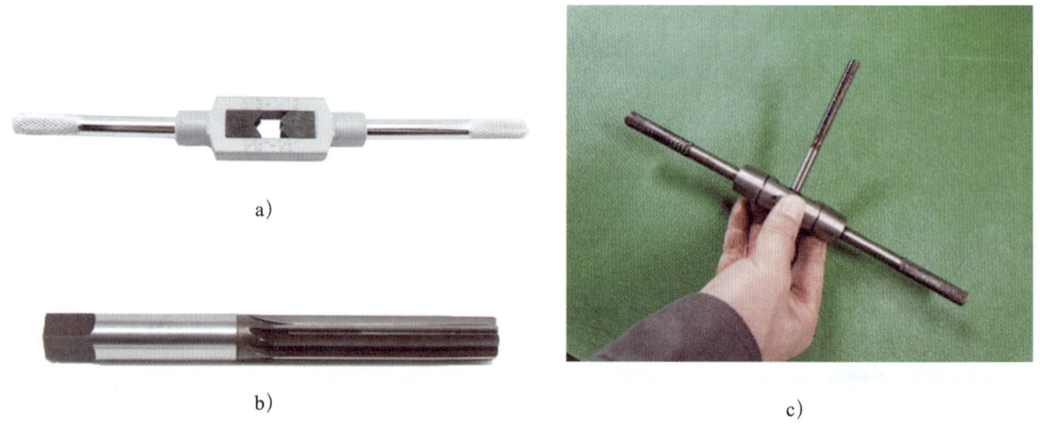

图 2-6-6　手用铰刀的装夹
a）铰杠　b）铰刀　c）装夹手用铰刀

3. 铰 ϕ10 mm 孔

手铰起铰时，可单手对铰刀施加压力，所加压力必须通过铰刀轴线，同时转动铰杠起铰，如图 2–6–7 所示。当铰刀切入刀体长度的 1/3 左右后，进入正常铰削。

正常铰削时，两手用力要均衡，平稳旋转铰杠，不得有侧向压力，同时适当垂直加压，使铰刀匀速进给，如图 2–6–8 所示，以获得较小的表面粗糙度值，并避免孔口形成喇叭形或将孔径扩大。铰孔时，要加注切削液，如图 2–6–9 所示，以减少摩擦、降低刀具和工件的温度，从而提高孔的表面质量，防止产生孔径扩大现象。

铰孔进刀或退出铰刀时，铰刀均不能反转，如图 2–6–10 所示，以防止刃口磨钝或将切屑嵌入刀齿后面与孔壁之间，将孔壁划伤。

图 2–6–7 起铰

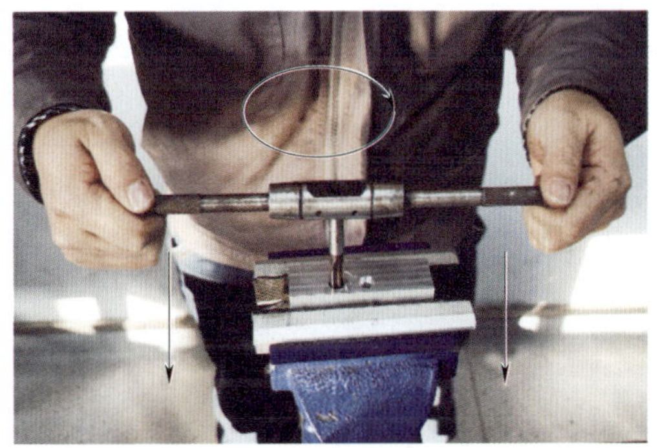

图 2–6–8 正常铰削

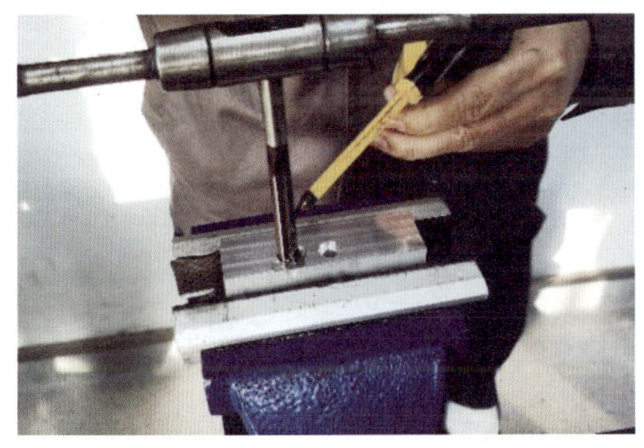

图 2–6–9 加注切削液

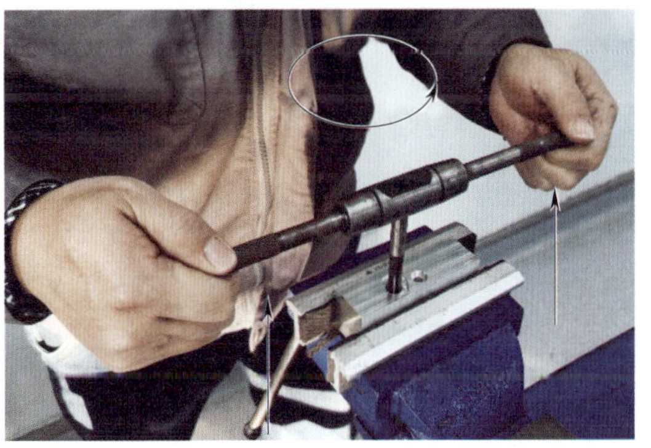

图 2–6–10 退出铰刀

铰刀退出后，铰孔完成。

用 90° 锥形锪钻对两侧孔口进行倒角，倒角为 C0.2 mm。

4. 检测铰孔质量

（1）检测孔的位置

用游标卡尺测量 ϕ10H8 孔壁至工件边缘的距离，应分别为（62 ± 0.2）mm、（15 ± 0.2）mm，由此便可间接计算出孔的位置是否符合（67 ± 0.2）mm、（20 ± 0.2）mm 尺寸要求。

（2）检测孔径

孔径可使用 ϕ10H8 塞规进行检测。常用的塞规如图 2-6-11 所示，其两端是圆柱体，一端略长，一端略短，长的一端为孔用通规，短的一端为孔用止规，通规的直径为被检孔径的最小极限尺寸，止规的直径为被检孔径的最大极限尺寸。

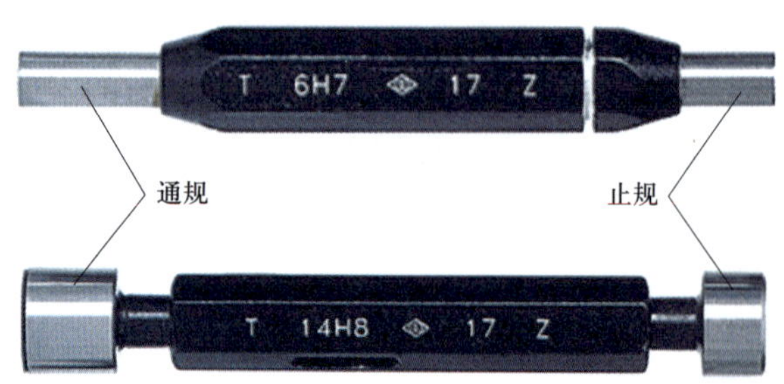

图 2-6-11　常用的塞规

如图 2-6-12 所示，如果通规能进入孔中，而止规不能进入孔中，表明该孔的孔径在 ϕ10 ~ ϕ10.022 mm 之间，孔径合格；如果通规不能进入，表明孔径偏小，不合格；如果止规能进入，表明孔径偏大，也不合格。

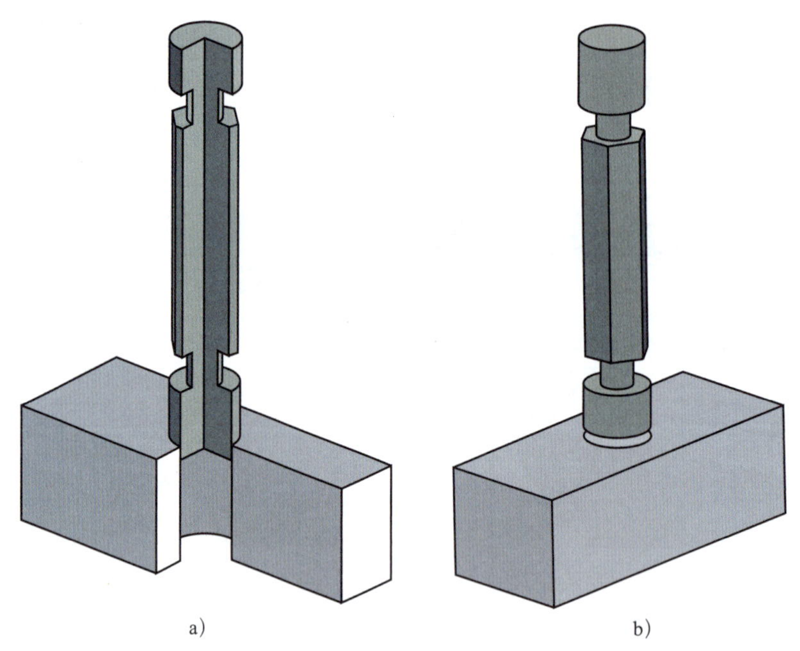

图 2-6-12　孔径的检测
a）通规全入　b）止规不入

小提示

铰孔时的注意事项：

（1）手铰时，工件要夹正，两手用力要均衡，铰刀不得摇摆，按顺时针方向扳动铰杠进行铰削，避免在孔口处出现喇叭口或将孔径扩大。

（2）手铰时，要变换每次的停歇位置，以消除铰刀常在同一处停歇而造成的振痕。

（3）铰孔时，不论进刀还是退刀都不能反转，以防止刃口磨钝或切屑卡在刀齿后面与孔壁之间，将孔壁划伤。

（4）铰削钢件时，要注意经常清除黏附在刀齿上的切屑。

（5）铰削过程中如果铰刀被卡住，不能用力扳转铰刀，以防损坏，而应取出铰刀，清除切屑并加注切削液后再进行铰削。

（6）机铰时，应使工件一次装夹进行钻、扩、铰，以保证孔轴线的精度。铰孔完成后，要待铰刀退出后再停车，以防将孔壁拉出痕迹。

（7）铰尺寸较小的圆锥孔时，可先以小端直径按圆柱孔精铰余量钻出底孔，然后用锥铰刀铰削。对尺寸和深度较大的圆锥孔，为减小切削余量，铰孔前可先钻出阶梯孔，然后用锥铰刀铰削，铰削过程中要经常用相配的圆锥销来检测铰孔尺寸。

四、任务评价

铰孔评分表见表 2-6-3。

表 2-6-3　铰孔评分表

序号	项目	技术要求	评分标准	配分	得分
1	准备工作	劳动防护用品穿戴整齐	总体评定，酌情扣分	3	
2		工具、量具准备齐全	总体评定，酌情扣分	3	
3	铰孔技术规范	工件装夹正确	不符合要求酌情扣分	10	
4		铰孔操作正确	不符合要求酌情扣分	20	
5		切削液选择合适	不符合要求酌情扣分	10	
6		（67 ± 0.2）mm	超差不得分	10	
7		（20 ± 0.2）mm	超差不得分	10	
8		ϕ10H8	超差不得分	10	
9		孔壁表面粗糙度 Ra1.6 μm	不符合要求不得分	10	
10		孔口倒角 C0.2 mm	不符合要求不得分	10	
11	安全生产	遵守工作场地规章制度和安全文明生产要求	总体评定，酌情扣分	4	
总分				100	

知识拓展

一、铰孔常见缺陷分析

铰孔常见缺陷的产生原因和预防措施见表 2-6-4。

表 2-6-4　铰孔常见缺陷的产生原因和预防措施

缺陷	产生原因	预防措施
表面粗糙度达不到要求	1. 铰刀刃口不锋利，刀面粗糙 2. 切削刃上黏附有积屑瘤 3. 容屑槽内切屑黏附太多 4. 铰削余量太大或太小 5. 铰刀退出时反转 6. 手铰时铰刀旋转不平稳 7. 切削液不充足或选择不当 8. 铰刀偏摆过大 9. 前角太小	1. 重新刃磨或研磨铰刀 2. 用油石研去积屑瘤 3. 及时退出铰刀清除切屑 4. 选择合适的铰削余量 5. 严格按操作方法进行 6. 采用顶铰，两手用力均匀 7. 合理选择和加注切削液 8. 重新刃磨铰刀或使用浮动夹头 9. 根据工件材料选择前角
孔径扩大	1. 机铰刀轴线与底孔轴线不重合 2. 铰刀直径不符合要求 3. 铰刀偏摆过大 4. 进给量和铰削余量太大 5. 切削速度太快	1. 仔细校准钻床主轴、铰刀和底孔三者同轴度误差 2. 仔细测量、研磨铰刀 3. 重新刃磨铰刀或使用浮动夹头 4. 选择合适的进给量和铰削余量 5. 降低切削速度，加注切削液
孔径缩小	1. 铰刀直径小于最小极限尺寸 2. 铰刀磨钝 3. 铰削余量太大引起孔壁弹性恢复	1. 更换合适的铰刀 2. 重新刃磨或研磨铰刀 3. 合理选择铰削余量
孔呈多棱形	1. 铰削余量太大 2. 铰削前底孔不圆使铰刀发生弹跳 3. 钻床主轴振摆太大	1. 减小铰削余量 2. 提高铰削前底孔的加工精度 3. 调整、修复钻床主轴精度

二、铰刀损坏的原因分析

铰削加工中铰刀损坏的形式和原因见表 2-6-5。

表 2-6-5　铰刀损坏的形式和原因

损坏形式	原因
过早磨损	1. 刃磨时未及时冷却，使切削刃“退火” 2. 切削刃表面粗糙，使耐磨性降低 3. 切削液选用不当，或切削液不能顺利地流入切削处 4. 工件材料硬
崩刃	1. 前、后角太大，切削刃强度太差 2. 机铰时铰刀偏摆大，切削负荷不均匀 3. 铰刀退出时反转，使切屑卡在切削刃与孔壁之间 4. 刃磨时因热胀冷缩使切削刃产生裂纹

续表

损坏形式	原因
折断	1. 铰削用量太大 2. 工件材料硬 3. 铰刀被卡住后继续猛力扳转 4. 两手用力不均匀，或铰刀轴线与底孔轴线不重合 5. 进给量太大

任务小结

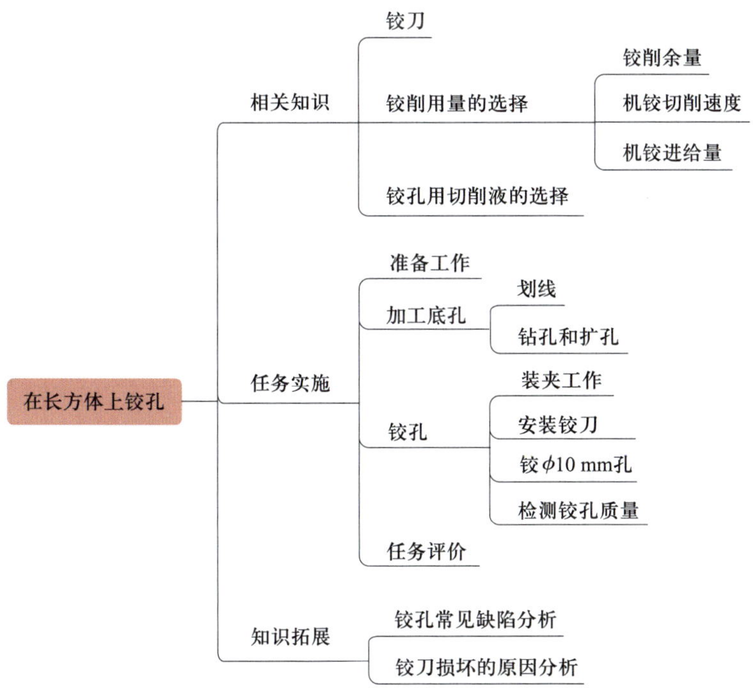

任务7　在长方体和阶梯轴上加工螺纹

学习目标

1. 熟悉攻螺纹、套螺纹工具及其使用方法。

2. 掌握攻螺纹前底孔直径和深度、套螺纹前圆柱形工件外径的确定方法。

3. 掌握攻螺纹、套螺纹的操作方法。

4. 能正确使用攻螺纹工具在长方体上完成内螺纹加工，使用套螺纹工具在阶梯轴上完成外螺纹加工，并达到一定的精度要求。

5. 了解攻螺纹和套螺纹常见缺陷的产生原因和预防措施、攻螺纹时切削液的选择。

任务描述

按照图 2–7–1 所示螺纹加工图样要求（注：沉孔加工、铰孔尺寸同任务 5、任务 6 图样，此处为突出攻螺纹尺寸要求，予以省略），在任务 6 完成铰孔的长方体工件上攻螺纹，在阶梯轴工件上套螺纹，螺纹加工完成的工件如图 2–7–2 所示。

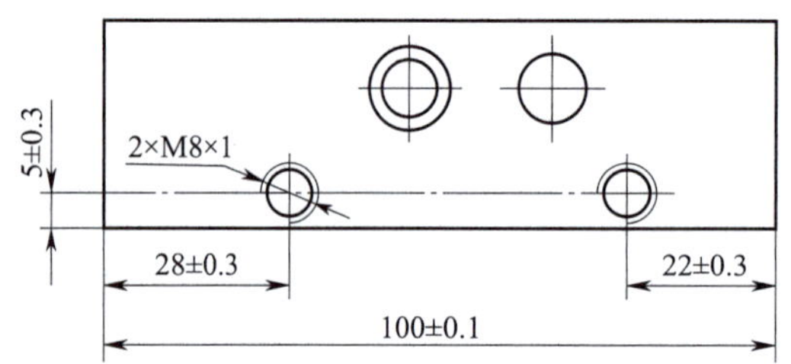

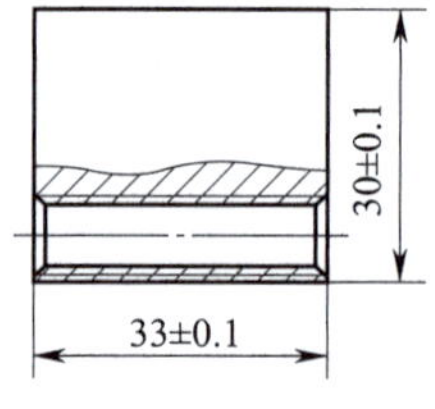

技术要求

1. 螺纹孔孔口倒角为C1.5。
2. 螺纹轴线与工件表面垂直度公差为0.02。

a）

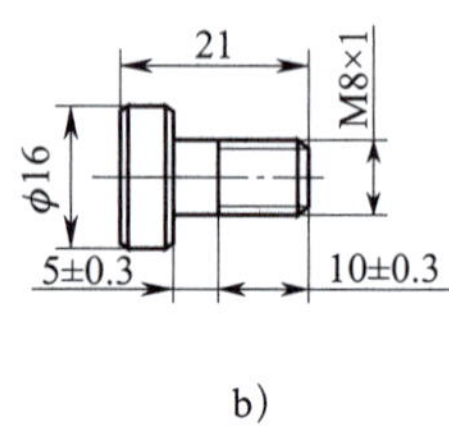

b）

图 2–7–1　螺纹加工图样

a）攻螺纹图样　b）套螺纹图样

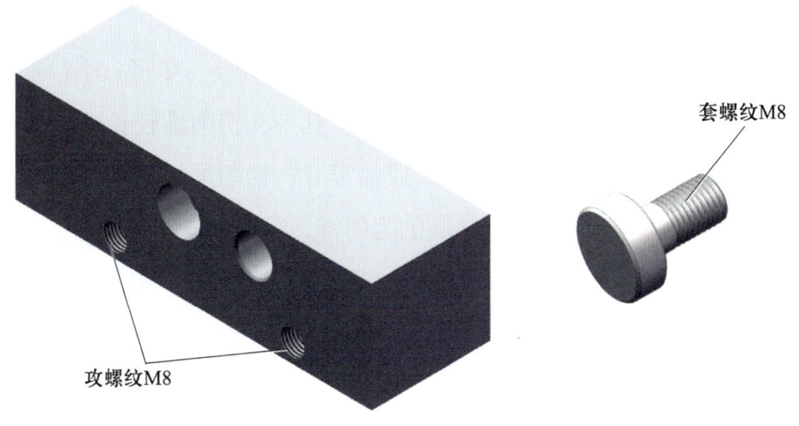

图 2–7–2　螺纹加工完成的工件

任务分析

用丝锥在工件已加工孔中切削出内螺纹的加工方法称为攻螺纹；用板牙在圆杆或管子上切削出外螺纹的加工方法称为套螺纹。

分析图 2–7–1 可知，本任务是在长方体工件上采用攻螺纹方法加工内螺纹，在阶梯轴工件上采用套螺纹方法加工外螺纹，并达到图样要求。要完成该任务，应先熟悉攻螺纹、套螺纹工具及其使用方法，掌握攻螺纹前底孔直径和深度、套螺纹前圆柱形工件外径的确定方法。

相关知识

一、攻螺纹工具

1. 丝锥

丝锥是加工内螺纹的刀具，它只能加工普通螺纹，分为手用丝锥和机用丝锥。丝锥由柄部和工作部分组成，如图 2–7–3 所示。柄部是攻螺纹时被夹持的部分，起传递转矩的作用。工作部分由切削锥和校准部分组成，前段为切削锥，起切削和引导作用；后段为校准部分，有完整的牙型，用来修光和校准已切出的螺纹，并引导丝锥沿轴向前进。

攻螺纹时，为了减小切削力和延长丝锥寿命，一般将整个切削量分配给几支丝锥来共同承担。通常 M6 ~ M24 丝锥每组有两支；M6 以下及 M24 以上的丝锥每组有 3 支；细牙螺纹丝锥为两支一组。

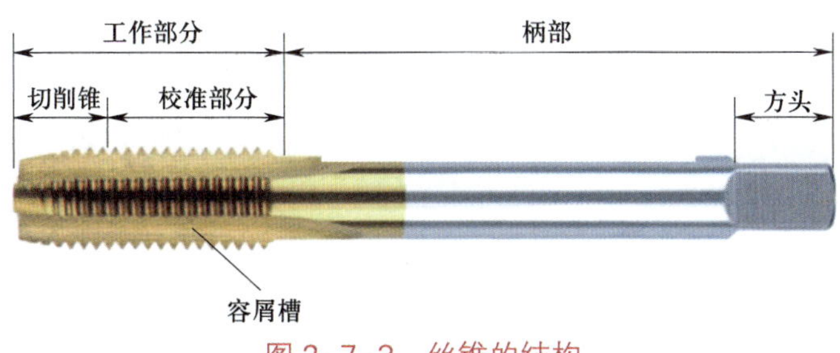

图 2–7–3　丝锥的结构

成组丝锥切削量的分配形式有两种：锥形分配和柱形分配。

锥形分配（等径丝锥），即成组丝锥中，各支丝锥的大径、中径、小径都相等，只是切削锥的长度和切削锥角不相等，如图 2–7–4 所示。其中，切削锥较长且切削锥角较小的为初锥，在通孔中攻螺纹可一次加工完成螺纹成品尺寸；切削锥较短的为底锥，只起修短螺尾的作用；切削锥长度介于初锥和底锥之间的为中锥，具有单支丝锥的功能。

柱形分配（不等径丝锥），即成组丝锥中，各支丝锥的大径、中径、小径以及切削锥长度和切削锥角均不相等，如图 2–7–5 所示。其中，切削锥较长且切削锥角较小的为第一粗锥（头锥），它的校准部分不具有完整螺纹牙型，在加工螺纹时起粗加工作用；切削锥较短的为精锥，它的校准部分具有完整螺纹牙型，起最后精加工作用；切削锥长度介于第一粗锥和精锥之间的为第二粗锥（二锥），起第二次粗加工作用。这种成组丝锥的切削量分配比较合理，切削省力，各支丝锥磨损量差别小，寿命长，攻制的螺纹表面粗糙度值小。通常三支一组的丝锥按 6∶3∶1 分配切削量，两支一组的丝锥按 7.5∶2.5 分配切削量。

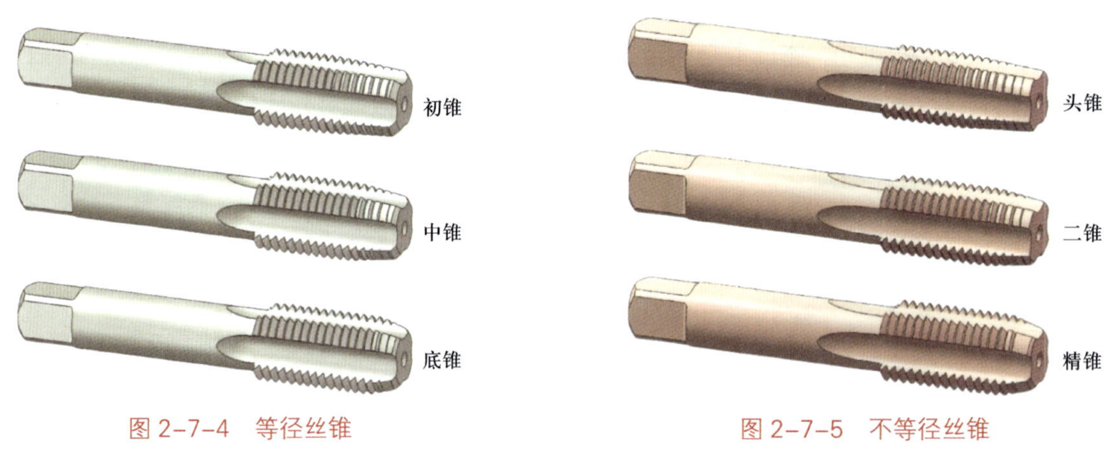

图 2–7–4　等径丝锥　　　　图 2–7–5　不等径丝锥

2. 铰杠

铰杠是手工攻螺纹时用来夹持丝锥的工具，分为普通铰杠（见图 2–7–6）和丁字形铰杠（图 2–7–7）两类，每类铰杠又分为固定式和可调式两种。

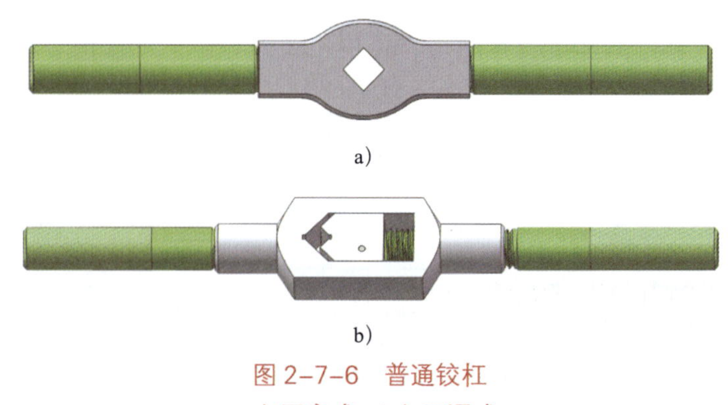

图 2–7–6　普通铰杠

a）固定式　b）可调式

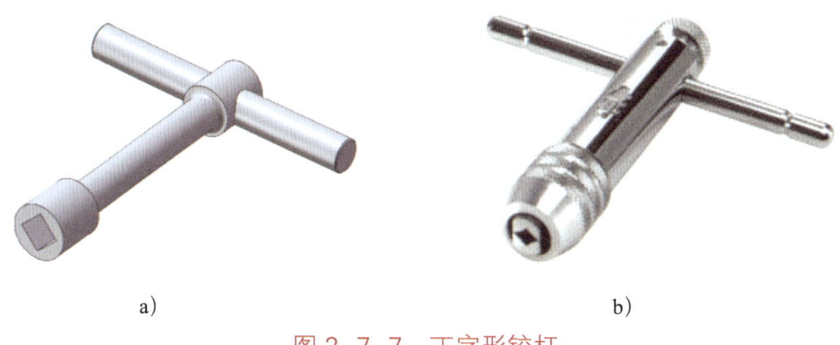

图 2–7–7　丁字形铰杠
a）固定式　b）可调式

铰杠的规格参数为柄长，常用的有 150 mm、225 mm、275 mm 等。

二、套螺纹工具

1. 板牙

板牙是加工外螺纹的刀具。钳工常用板牙的结构如图 2–7–8 所示，由切削锥、校准部分和容屑孔组成，它本身相当于一个具有很高硬度的螺母，螺孔周围制有几个容屑孔而形成刀刃；两端都有切削锥，可以两面使用；中间为校准部分。板牙可分为整体式和可调式两类，如图 2–7–9 所示。

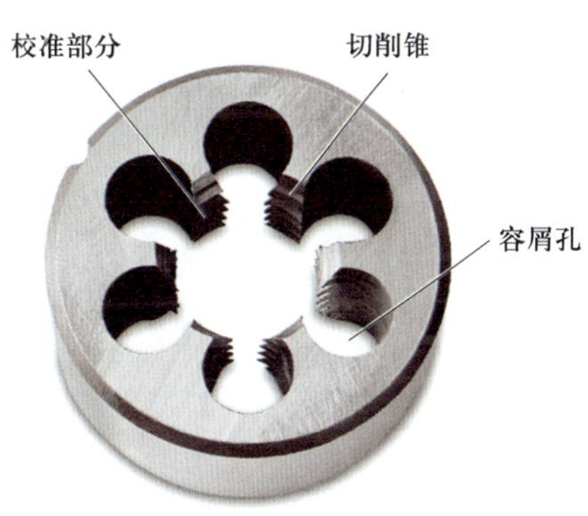

图 2–7–8　板牙的结构

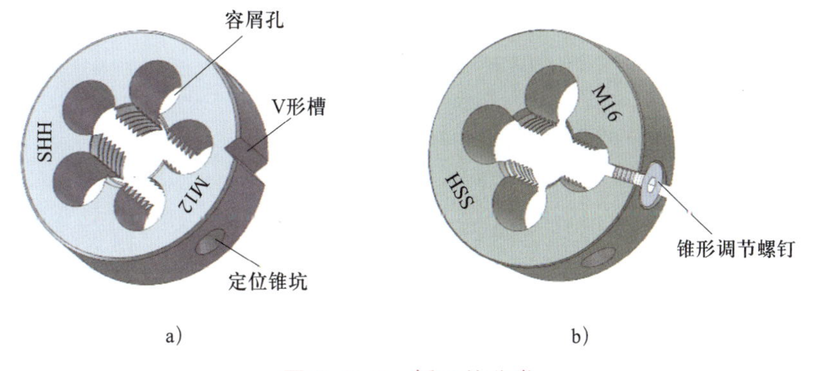

图 2–7–9　板牙的分类
a）整体式　b）可调式

2. 板牙架

板牙架是装夹板牙的工具。钳工常用的板牙架如图 2–7–10 所示，板牙放入后，要用紧固螺钉紧固。

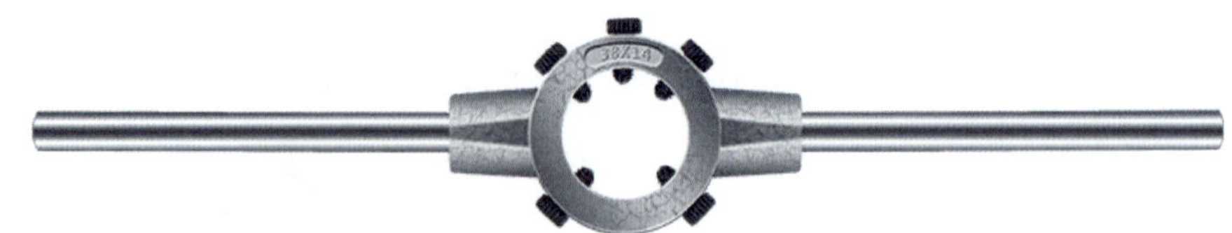

图 2–7–10　板牙架

三、攻螺纹前底孔直径和深度的确定

1. 攻螺纹前底孔直径的确定

攻螺纹时，丝锥对金属层有较强的挤压作用，使攻出螺纹的小径小于底孔直径，因此，攻螺纹前底孔直径应稍大于螺纹小径，如图 2–7–11a 所示。

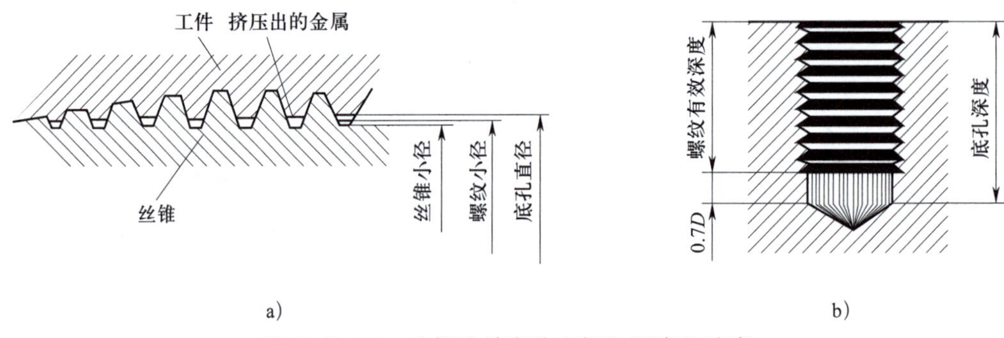

图 2–7–11　攻螺纹前底孔直径和深度的确定

a）底孔直径　b）底孔深度

（1）在钢件或塑性较大材料上攻螺纹时，底孔直径的计算公式为

$$D_{孔}=D-P$$

（2）在铸铁件或塑性较小材料上攻螺纹时，底孔直径的计算公式为

$$D_{孔}=D-（1.05\sim1.1）P$$

式中　$D_{孔}$——底孔直径，mm；

D——螺纹公称直径，mm；

P——螺距，mm。

普通螺纹攻螺纹前底孔直径可从表 2–7–1 中选用。

2. 攻螺纹前底孔深度的确定

攻盲孔螺纹时，由于丝锥的切削锥不能攻出完整的螺纹牙型，因此，底孔深度要大于螺纹有效长度，如图 2–7–11b 所示。

底孔深度的计算公式为

$$H_{深}=h_{有效}+0.7D$$

式中　$H_{深}$——底孔深度，mm；

$h_{有效}$——螺纹有效长度，mm；

D——螺纹公称直径，mm。

表 2-7-1　普通螺纹攻螺纹前底孔直径　　mm

螺纹公称直径 D	螺距 P	底孔直径 $D_{孔}$	
		铸铁、青铜、黄铜	钢、可锻铸铁、紫铜、层压板
2	0.4	1.6	1.6
	0.25	1.75	1.75
2.5	0.45	2.05	2.05
	0.35	2.15	2.15
3	0.5	2.5	2.5
	0.35	2.65	2.65
4	0.7	3.3	3.3
	0.5	3.5	3.5
5	0.8	4.1	4.2
	0.5	4.5	4.5
6	1	4.9	5
	0.75	5.2	5.2
8	1.25	6.6	6.7
	1	6.9	7
	0.75	7.1	7.2
10	1.5	8.4	8.5
	1.25	8.6	8.7
	1	8.9	9
	0.75	9.1	9.2
12	1.75	10.1	10.2
	1.5	10.4	10.5
	1.25	10.6	10.7
	1	10.9	11
14	2	11.8	12
	1.5	12.4	12.5
	1	12.9	13
16	2	13.8	14
	1.5	14.4	14.5
	1	14.9	15
18	2.5	15.3	15.5
	2	15.8	16
	1.5	16.4	16.5
	1	16.9	17
20	2.5	17.3	17.5
	2	17.8	18
	1.5	18.4	18.5
	1	18.9	19
22	2.5	19.3	19.5
	2	19.8	20
	1.5	20.4	20.5
	1	20.9	21
24	3	20.7	21
	2	21.8	22
	1.5	22.4	22.5
	1	22.9	23

四、套螺纹前圆柱形工件外径的确定

套螺纹时，金属材料因受板牙的挤压而产生变形，牙顶将被挤得高一些，因此，套螺纹前圆柱形工件外径应稍小于螺纹公称直径。

圆柱形工件外径的计算公式为

$$d_{圆}=d-0.13P$$

式中　$d_{圆}$——圆柱形工件外径，mm；

d——螺纹公称直径，mm；

P——螺距，mm。

套螺纹前圆柱形工件外径可从表 2–7–2 中选用。

表 2–7–2　套螺纹前圆柱形工件外径

粗牙普通螺纹				圆柱管螺纹		
螺纹公称直径 /mm	螺距 /mm	圆杆直径 /mm		螺纹尺寸代号	管子外径 /mm	
		最小	最大		最小	最大
6	1	5.8	5.9	1/8	9.4	9.5
8	1.25	7.8	7.9	1/4	12.7	13
10	1.5	9.75	9.85	3/8	16.2	16.5
12	1.75	11.75	11.9	1/2	20.5	20.8
14	2	13.7	13.85	5/8	22.5	22.8
16	2	15.7	15.85	3/4	26	26.3
18	2.5	17.7	17.85	7/8	29.8	30.1
20	2.5	19.7	19.85	1	32.8	33.1
22	2.5	21.7	21.85	1⅛	37.4	37.7
24	3	23.65	23.8	1¼	41.4	41.7
27	3	26.65	26.8	1⅜	43.8	44.1
30	3.5	29.6	29.8	1½	47.3	47.6
36	4	35.6	35.8	—	—	—
42	4.5	41.55	41.75	—	—	—
48	5	47.5	47.7	—	—	—
52	5	51.5	51.7	—	—	—
60	5.5	59.45	59.7	—	—	—
64	6	63.4	63.7	—	—	—
68	6	67.4	67.7	—	—	—

任务实施

一、准备工作

1. 材料

任务 6 完成铰孔的长方体工件，阶梯轴工件（45 钢，尺寸要求见图 2-7-1b）4 件，如图 2-7-12 所示。

图 2-7-12 阶梯轴工件

2. 工具、量具

平板、游标高度卡尺、样冲、锤子、直角尺、游标卡尺、活扳手、M8 丝锥、M8 板牙、铰杠、板牙架、中心钻（ϕ5 mm）、麻花钻（ϕ7 mm）、90° 锥形锪钻等。

二、攻螺纹

1. 加工底孔

攻螺纹前，先要划线并完成底孔的加工。本任务要加工两个 M8 × 1 的通孔螺纹，需钻削 ϕ7 mm 底孔，并用 90° 锥形锪钻对两端孔口进行倒角，倒角为 C1.5 mm，以便于丝锥切入，如图 2-7-13 所示。

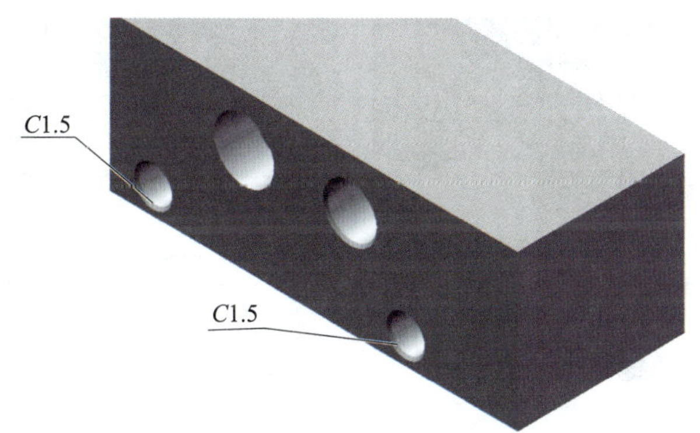

图 2-7-13 底孔加工

2. 安装攻螺纹工具

本任务使用的 M8 丝锥为两支一组（头锥和二锥），头锥与二锥最大的区别在于丝锥的前端，头锥的牙浅而二锥的牙深，如图 2-7-14a 所示。攻螺纹时先用头锥头攻，再用二锥二攻。

攻螺纹前，将丝锥在铰杠夹口中夹持紧固，如图 2-7-14b 所示。

3. 攻 M8 内螺纹

（1）起攻和检测、校正

如图 2-7-15 所示，将工件装夹在台虎钳上，用头锥起攻时，丝锥与工件表面垂直，可

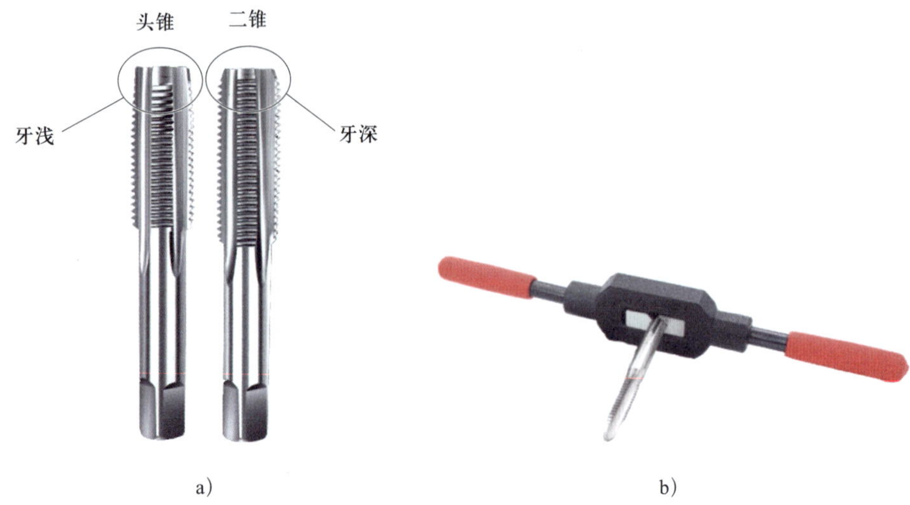

图 2-7-14　攻螺纹工具的安装
a）丝锥　b）丝锥与铰杠的安装

一手用手掌按住铰杠中部沿丝锥轴线方向用力加压，另一手配合做顺时针旋进；或两手握住铰杠两端均匀施加压力，并将丝锥顺时针旋进。为保证丝锥轴线与底孔轴线重合而不歪斜，在丝锥攻入 1 ~ 2 圈后，应及时从前后、左右两个方向用直角尺检测丝锥与工件表面的垂直度，并不断校正至满足要求。

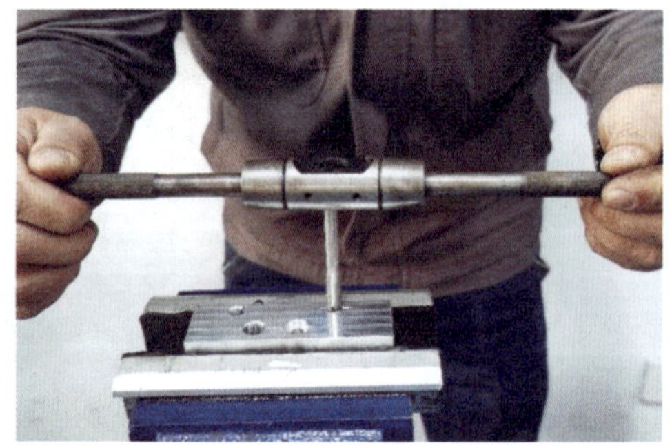

a)

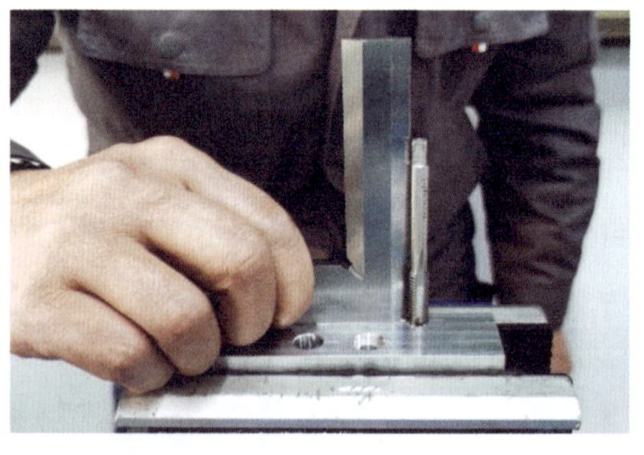

b)

图 2-7-15　起攻
a）用头锥起攻　b）垂直度检测

（2）正常攻螺纹

当头锥攻入 3～4 圈后，不需要再对铰杠施加压力，只需两手握稳铰杠，均匀用力旋转铰杠，使丝锥做旋进切削。为避免切屑过长而咬死丝锥，一般每正转 1/2～1 圈，应倒转 1/4～1/2 圈，使切屑碎断后排出，如图 2–7–16 所示。

图 2–7–16　正常攻螺纹

（3）二攻

头攻完成后，退出头锥，更换二锥进行二攻。二攻时，先用手旋入丝锥至不能旋进时，再用铰杠转动，以免损坏螺纹，防止烂牙。退出丝锥时，也要避免快速转动铰杠，最好用手旋出，以确保已攻好的螺纹质量不受影响，如图 2–7–17 所示。

加工完成的 M8 内螺纹如图 2–7–18 所示。

图 2–7–17　退出丝锥

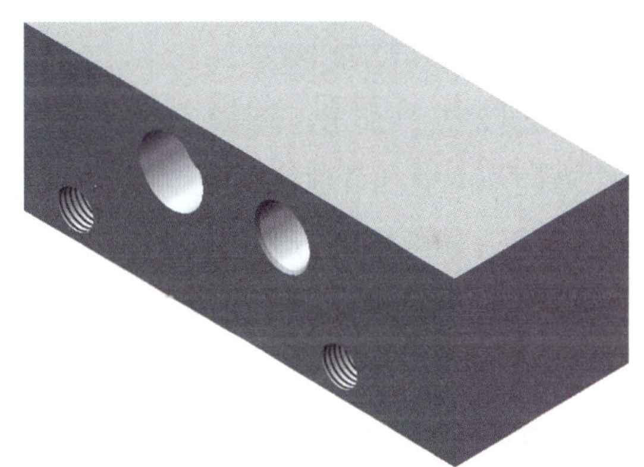
图 2–7–18　M8 内螺纹

三、套螺纹

1. 划线和倒角

划线和倒角如图 2–7–19 所示。为使板牙起套时容易切入工件并作正确导向，套螺纹前应将圆柱形工件端部倒成 15°～20° 的锥体，锥体的最小直径略小于螺纹小径，以免螺纹端部出现锋口和卷边。

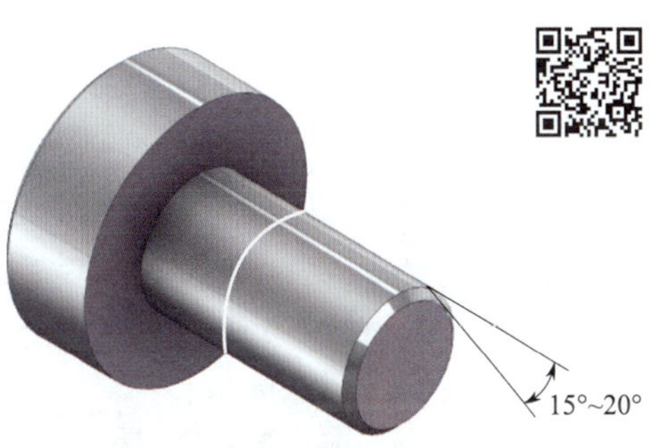

图 2–7–19　划线和倒角

2. 安装套螺纹工具

板牙架上有一紧固螺钉，板牙上有定位锥坑，套螺纹前必须将板牙安装在板牙架中，紧固螺钉对准锥坑，拧紧紧固螺钉加以固定，以防止加工过程中板牙转动，如图 2–7–20 所示。

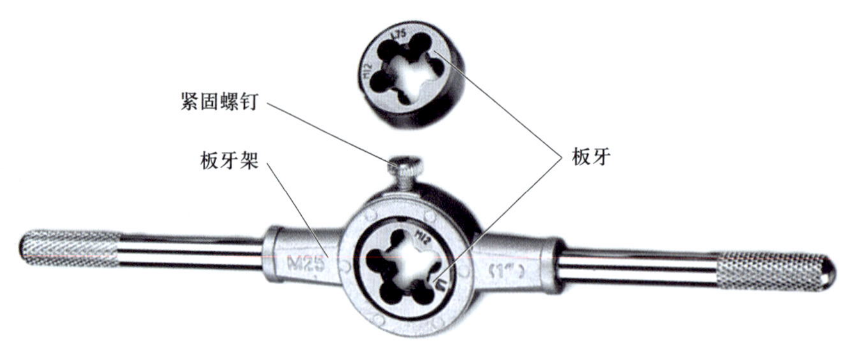

图 2–7–20 套螺纹工具的安装

3. 套 M8 外螺纹

（1）工件装夹

套螺纹时的切削力矩较大，且工件为圆柱形，为防止工件夹持歪斜或夹出痕迹，一般用软钳口装夹，以保证夹紧可靠，如图 2–7–21 所示，工件垂直放置，套螺纹部分伸出尽量短。

（2）起套和检测、校正

如图 2–7–21 所示，套螺纹的起套方法与攻螺纹的起攻方法类似，一手用手掌按住板牙架中部沿圆柱形工件轴线方向施加压力，另一手配合做顺时针旋进，转动要慢，压力要大，并保证板牙端面与圆柱形工件轴线垂直、不歪斜。在板牙套入 1 ~ 2 圈后，应及时检测板牙端面与圆柱形工件轴线的垂直度并校正。

（3）正常套螺纹

如图 2–7–22 所示，在板牙套入 3 ~ 4 圈后，不要再施加压力，只需两手握稳板牙架，使板牙自然旋进，以免损坏螺纹和板牙，一般每套入 1/2 ~ 1 圈需倒转 1/4 ~ 1/2 圈以断屑。

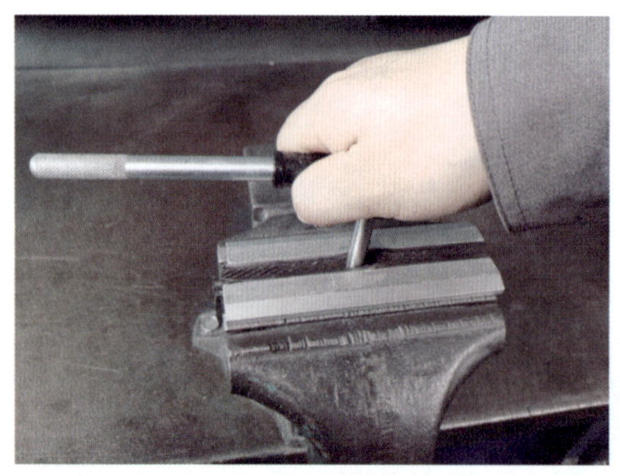

图 2–7–21 起套方法

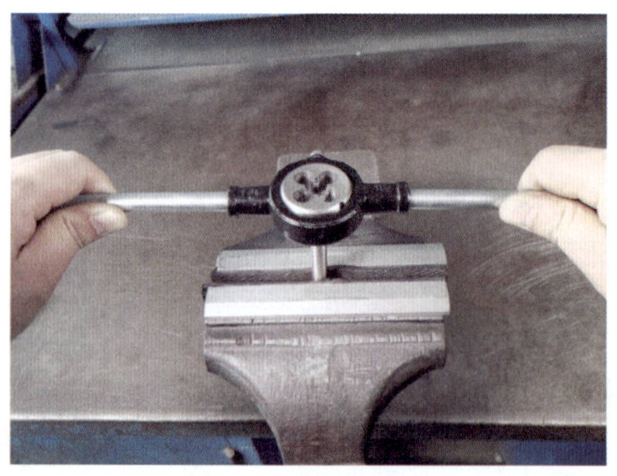

图 2–7–22 正常套螺纹方法

小提示

在钢件上套螺纹时，为了减小螺纹表面粗糙度值，延长板牙使用寿命，需注入切削液，常用乳化液或机油作为切削液。

加工完成的 M8 外螺纹如图 2-7-23a 所示。可将外螺纹旋入加工完成的内螺纹中，如图 2-7-23b 所示，如果旋入比较顺畅，表明内、外螺纹的加工质量较好。

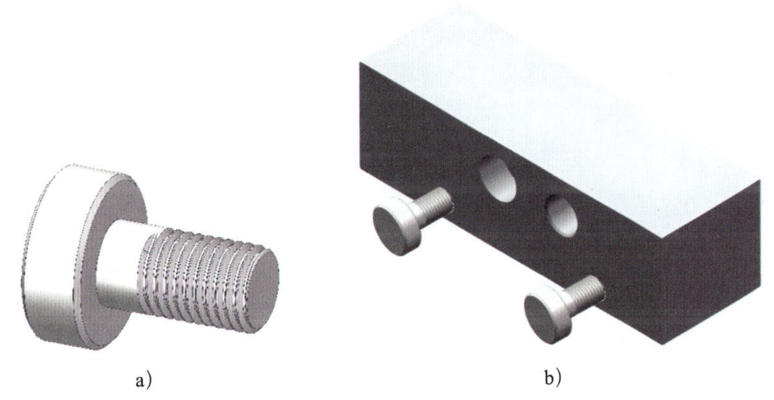

a)　　b)

图 2-7-23　外螺纹与内螺纹的配合
a）M8 外螺纹　b）内、外螺纹配合

四、任务评价

攻螺纹、套螺纹评分表见表 2-7-3。

表 2-7-3　攻螺纹、套螺纹评分表

序号	项目	技术要求	评分标准	配分	得分
1	准备工作	劳动防护用品穿戴整齐	总体评定，酌情扣分	3	
2		工具、量具准备齐全	总体评定，酌情扣分	3	
3	螺纹加工技术规范	攻螺纹时工件装夹正确	不符合要求酌情扣分	5	
4		攻螺纹操作动作正确	不符合要求酌情扣分	10	
5		螺纹轴线与工件表面垂直度公差 0.02 mm	超差不得分	8	
6		内螺纹牙型完整	不符合要求酌情扣分	10	
7		螺纹孔孔口倒角 $C1.5$ mm	不符合要求不得分	3	
8		（28±0.3）mm	超差不得分	5	
9		（22±0.3）mm	超差不得分	5	
10		套螺纹时工件装夹正确	不符合要求酌情扣分	5	

续表

序号	项目	技术要求	评分标准	配分	得分
11	螺纹加工技术规范	套螺纹操作动作正确	不符合要求酌情扣分	10	
12		外螺纹牙型完整	不符合要求酌情扣分	10	
13		（5±0.3）mm	超差不得分	5	
14		内、外螺纹配合良好	不符合要求酌情扣分	14	
15	安全生产	遵守工作场地规章制度和安全文明生产要求	总体评定，酌情扣分	4	
总分				100	

知识拓展

一、攻螺纹和套螺纹常见缺陷分析

攻螺纹常见缺陷的产生原因和预防措施见表 2–7–4。

表 2–7–4　攻螺纹常见缺陷的产生原因和预防措施

缺陷	产生原因	预防措施
螺纹烂牙	1. 攻螺纹前底孔直径太小，丝锥攻不进，孔口烂牙 2. 手攻时，铰杠掌握不正，丝锥左右摇摆，造成孔口烂牙 3. 机攻时，丝锥校准部分全部攻出头，退出时造成烂牙 4. 头攻时头锥位置不正，二攻时强行校正 5. 二锥与头锥不重合而强行攻入 6. 丝锥没有经常倒转，切屑堵塞将螺纹啃伤 7. 攻不通孔螺纹时，丝锥旋到底后仍继续旋转丝锥 8. 用铰杠旋转退出丝锥 9. 丝锥切削刃上黏附有积屑瘤 10. 没有选用合适的切削液 11. 丝锥切削锥全部切入后仍施加轴向压力	1. 检测底孔直径，把底孔扩大后再攻螺纹 2. 两手握住铰杠用力要均匀，不得左右摇摆 3. 机攻时，丝锥校准部分不能全部攻出头 4. 当头锥攻入 1～2 圈后，如有歪斜，应及时纠正 5. 换用二锥时，应先用手将其旋入，再用铰杠转动 6. 丝锥每旋入 1/2～1 圈要倒转 1/4～1/2 圈，以便切屑折断后排出 7. 攻不通孔螺纹时，要在丝锥上标记深度 8. 能用手直接旋动退出丝锥时应停止使用铰杠 9. 用油石进行修磨 10. 选用合适的切削液 11. 丝锥切削锥全部切入后应停止施加压力

续表

缺陷	产生原因	预防措施
螺纹歪斜	1. 手攻时，丝锥位置不正 2. 机攻时，丝锥与底孔不同轴	1. 目测或用直角尺检测 2. 钻底孔后不改变工件位置，直接攻螺纹
螺纹牙深不够	1. 攻螺纹前底孔直径过大 2. 丝锥磨损	1. 正确计算底孔直径、钻底孔 2. 修磨丝锥
螺纹表面粗糙度值过大	1. 丝锥前、后面粗糙 2. 丝锥前、后角太小 3. 丝锥磨钝 4. 丝锥切削刃上黏附有积屑瘤 5. 没有选用合适的切削液 6. 切屑拉伤螺纹表面	1. 重新修磨丝锥 2. 重新刃磨丝锥 3. 修磨丝锥 4. 用油石进行修磨 5. 选用合适的切削液 6. 经常倒转丝锥以折断切屑

套螺纹常见缺陷的产生原因和预防措施见表 2-7-5。

表 2-7-5 套螺纹常见缺陷的产生原因和预防措施

缺陷	产生原因	预防措施
螺纹烂牙	1. 圆柱形工件外径太大 2. 板牙磨钝 3. 板牙没有经常倒转，切屑堵塞将螺纹啃坏 4. 板牙架掌握不稳，左右摇摆 5. 板牙歪斜太多而强行修正 6. 板牙切削刃上黏附有切屑瘤 7. 没有选用合适的切屑液	1. 将圆柱形工件加工到合适的尺寸 2. 修磨板牙或更换新的板牙 3. 经常倒转板牙，使切屑折断后容易排出 4. 两手握住板牙架用力要均匀 5. 板牙端面应与圆柱形工件轴线垂直，并经常检测 6. 用油石进行修磨 7. 选用合适的切屑液
螺纹歪斜	1. 圆柱形工件端面倒角不好，板牙位置难以放正 2. 两手用力不均匀，板牙架歪斜	1. 圆柱形工件端面倒角时，要保持四周一致 2. 两手用力要均匀，并经常检查，及时纠正
螺纹牙深不够	1. 圆柱形工件外径太小 2. 板牙 V 形槽调节不当，直径太大	1. 圆柱形工件外径必须限制在规定的范围内 2. 重新调节板牙的 V 形槽，并试套螺纹

续表

缺陷	产生原因	预防措施
螺纹表面粗糙度值过大	1. 板牙前、后面粗糙 2. 板牙前、后角太小 3. 板牙磨钝 4. 板牙切削刃上黏附有积屑瘤 5. 没有选用合适的切削液 6. 切屑拉伤螺纹表面	1. 重新修磨板牙 2. 重新刃磨板牙 3. 修磨板牙 4. 用油石进行修磨 5. 选用合适的切削液 6. 经常倒转板牙以折断切屑

丝锥和板牙损坏的原因见表 2–7–6。

表 2–7–6　丝锥和板牙损坏的原因

损坏形式	原因
崩牙或扭断	1. 工件材料硬度太高或硬度不均匀 2. 丝锥或板牙切削部分前、后角太大 3. 底孔直径太小或圆柱形工件外径太大 4. 丝锥或板牙位置不正，单边受力太大或强行纠正 5. 两手用力不均匀或用力过猛 6. 丝锥或板牙没有经常倒转，致使切屑将容屑槽或容屑孔堵塞 7. 切削刃磨钝，并黏附有积屑瘤 8. 未选用合适的切削液 9. 攻不通孔螺纹时，丝锥已旋到底仍继续扳转

二、攻螺纹时切削液的选择

在韧性材料上攻螺纹时，通常要注入切削液，攻螺纹时切削液的选择见表 2–7–7。

表 2–7–7　攻螺纹时切削液的选择

工件材料	切削液
结构钢、合金钢	1. 硫化油 2. 乳化液
耐热钢	1. 60% 硫化油 +25% 煤油 +15% 脂肪酸 2. 硫化油 +15%～20% 四氯化碳
灰铸铁	1. 75% 煤油 +25% 植物油 2. 乳化液 3. 煤油

续表

工件材料	切削液
铜合金	1. 煤油 + 矿物油 2. L-AN 全损耗系统用油 3. 硫化油
铝及铝合金	1. 85% 煤油 +15% 亚麻油 2. 50% 煤油 +50% L-AN 全损耗系统用油 3. 煤油 4. 松节油 5. 极压乳化液

任务小结

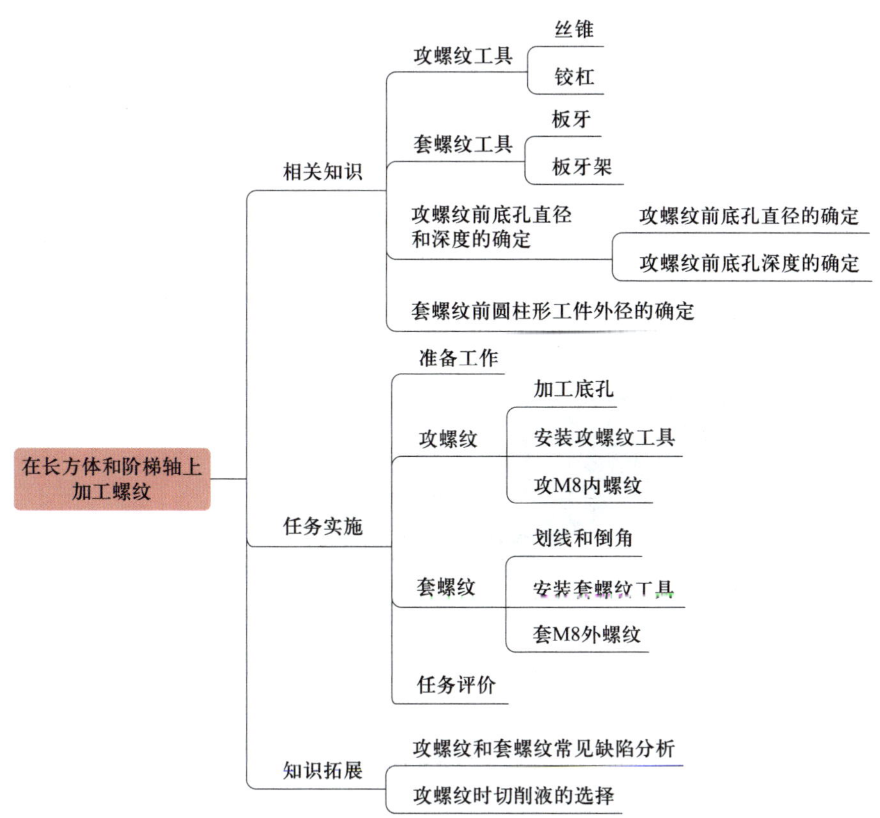

任务8　在长方体上刮削和研磨

学习目标

1. 了解刮削、研磨的特点。

2. 熟悉刮削工具、研具、研磨剂及其使用方法。

3. 掌握平面刮削、平面研磨的操作方法和刮削精度的检验，了解曲面刮削的操作要点。

4. 能正确使用刮削工具在长方体上完成平面刮削，使用研具和研磨剂在长方体工件上完成平面研磨，并达到一定的精度要求。

5. 了解刮削、研磨常见缺陷的产生原因。

任务描述

按照图 2–8–1 所示刮削、研磨图样要求，对任务 7 完成内螺纹加工的长方体工件进行刮削、研磨。

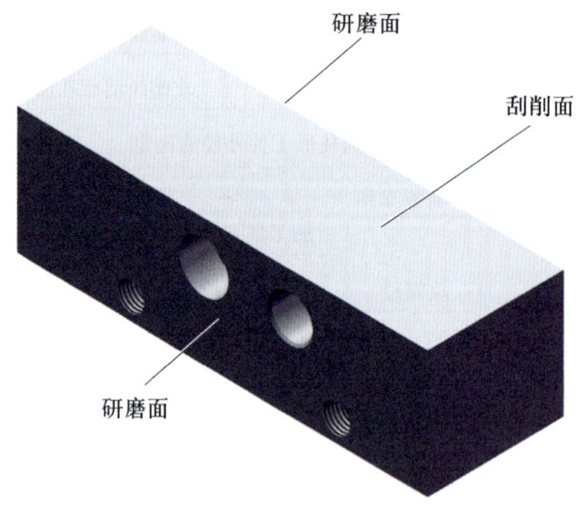

技术要求

1. 刮削刀迹整齐、美观。
2. 研点清晰、均匀。
3. 25 mm×25 mm正方形方框内研点数大于20。
4. 研磨面表面粗糙度值为Ra1.6 μm。

图 2–8–1　刮削、研磨图样

任务分析

用刮刀刮去工件表面金属薄层的加工方法称为刮削。用研磨工具（研具）和研磨剂从工件表面磨去一层极薄的金属，使工件获得精确的尺寸、形状和极小的表面粗糙度值的加工方法称为研磨。

分析图 2-8-1 可知，本任务是在长方体工件上刮削一个面（顶面），研磨两个面（两侧面），并达到相应的技术要求。要完成该任务，应先了解刮削、研磨的特点，熟悉刮削工具、研具、研磨剂及其使用方法。

相关知识

一、刮削、研磨的特点

1. 刮削的特点

（1）刮削具有切削量小、切削力小、切削热少和切削变形小等特点，能获得很高的尺寸精度、几何精度、接触精度和很小的表面粗糙度值。

（2）刮削后的表面，形成较均匀的微浅凹坑，创造了良好的存油条件，有利于润滑和减少摩擦。

（3）刮削过程中，刮刀对工件还有推挤压光的作用，从而使工件表面组织变得紧密，得到很小的表面粗糙度值。

（4）刮削工作的劳动强度大，生产效率低。

2. 研磨的特点

（1）研磨可以获得其他方法难以达到的高尺寸精度和几何精度。通过研磨后的尺寸精度可达到 0.001 ~ 0.005 mm。

（2）可获得极小的表面粗糙度值。一般情况下表面粗糙度为 Ra1.6 ~ 0.1 μm，最小可达到 Ra0.012 μm。

（3）加工方法简单，不需要复杂设备，但加工效率低。

（4）经研磨后的零件能提高表面的耐磨性、抗腐蚀能力和疲劳强度，从而延长了零件的使用寿命。

二、刮削工具

1. 刮刀

刮刀是刮削的主要工具。刮削时，由于工件的形状不同，因此要求刮刀有不同的形式。刮刀分为平面刮刀和曲面刮刀两类。

平面刮刀用于刮削平面和刮花，一般多采用 T12A 钢或耐磨性较好的 GCr15 滚动轴承钢制成，并经磨制和热处理淬硬。当工件表面较硬时，也可以焊接高速钢或硬质合金刀头。常用的平面刮刀包括手刮刀和挺刮刀两种，如图 2-8-2 所示。

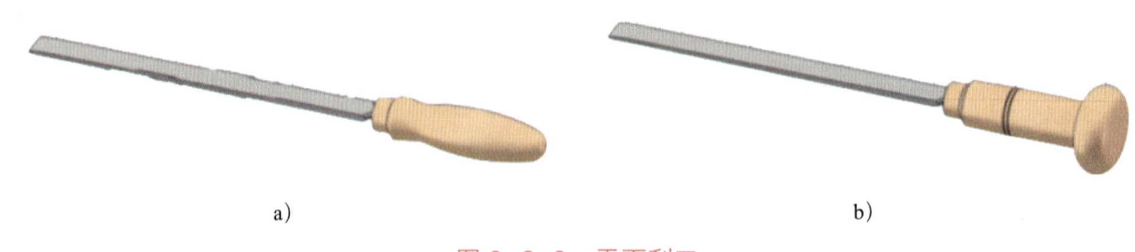

a）　　b）

图 2–8–2　平面刮刀
a）手刮刀　b）挺刮刀

2. 校准工具

校准工具是用来研点和检查刮削面准确性的工具，也称为研具。常用的校准工具包括校准平板、校准平尺、角形平尺，以及根据被刮面形状设计制造的专用校准型板等，如图 2–8–3 所示。

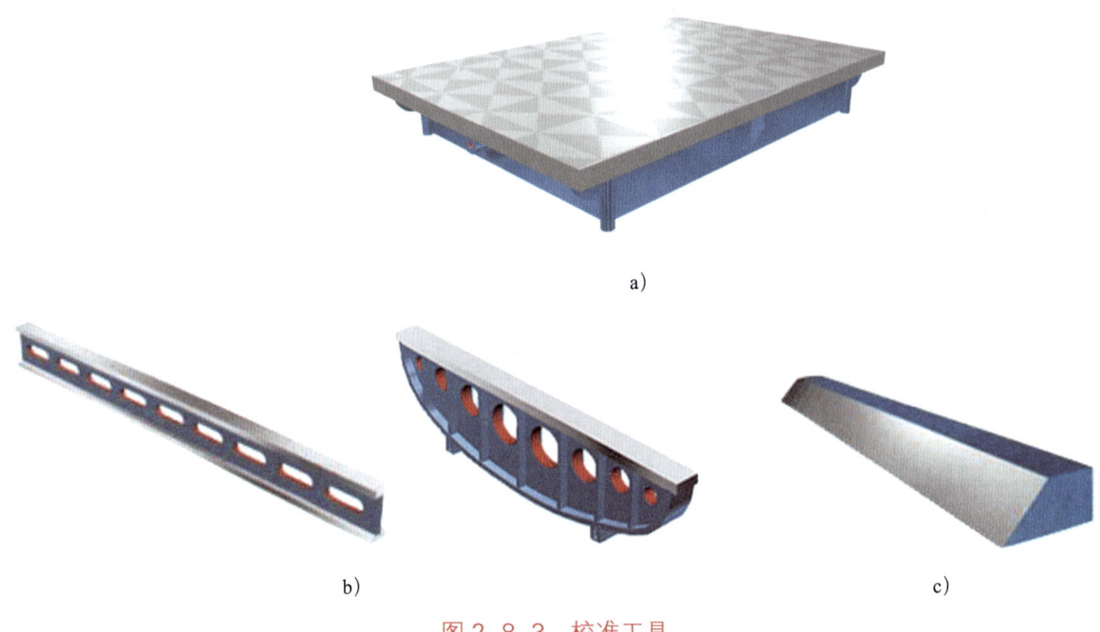

a）

b）　　c）

图 2–8–3　校准工具
a）校准平板　b）校准平尺　c）角形平尺

3. 显示剂

工件和校准工具对研时所加的涂料称为显示剂，其作用是显示工件误差的位置和大小。

（1）显示剂的种类

1）红丹粉。红丹粉分铅丹（氧化铅，呈橘红色）和铁丹（氧化铁，呈红褐色）两种，颗粒较细，用机油调和后使用，广泛用于钢件和铸铁工件。

2）蓝油。蓝油是用蓝粉和蓖麻油及适量机油调和而成的，呈深蓝色，显示的研点小而清楚，多用于精密工件和有色金属及其合金的工件。

（2）显示剂的用法

刮削时，显示剂可以涂在工件表面上，也可以涂在校准工具表面上。前者在工件表面显示的结果是红底黑点，没有闪光，容易看清，适用于精刮；后者只在工件表面的高处着色，研点暗淡，不宜看清，但切屑不易黏附在切削刃上，刮削方便，适于用粗刮。

在调和显示剂时应注意：粗刮时，可调得稀些，这样在刀痕较多的工件表面上便于涂抹，显示的研点也大；精刮时，可调得干些，涂抹要薄而均匀，这样显示的研点细小，否则，研点会模糊不清。

三、研具

研具是保证被研磨工件几何精度的重要因素，因此，对研具材料、精度和表面粗糙度都有较高的要求。

研具材料的硬度应比被研磨工件低，组织细致均匀，具有较高的耐磨性和稳定性，有较好的嵌存磨料的性能等。

研磨平板是常用的研具之一，主要用来研磨平面，如研磨量块、精密量具的平面等。其中，有槽平板用于粗研，光滑平板用于精研，如图 2–8–4 所示。

图 2–8–4　研磨平板
a）有槽平板　b）光滑平板

四、研磨剂

研磨剂是用于研磨，由磨料、分散剂和辅助材料制成的混合剂。

1. 磨料

磨料在研磨过程中起切削作用，研磨效率、研磨精度与选用的磨料有密切的关系。磨料的种类很多，使用时应根据工件材料和加工要求合理选择。常用磨料的特性及用途见表 2–8–1。

表 2-8-1　常用磨料的特性及用途

系列	磨料名称	代号	特性	适用范围
刚玉类	棕刚玉	A	棕褐色，硬度高，韧性大，价格便宜	粗、精研磨钢、铸铁和黄铜
	白刚玉	WA	白色，硬度比棕刚玉高，韧性比棕刚玉差	精研磨淬火钢、高速钢、高碳钢及薄壁零件
	铬钢玉	PA	多呈粉红色，韧性比白刚玉大	研磨器具、仪表零件等
	单晶刚玉	SA	呈浅灰色，硬度比白刚玉高，韧性比白刚玉大	研磨不锈钢、高钒高速钢等强度高、韧性大的材料
碳化物类	黑碳化硅	C	黑色，有光泽，硬度比白刚玉高，脆而锋利，导热性和导电性良好	研磨铸铁、黄铜、铝、耐火材料及非金属材料
	绿碳化硅	GC	绿色，有光泽，硬度和脆性比黑碳化硅高，具有良好的导热性和导电性	研磨硬质合金、宝石、陶瓷、玻璃等材料
	碳化硼	BC	黑色，有金属光泽，硬度仅次于金刚石，耐磨性好	精研磨和抛光硬质合金、人造宝石等硬质材料
金刚石类	人造金刚石	—	无色透明或淡黄色、黄绿色、黑色，硬度高，比天然金刚石略脆，表面粗糙	粗、精研磨硬质合金、人造宝石、半导体等高硬度脆性材料
	天然金刚石	—	硬度最高，价格昂贵	

2. 分散剂

分散剂使磨料均匀分散在研磨剂中，并起稀释、润滑和冷却等作用，常用的包括煤油、机油、动物油、甘油、酒精和水等。

3. 辅助材料

辅助材料主要是混合脂，通常由硬脂酸、脂肪酸、环氧乙烷、三乙醇胺、石蜡、油酸和十六醇等中的几种材料配成，在研磨过程中起乳化、润滑和吸附作用，并促使工件表面产生化学变化，生成易脱落的氧化膜或硫化膜，以提高加工效率。此外，辅助材料中还有着色剂、防腐剂和芳香剂等。

根据分散剂和辅助材料的成分和配合比例的不同，研磨剂分为液态研磨剂、研磨膏和固体研磨剂三种。液态研磨剂不需要稀释即可直接使用。研磨膏可直接使用或加分散剂稀释后使用，用油稀释的称为油溶性研磨膏，用水稀释的称为水溶性研磨膏。固体研磨剂常温时呈块状，可直接使用或加分散剂稀释后使用。

任务实施

一、准备工作

1. 材料

任务 7 完成内螺纹加工的长方体工件。

2. 工具、量具

平面刮刀、红丹粉、校准平板、研磨平板、研磨剂等。

二、刮削顶面

1. 平面研点

通常把校准平板作为中、小型工件研点的研具。操作时，校准平板固定不动，先在工件刮削面（或平板表面）均匀地涂上显示剂，然后双手移动工件在校准平板上研点。研点过程中，施加的压力要均匀，以免显示失真，工件的运动轨迹一般呈螺旋形或 8 字形，如图 2-8-5 所示。

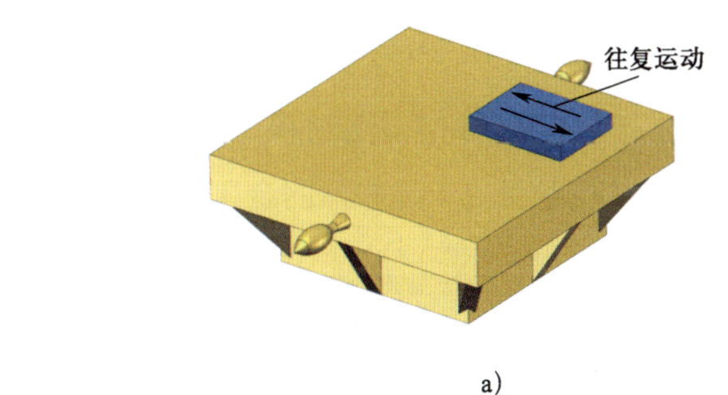

a)

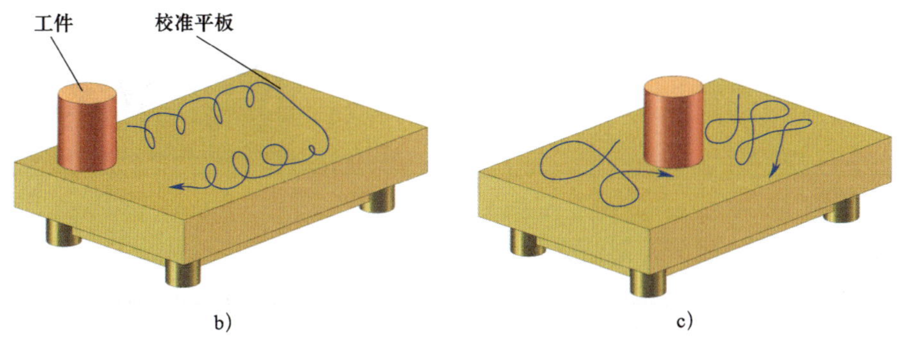

b) c)

图 2-8-5 平面研点
a）研点方法 b）螺旋形研点轨迹 c）8 字形研点轨迹

研点时也可以直线推拉，研一段时间后，应将工件旋转 180° 后继续研，直到被研表面显示黑而发亮的接触点（工件表面不平的最高点，刮削时应将这些点刮去）即可，如图 2–8–6 所示。

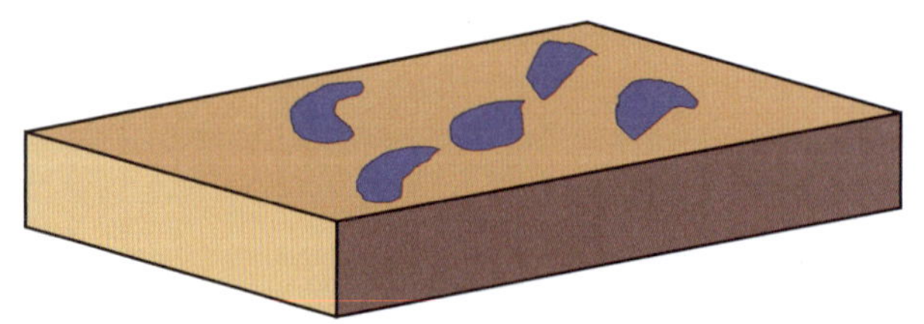

图 2–8–6　工件被研表面的显点情况

如图 2–8–7 所示为工件在校准平板上研点时的移动范围，如果工件刮削面小于校准平板面，研点时最好不超出校准平板的边缘；如果刮削面等于或稍大于校准平板面，为使显点正确，则允许工件超出校准平板，但工件超过校准平板边缘的长度须小于工件长度的 1/3。

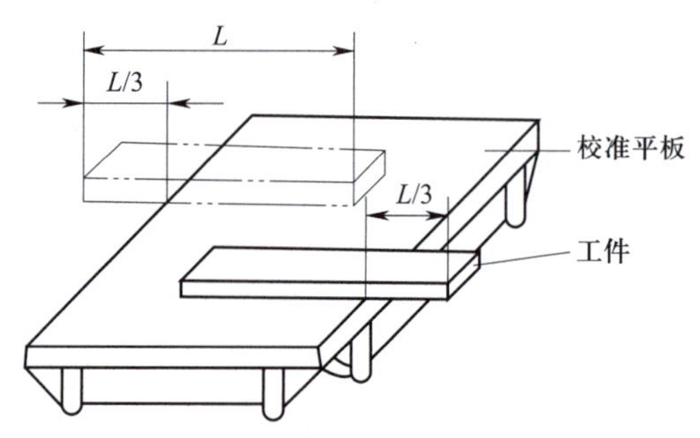

图 2–8–7　工件在校准平板上研点时的移动范围

2. 装夹工件

工件在台虎钳上夹持要牢固可靠，防止松动。

3. 粗刮

平面刮削一般要经过粗刮、细刮、精刮和刮花等过程。

粗刮是用粗刮刀在刮削面上均匀地铲去一层较厚的金属，目的是去余量、去锈斑、去刀痕。刮削方法包括手刮法和挺刮法两种。

（1）手刮法

如图 2–8–8 所示，右手握住刮刀刀柄，左手握住刮刀刀身距离切削刃约 50 mm 处，刮刀与工件刮削面成 25° ~ 30° 较合适。刮削时，右臂利用上身摆动向前推，左手向下压，并引导刮削方向。当向前推进结束后的瞬间，左手立即将刮刀提起，完成一次刮削动作。

图 2–8–8　手刮法

（2）挺刮法

如图 2–8–9 所示，将刮刀刀柄放在小腹右下侧肌肉处，双手握住刮刀刀身距离切削刃约 80 mm 处，左手在前，右手在后。刮削时，利用腿部和臀部力量使刮刀向前推挤，向前推时，双手同时施加压力，在推动后的瞬间，右手引导刮刀的切削方向，左手立即将刮刀提起，工件表面留下刮削痕迹，完成一次刮削动作。

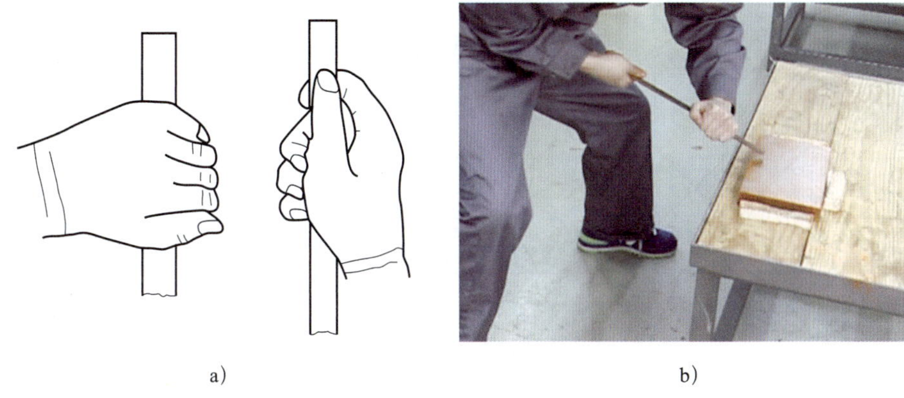

a） b）

图 2-8-9 挺刮法
a ）刮刀的握法 b ）挺刮姿势

手刮法的特点是灵活性大，推、压和提起的动作都是依靠两臂的力量来完成的，与挺刮法相比，要求操作者臂力大。挺刮法方便用力，而且每刀的刮削量大，但操作者的身体需长时间弯曲，很容易疲劳。

粗刮到 25 mm × 25 mm 正方形方框内有 2 ~ 3 个研点且分布比较均匀时，粗刮结束。

4. 细刮

细刮是用细刮刀在刮削面上刮去大块研点，以进一步改善不平状况。

细刮时采用短刮法，刀迹的长度约为切削刃宽度，随着研点的增多，刀迹逐步缩短。研点后显示有些发亮的研点应重些刮。刮第一遍时，须按一定方向刮削，刮第二遍时应交叉刮削，以消除原方向的刀迹，否则出现的研点会成条状。

细刮到 25 mm × 25 mm 正方形方框内有 12 ~ 15 个研点时，细刮结束。

5. 精刮

在细刮的基础上，用精刮刀更仔细地刮削研点，以增加研点，改善表面质量，使刮削面符合精度要求。

精刮时，采用点刮法，注意落刀要轻，起刀要迅速挑起。每个研点上只刮一刀，不应重复，并始终交叉地进行刮削。当 25 mm × 25 mm 正方形方框内有 20 个以上研点时，可将研点分为三类分别处理，最大最亮的研点全部刮去，中研点在其顶点刮去一小片，小研点留着不刮。这样连续刮几遍，待出现的研点数达到要求即可。

6. 刮花

刮花是在刮削面或机器外观表面上刮出装饰性花纹，既使刮削面美观，又改善了润滑条件，减少摩擦，还可根据花纹消失多少来判断平面磨损的程度。在接触精度要求高、研点要求多的工件上，不应刮成大片花纹，否则不能达到所要求的刮削精度。常见的刮花花纹如图 2-8-10 所示。

a）

b）

c）

图 2–8–10　常见的刮花花纹
a）斜纹花　b）鱼鳞花　c）半月花

7. 刮削精度检验

刮削精度包括尺寸精度、几何精度、接触精度、配合间隙和表面粗糙度等。

接触精度常用 25 mm × 25 mm 正方形方框内的研点数检验，如图 2–8–11 所示。各种平面接触精度的研点数见表 2–8–2。

大多数刮削平面还有平面度和直线度要求，如工件大范围平面的平面度、机床导轨面的直线度等，可以用框式水平仪检测。

有些工件（如导轨配合面）除了用方框检测研点数，还要用塞尺检测配合面的间隙。

图 2–8–11　接触精度的检验

表 2–8–2　各种平面接触精度的研点数

平面种类	每 25 mm × 25 mm 正方形方框内的研点数	应用
一般平面	2 ~ 5	较粗糙工件的固定结合面
	＞5 ~ 8	一般结合面
	＞8 ~ 12	机器台面、一般基准面、机床导向面、密封结合面
	＞12 ~ 16	机床导轨及导向面、工具基准面、量具接触面
精密平面	＞16 ~ 20	精密机床导轨、直尺
	＞20 ~ 25	1 级平板、精密量具
超精密平面	＞25	0 级平板、高精度机床导轨、精密量具

小提示

刮削时的注意事项：

（1）刮削前，工件的锐边、毛刺必须去掉，以防伤手。

（2）刮削小型工件时，装夹要牢固，以防止松动；刮削大型工件时，安放要平稳。

（3）刮削余量可根据刮削面积的大小而适当变化，刮削面积大，刮削余量应大些；反之，刮削余量可小些；一般为 0.05 ~ 0.4 mm。

（4）刮削姿势要正确，落刀和起刀正确合理。

（5）刮削工件边缘时，不可用力过大过猛，以免操作者冲出。

（6）刮刀不用时要放置稳妥，以防掉下伤人。

三、研磨两侧面

1. 将研磨平板和工件被研磨表面清洗干净。

2. 在研磨平板表面均匀涂上研磨剂。

3. 将工件被研磨表面沿研磨平板全部表面研磨。研磨时压力大小适当，保持均匀，研磨速度不宜太快，手工粗研时每分钟往复 40 ~ 60 次，精研时每分钟往复 20 ~ 40 次。为了使研磨平板表面和工件被研磨表面做紧密贴合的相对运动，常采用一定的运动轨迹，手工研磨运动轨迹一般有直线形、直线摆动形、螺旋形和 8 字形等，如图 2–8–12 和图 2–8–5 所示。

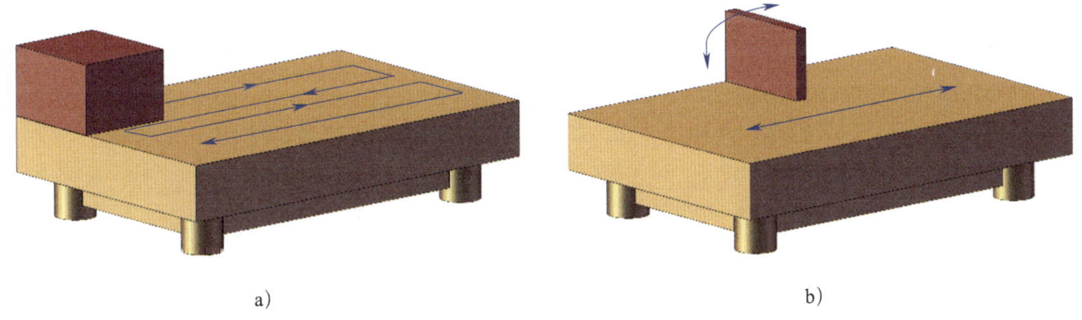

a）　　　　b）

图 2–8–12　手工研磨运动轨迹
a）直线形　b）直线摆动形

4. 研磨完毕，清洗工件和研磨平板。

小提示

研磨时的注意事项：

（1）研磨前应检查研具，必须使用符合要求的研具。

（2）研磨前应选用合适的研磨剂，每次涂抹研磨剂不宜太多，且要涂抹均匀。

（3）研磨是微量切削，因此研磨余量不宜太大，通常在 0.005～0.030 mm 比较合适。

（4）研磨过程中要经常改变工件在研具上的研磨位置，防止研具偏磨而影响研磨质量。

（5）严格保证研磨剂的清洁，避免污物进入研具和工件的接触面。

四、任务评价

刮削、研磨评分表见表 2-8-3。

表 2-8-3　刮削、研磨评分表

序号	项目	技术要求	评分标准	配分	得分
1	准备工作	劳动防护用品穿戴整齐	总体评定，酌情扣分	3	
2		工具、量具准备齐全	总体评定，酌情扣分	3	
3	刮削、研磨技术规范	工件装夹正确	不符合要求酌情扣分	10	
4		刮削操作姿势正确	不符合要求酌情扣分	10	
5		刮削刀迹整齐、美观	不符合要求酌情扣分	10	
6		刮削面研点清晰、均匀	不符合要求酌情扣分	10	
7		刮削面 25 mm×25 mm 正方形方框内研点数大于 20	不符合要求酌情扣分	20	
8		研磨操作姿势正确	不符合要求酌情扣分	10	
9		研磨面表面粗糙度 $Ra1.6\ \mu m$（2 处）	一处不符合要求扣 10 分	20	
10	安全生产	遵守工作场地规章制度和安全文明生产要求	总体评定，酌情扣分	4	
总分				100	

知识拓展

一、曲面刮削

曲面刮削的步骤和要求与平面刮削一样，只是使用的刮刀和刮刀的握法有所不同。

1. 内曲面刮削

内曲面刮削使用曲面刮刀，常用的有三角刮刀、蛇头刮刀，如图 2–8–13 所示。

刮削前，先将显示剂涂抹在标准心轴或相配的轴上，并在轴承孔中来回旋转以显示研点，然后将研点刮去即可。刮削内曲面时，刮刀做螺旋运动。

内曲面刮削姿势有两种。

（1）刮削姿势 1

如图 2–8–14a 所示，右手握刮刀刀柄，左手掌心向下，四指横握刀身中部，拇指抵着刀身，刮削时右手做圆弧运动，左手顺着曲面方向使刮刀做前推或后拉的螺旋形运动，刮刀痕迹与曲面轴线约成 45° 夹角，且交叉进行。

（2）刮削姿势 2

如图 2–8–14b 所示，刮刀刀柄放在右手臂上，左手掌心向下握住刀身前端，右手掌心向上握住刀身后端，刮削时左、右手的动作和刮刀的运动方向与姿势 1 一样。

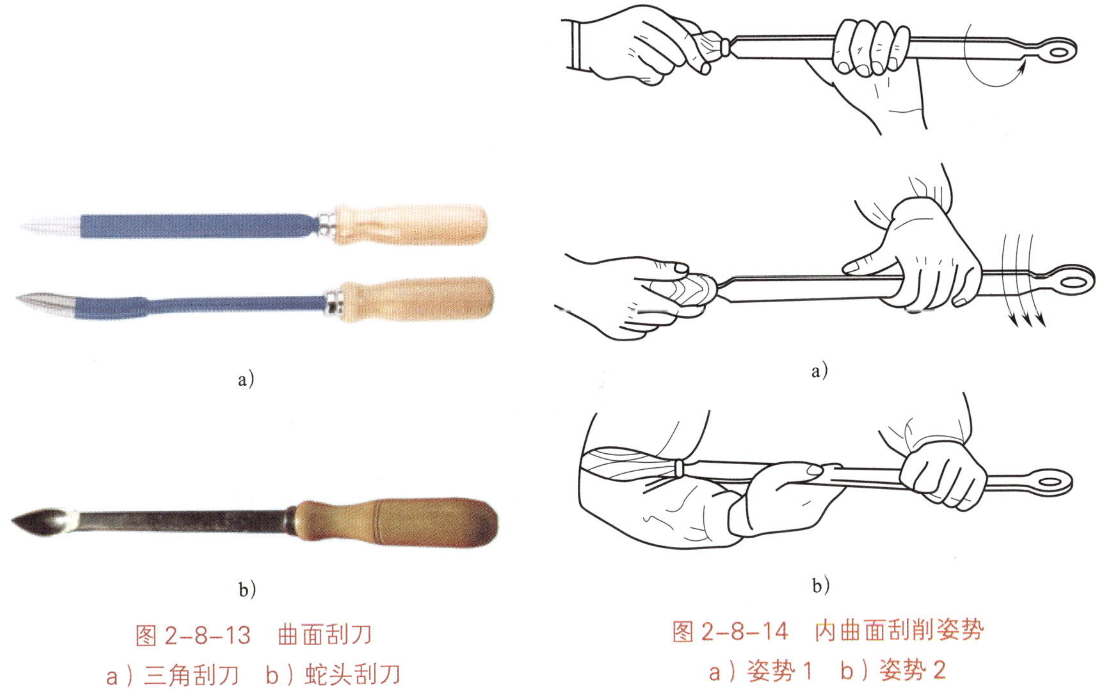

图 2–8–13 曲面刮刀
a）三角刮刀 b）蛇头刮刀

图 2–8–14 内曲面刮削姿势
a）姿势 1 b）姿势 2

刮削时，用力不能太大，否则容易产生振痕。刮削刀迹要交叉，不能只顺着一个方向刮削，否则表面容易产生波纹。

2. 外曲面刮削

外曲面刮削一般使用平面刮刀。外曲面刮削姿势如图 2–8–15 所示，两手握住刮刀刀身，右手掌握方向，左手压刀或提刀。刮削时，刮刀中心线与刮削面保持约 30° 夹角，且应交叉刮削。

图 2-8-15　外曲面刮削姿势

二、刮削、研磨常见缺陷的产生原因

刮削常见缺陷的产生原因见表 2-8-4。

表 2-8-4　刮削常见缺陷的产生原因

缺陷	特征	产生原因
深凹痕	刮削刀痕太深，刮削面研点稀少	1. 粗刮时用力不均匀，局部用力过大 2. 多次刀迹重复 3. 刮刀刀刃刃磨的圆弧过小
振痕	刮削面上出现有规则的波纹	1. 沿一个方向多次刮削，没有交叉刮削 2. 刮刀刀刃伸出工件过多
划道	刮削面划出深浅不一的直线	显示剂不干净，研点时有砂粒、铁屑等杂质
撕痕（丝纹）	刮削面上有粗糙的刮削痕迹，较正常刀痕深	1. 刮刀刀刃不光滑、锋利 2. 刮刀刀刃有缺口或裂纹
刮削面精度不高	研点显示情况无规律的改变	1. 研点时压力不均匀，研具伸出刮削面太多而出现假研点 2. 研具自身不准确 3. 工件应放稳，刮削时不能晃动

研磨常见缺陷的产生原因见表 2-8-5。

表 2-8-5 研磨常见缺陷的产生原因

缺陷	产生原因
表面拉毛	忽视研磨时的清洁工作，研磨剂中混入杂质
孔的圆度和圆柱度不合格	1. 研磨时没有更换方向 2. 研磨时没有掉头
薄板形工件拱曲变形	1. 工件发热温度超过 50 ℃仍继续研磨 2. 夹持过紧引起变形
平面成凸形或孔口扩大	1. 研磨剂涂得太厚 2. 孔口或工件边缘被挤出的研磨剂未及时擦去仍继续研磨 3. 研磨棒伸出孔口太长
表面粗糙度不合格	1. 磨料太粗 2. 研磨剂选用不当 3. 研磨剂涂得薄而不匀

任务小结

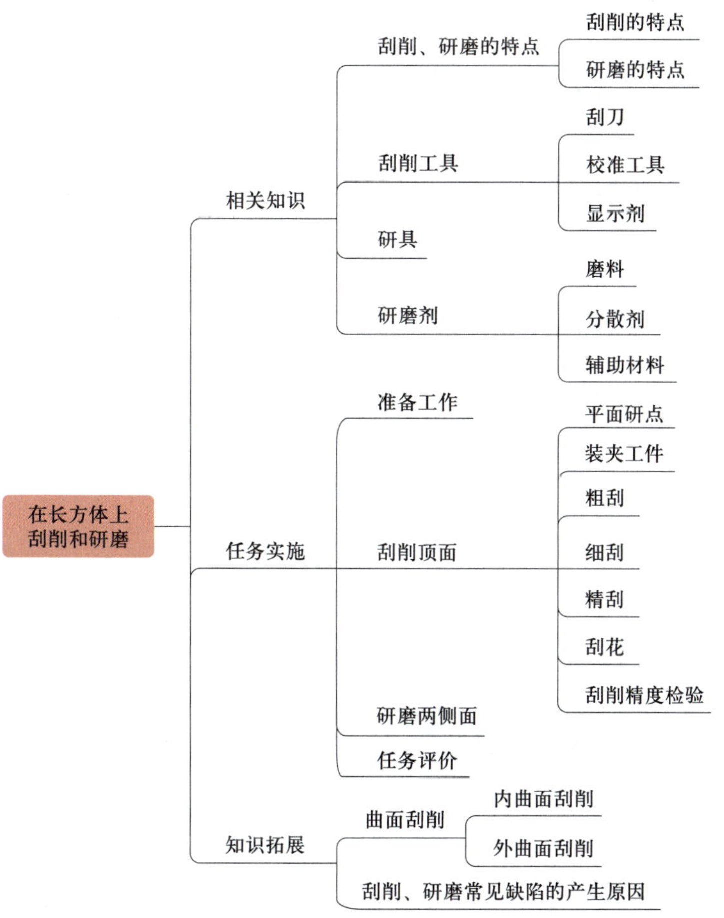

任务9 加工车模

学习目标

1. 掌握游标万能角度尺的使用方法。

2. 进一步掌握划线、锯削、锉削等钳工基本技能。

3. 能正确使用钳工工具在长方体上完成划线、锯削、平面锉削、曲面锉削等，完成车模的加工和组装，并达到一定的精度要求。

任务描述

按照图 2–9–1 所示车模图样要求（注：沉孔加工、铰孔、攻螺纹尺寸同任务 5、任务 6、任务 7 图样，此处予以省略），对任务 8 完成刮削、研磨的长方体工件进行加工，加工完成的车模如图 2–9–2a 所示，组装完成的车模如图 2–9–2b 所示。

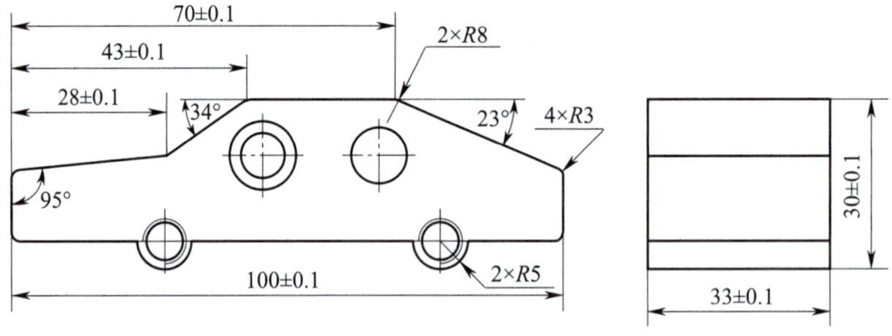

图 2–9–1 车模图样

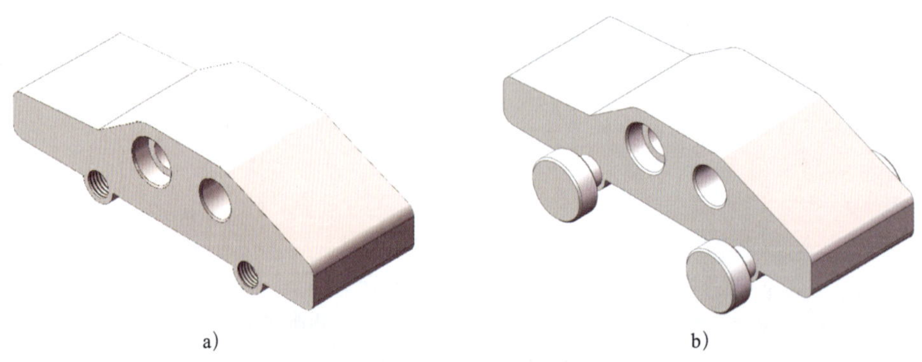

图 2–9–2 车模
a）加工完成的车模 b）组装完成的车模

任务分析

分析图 2–9–1 可知，本任务是将前面所学的各项钳工基本技能进行综合运用，最终完成车模的加工和组装。

相关知识

游标万能角度尺是利用活动直尺测量面相对于基尺测量面的旋转，对该两测量面间分隔的角度利用游标原理进行读数的角度测量器具。游标万能角度尺用来测量工件和样板的内、外角度，进行角度划线。它包括 Ⅰ 型和 Ⅱ 型两种规格，其测量范围分别为 0° ~320° 和 0° ~360°，分度值包括 2′ 和 5′ 两种。Ⅰ 型游标万能角度尺应用较为普遍。

一、Ⅰ 型游标万能角度尺的结构

如图 2–9–3 所示，Ⅰ 型游标万能角度尺主要由主尺、直尺、直角尺和游标尺等组成。游标尺固定在扇形板上，扇形板可以在主尺上回转运动，形成与游标卡尺相似的结构。直角尺和直尺可根据需要通过卡块安装到扇形板上。

二、Ⅰ 型游标万能角度尺的使用

1. 标记原理

以分度值为 2′ 的游标万能角度尺为例，主尺每格标记的弧长对应的角度为 1°，游标尺标记是将主尺上 29° 所占的弧长等分为 30 格，每格对应的角度为 29° /30，因此游标尺 1 格与主尺 1 格相差 1° –29° /30=1° /30=2′，即游标万能角度尺的分度值为 2′。

2. 示值读取方法

如图 2–9–4 所示，游标万能角度尺的示值读取方法与游标卡尺相似。

（1）在主尺上读出游标尺“0”标记前的整“度”数，图示为 51°。

（2）在游标尺上读出“分”数值（标记格数 × 分度值），图示为 28′。

（3）两者相加就是被测角度值，图示为 51° +28′ =51° 28′。

3. 测量范围

使用 Ⅰ 型游标万能角度尺时，可通过主尺与直角尺、直尺的相互组合，将测量范围划分为 4 个测量段，如图 2–9–5 所示。

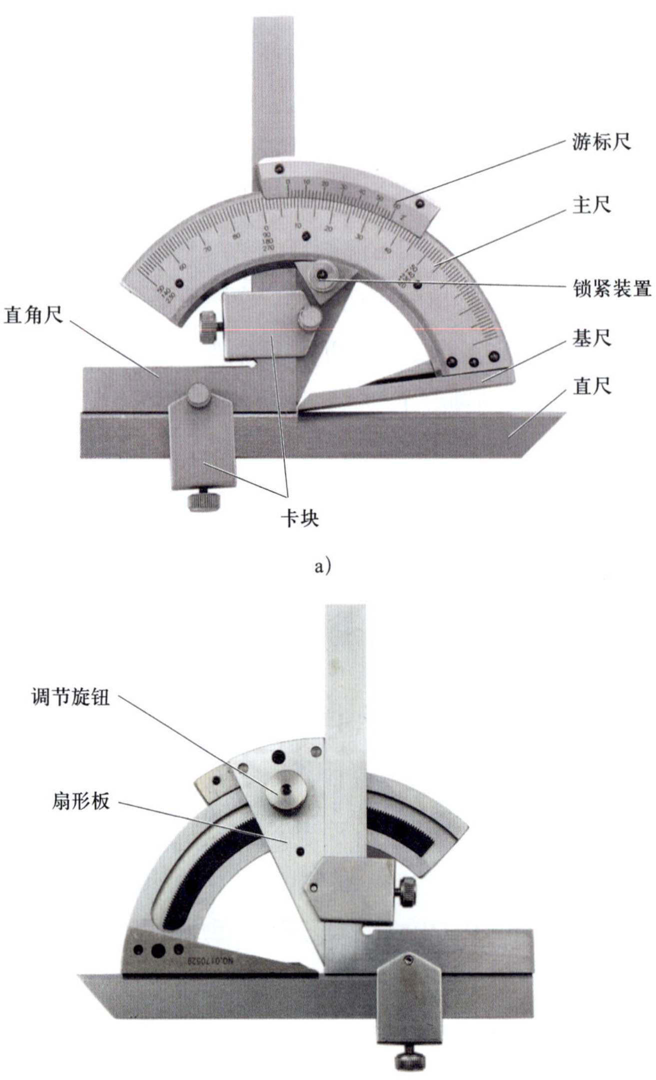

图 2-9-3　Ⅰ型游标万能角度尺的结构
a）正面　b）背面

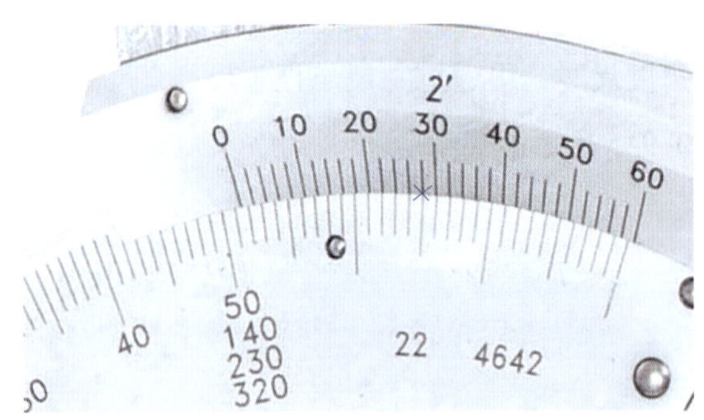

图 2-9-4　游标万能角度尺的示值读取示例

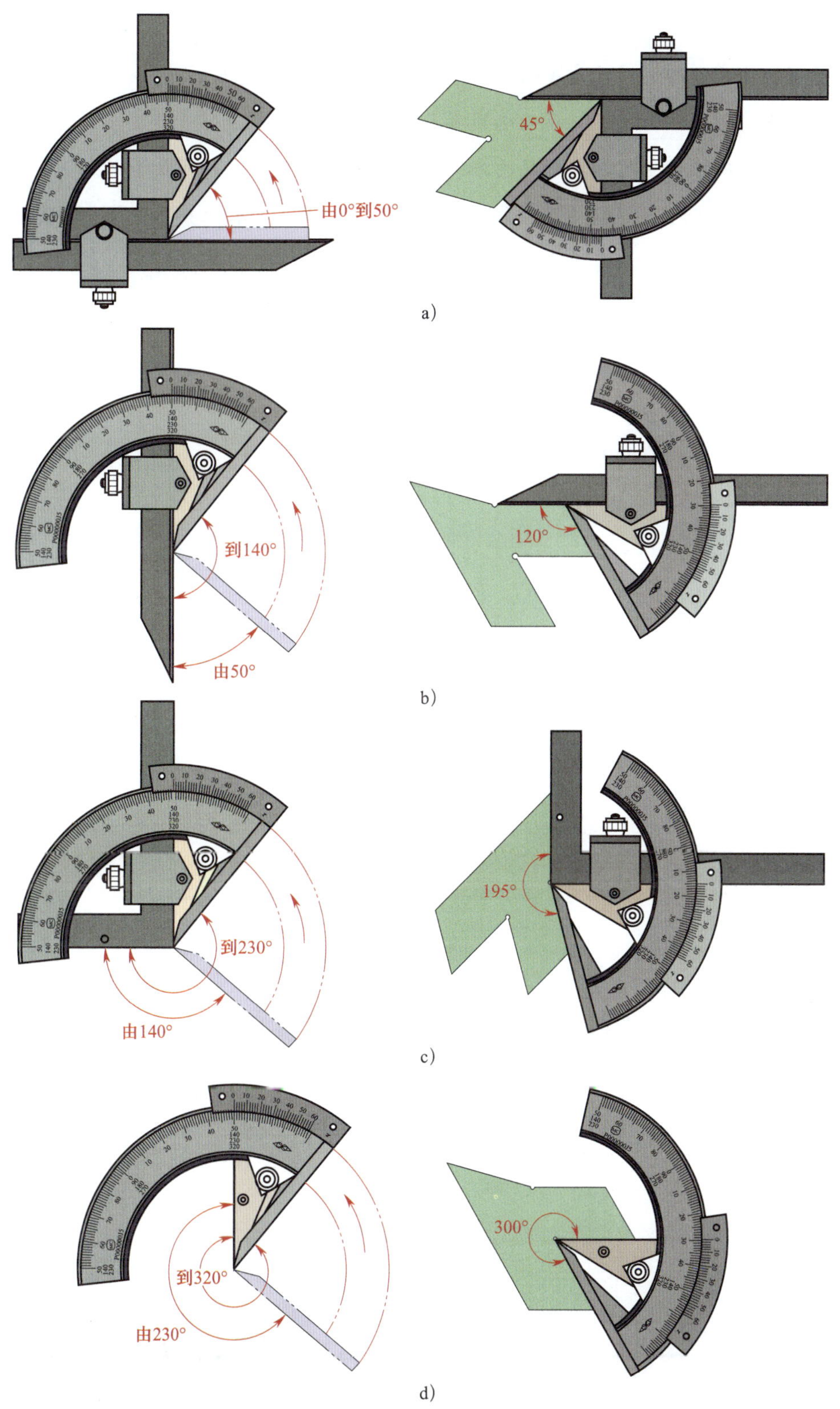

图 2-9-5　Ⅰ型游标万能角度尺的组合形式和测量范围

a）测量范围 0°～50°　b）测量范围 50°～140°　c）测量范围 140°～230°　d）测量范围 230°～320°

小提示

游标万能角度尺的使用注意事项：

（1）根据被测工件的角度，正确选用直尺和直角尺。

（2）使用前要检查主尺和游标尺的零线是否对齐，基尺和直尺间是否漏光。

（3）测量时，工件应与游标万能角度尺的两个测量面在全长上接触良好，避免误差。

任务实施

一、准备工作

1. 材料

任务 8 完成刮削、研磨的长方体工件。

2. 工具、量具

平板、划针、钢直尺、锯弓、锯条、锉刀、直角尺、I 型游标万能角度尺、游标高度卡尺、游标卡尺、半径样板（$R1 \sim R7$、$R7 \sim R14.5$）等。

二、加工车模

1. 加工车模顶部斜面

车模顶部斜面加工步骤见表 2-9-1。

表 2-9-1　车模顶部斜面加工步骤

步骤	操作说明	图示
划线	按照图样要求进行划线。先用游标高度卡尺分别画出 70 mm、43 mm、28 mm 线条，再将游标万能角度尺分别调至 23°、34°、95°，并拧紧锁紧装置，贴紧工件划线部位进行划线	
锯削	沿所划线条进行锯削，余量不宜留得太大	
锉削	对锯削后的三个斜面进行锉削，锉削过程中，要经常检测相关尺寸和平面度，直至达到图样要求	

2. 加工车模底部

车模底部加工步骤见表 2–9–2。

表 2–9–2 车模底部加工步骤

步骤	操作说明	图示
划线	按照图样要求进行划线	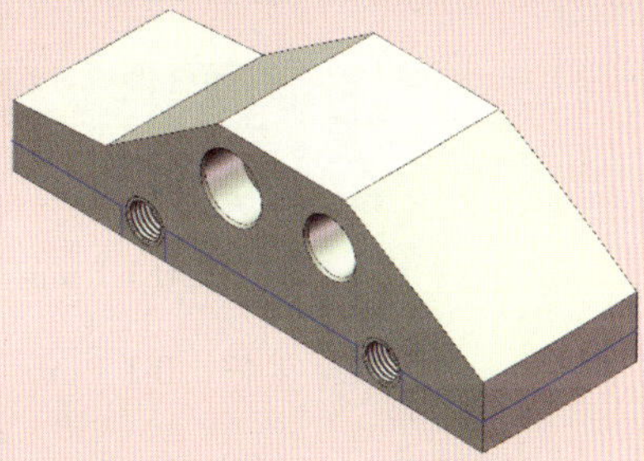
锯削	沿所划线条进行锯削，余量不宜留得太大	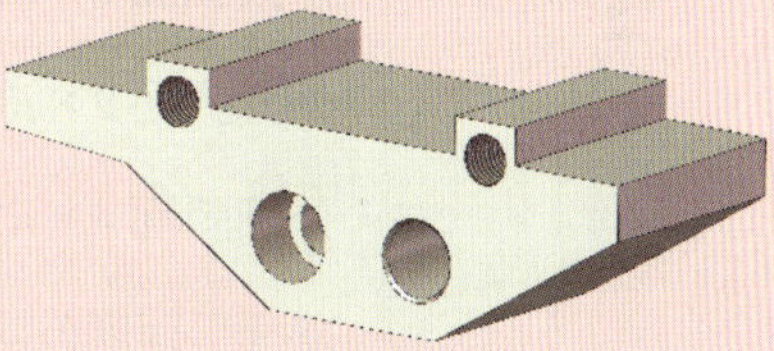
锉削	对锯削后的平面进行锉削，锉削过程中，要经常检测相关尺寸和平面度，直至达到图样要求	

3. 锉削车模外圆弧面

车模外圆弧面锉削步骤见表 2–9–3。

表 2–9–3 车模外圆弧面锉削步骤

步骤	操作说明	图示
划线	按照图样要求进行划线，用半径样板、划针、钢直尺划出如图所示线条	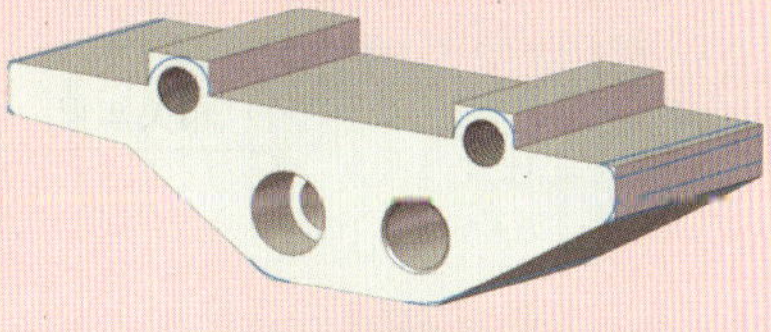
锉削	锉削车模各外圆弧面，锉削过程中，使用半径样板检测其轮廓度，直至达到图样要求	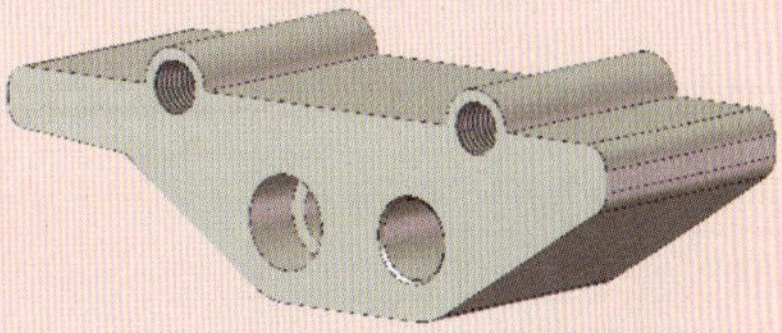

三、任务评价

车模加工综合技能训练评分表见表 2–9–4。

表 2-9-4　车模加工综合技能训练评分表

序号	项目	技术要求	评分标准	配分	得分
1	准备工作	劳动防护用品穿戴整齐	总体评定，酌情扣分	3	
2		工具、量具准备齐全	总体评定，酌情扣分	3	
3	综合技能训练技术规范	斜面 23°	不符合要求酌情扣分	7	
4		斜面 34°	不符合要求酌情扣分	7	
5		斜面 95°	不符合要求酌情扣分	7	
6		（70 ± 0.1）mm	超差不得分	7	
7		（43 ± 0.1）mm	超差不得分	7	
8		（28 ± 0.1）mm	超差不得分	7	
9		外圆弧面 2 × R5 mm	一处不符合要求扣 4 分	8	
10		外圆弧面 2 × R8 mm	一处不符合要求扣 4 分	8	
11		外圆弧面 4 × R3 mm	一处不符合要求扣 4 分	16	
12		斜面平面度公差 0.1 mm（3 处）	每超差一处扣 4 分	12	
13		表面粗糙度 Ra3.2 μm	不符合要求酌情扣分	4	
14	安全生产	遵守工作场地规章制度和安全文明生产要求	总体评定，酌情扣分	4	
总分				100	

任务小结

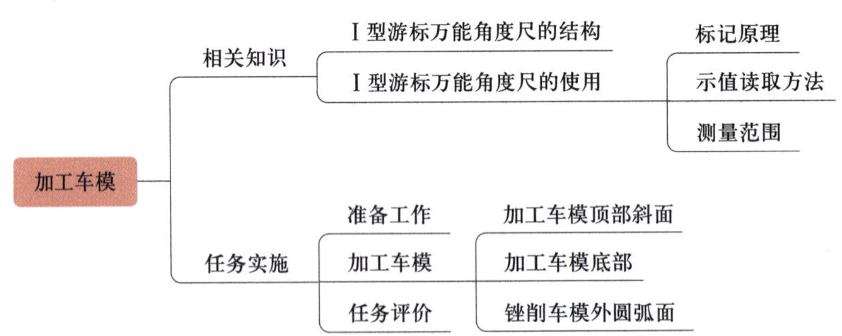

模块三
焊工基本技能

任务1　钢板的气体保护焊

学习目标

1. 了解 CO_2 焊的原理、特点和应用。

2. 熟悉 CO_2 焊的焊接设备及其使用方法。

3. 理解 CO_2 焊的焊接参数。

4. 掌握钢板 T 形接头 CO_2 焊的操作方法。

5. 了解焊接残余变形的分类、常见焊接缺陷以及气体保护焊常见缺陷的产生原因和预防措施。

任务描述

按照图 3-1-1 所示钢板的气体保护焊焊件图要求，用 CO_2 焊焊接 T 形接头，并达到相应的技术要求。

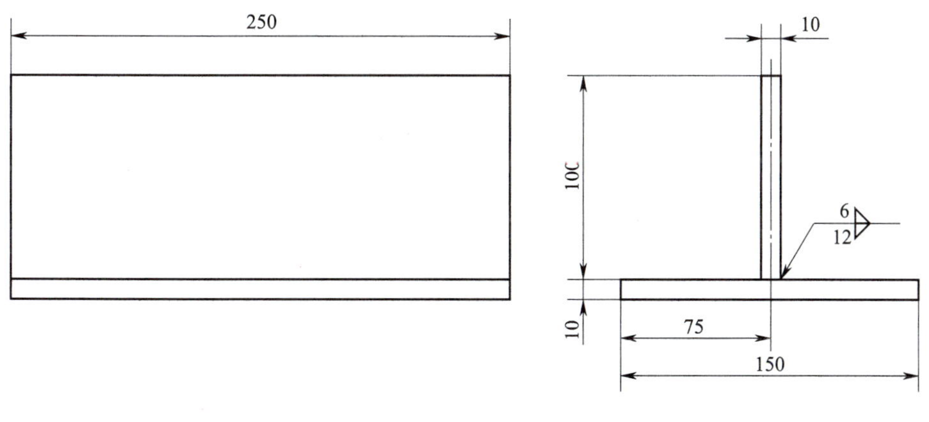

图 3-1-1　钢板的气体保护焊焊件图

任务分析

气体保护电弧焊是用外加气体作为电弧介质并保护电弧和焊接区的电弧焊，简称气体保护焊。二氧化碳气体保护焊是利用 CO_2 作为保护气体的气体保护焊，简称 CO_2 焊。

一个焊件的端面与另一个焊件表面构成直角或近似直角的接头称为 T 形接头。

分析图 3–1–1 可知，本任务是利用 CO_2 焊将两块钢板焊接成 T 形接头，在角接部位形成角焊缝，箭头所指一侧焊脚尺寸为 6 mm，另一侧焊脚尺寸为 12 mm。要完成该任务，应先熟悉 CO_2 焊的焊接设备及其使用方法，理解 CO_2 焊的焊接参数等。

相关知识

一、CO_2 焊的焊接设备

CO_2 焊的焊接设备主要由焊接电源、送丝系统、焊枪、供气系统和控制系统等组成，如图 3–1–2 所示。

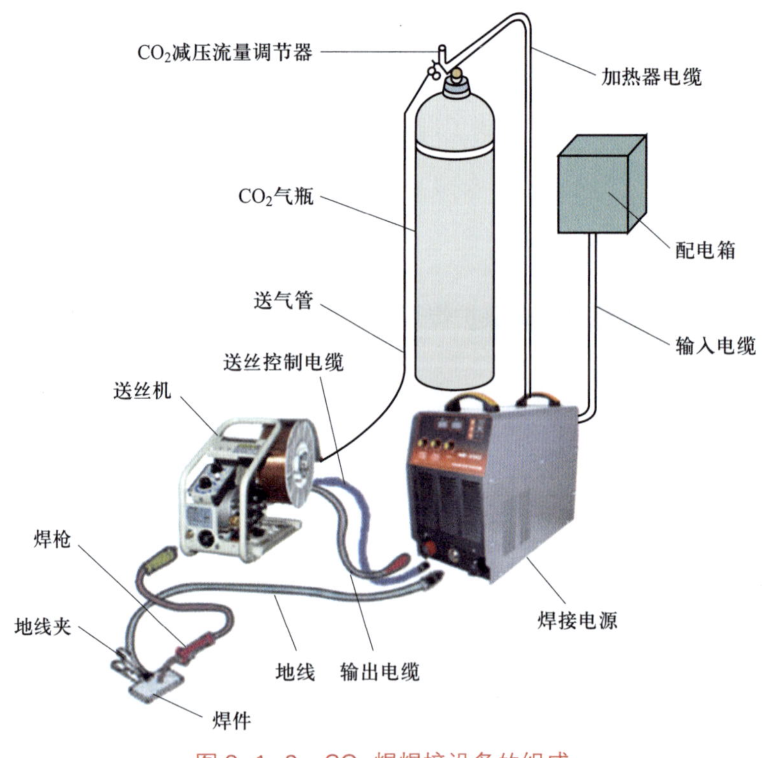

图 3–1–2　CO_2 焊焊接设备的组成

1. 焊接电源

CO_2 焊使用交流电源焊接时，电弧不稳定，飞溅较大，因此，必须使用直流电源，通常选用具有平外特性的弧焊整流器，如图 3–1–3 所示。常用的弧焊整流器包括抽头式硅弧焊整流器、晶闸管弧焊整流器和逆变弧焊整流器。

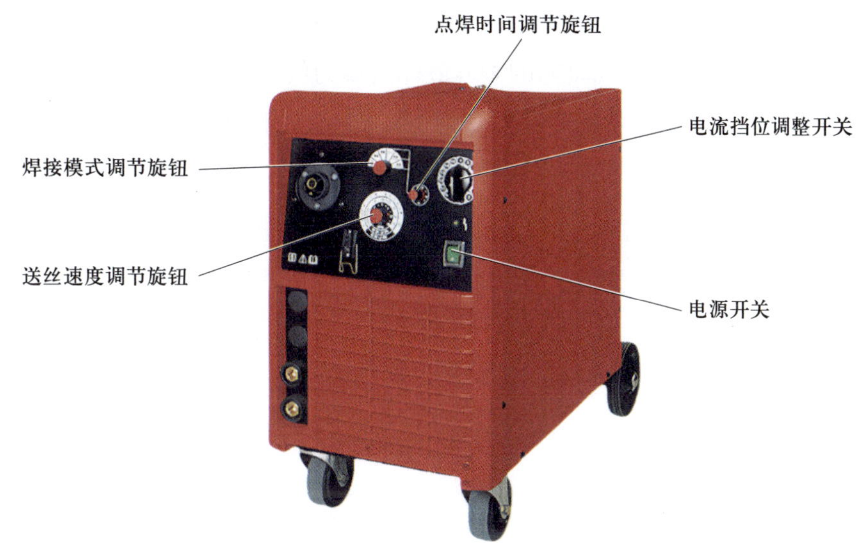

图 3-1-3　弧焊整流器

2. 送丝系统

送丝系统的作用是将焊丝盘中的焊丝送到焊枪出口处，其送丝方式可分为推丝式、拉丝式和推拉式三种。其中，推丝式应用最广泛，其特点是焊枪结构简单、轻便，方便操作，如图 3-1-4 所示。

3. 焊枪

焊枪是直接用于完成焊接工作的工具，其主要作用是输出 CO_2 气体和导电的焊丝，并通过微动开关向焊接电源发出控制命令。按送丝方式不同，焊枪可分为推丝式焊枪和拉丝式焊枪；按结构不同，焊枪可分为鹅颈式焊枪和手枪式焊枪；按冷却方式不同，焊枪可分为空气冷却焊枪和内循环水冷却焊枪。其中，鹅颈式空气冷却焊枪应用最广泛，如图 3-1-5 所示。导电嘴将焊接电流传递给焊丝，焊丝能均匀连续地从其内孔通过；喷嘴向焊接区输送保护气体，喷嘴与导电嘴绝缘；导电嘴和喷嘴可根据需要更换。

图 3-1-4　推丝式送丝系统

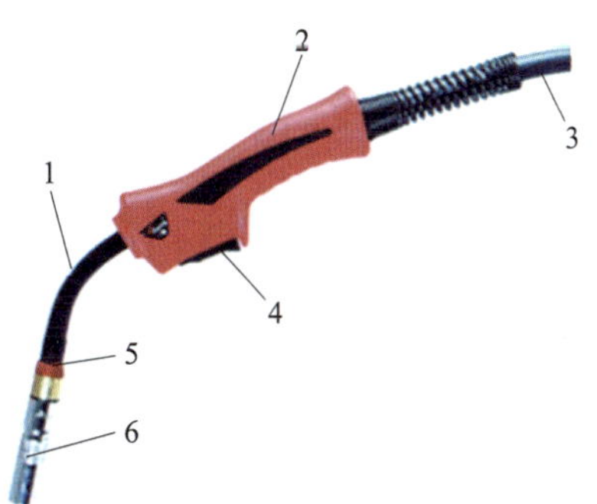

图 3-1-5　鹅颈式空气冷却焊枪
1—鹅颈管　2—焊把　3—电缆
4—开关　5—绝缘接头　6—喷嘴

4. 供气系统

供气系统的作用是将 CO_2 气瓶内的 CO_2 液体转换为气体，经过降压后进入管路，以一定的流量从焊枪喷嘴中喷出。供气系统主要由 CO_2 减压流量调节器、CO_2 气瓶等组成。

（1）CO_2 减压流量调节器

CO_2 减压流量调节器（见图 3–1–6）的作用是将 CO_2 气瓶内的高压气体调节为低压（工作压力）气体，控制和测量气体流量，并防止瓶口结冰阻碍气体流出。

（2）CO_2 气瓶

CO_2 气瓶的作用是储存 CO_2 气体（液态），并为焊接提供 CO_2 气体。常用 CO_2 气瓶的容量为 40 L，可装 25 kg 液态 CO_2，占容积的 80%，满瓶压力为 5 ~ 7 MPa，瓶体外表面涂成铝白色，并标注黑色“液化二氧化碳”字样，如图 3–1–7 所示。CO_2 气瓶必须安放稳固，且一般应直立放置。

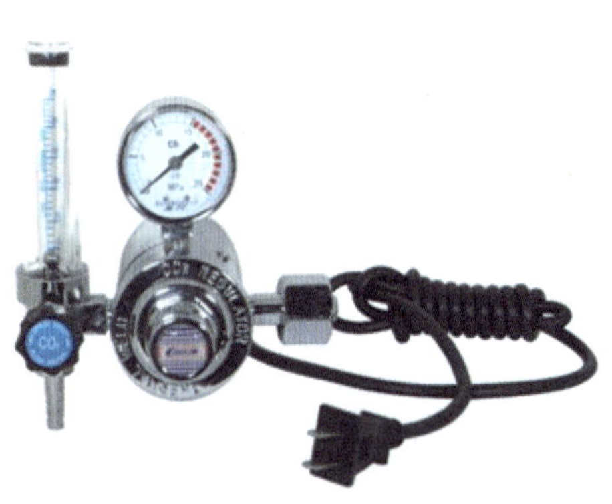

图 3–1–6　CO_2 减压流量调节器

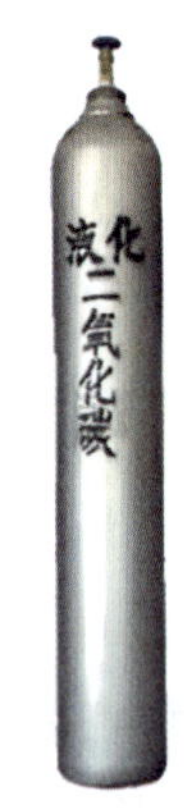

图 3–1–7　CO_2 气瓶

液态 CO_2 在常温下容易汽化。溶于液态 CO_2 中的水分易蒸发成水汽混入 CO_2 气体中，影响 CO_2 气体的纯度。在气瓶内汽化 CO_2 气体中的含水量与瓶内的压力有关，随着使用时间的增加，瓶内压力降低，水汽增多。当压力降低到 0.98 MPa 时，CO_2 气体中的含水量大为增加，不能继续使用。焊接用 CO_2 气体的纯度应大于 99.5%，含水量不超过 0.05%。

5. 控制系统

控制系统由基本控制系统和程序控制系统两部分组成。前者的主要作用是在焊前或焊接过程中调节焊接参数，包括焊接电源输出调节系统、送丝速度调节系统和气体流量调节系统等；后者的主要作用是对整套设备的各组成部分按照预先拟定好的焊接工艺程序进行控制，以便协调而有序地完成焊接。近年来为提高焊接的可靠性，多采用单片机或微机控制系统。

二、CO_2 焊的焊接参数

正确选择焊接参数是保证焊接质量的重要措施，CO_2 焊的焊接参数主要包括焊丝直径、焊接电流、电弧电压、焊接速度、焊丝伸出长度、气体流量等。

1. 焊丝直径

焊丝是 CO_2 焊所用的焊接材料，通常将直径小于或等于 1.2 mm 的焊丝称为细丝，直径大于或等于 1.6 mm 的焊丝称为粗丝。焊丝直径与焊件厚度、焊接位置有关，并且应与焊接电流相适应。细丝使用较小的焊接电流，可用于全位置焊；粗丝使用较大的焊接电流，仅适用于平焊。焊丝直径与焊件厚度、焊接电流的关系见表 3–1–1。

表 3–1–1　焊丝直径与焊件厚度、焊接电流的关系

焊丝直径 /mm	焊件厚度 /mm	焊接电流 /A
0.8	0.4 ~ 4	50 ~ 250
1.0	1.6 ~ 12	70 ~ 300
1.2	≥ 1.6	80 ~ 350
1.6	≥ 3	110 ~ 500

2. 焊接电流

焊接电流是 CO_2 焊的重要参数，直接影响着焊接质量。焊接电流的大小主要取决于送丝速度，还与焊丝伸出长度、焊丝直径等有关。送丝速度越快，焊接电流越大。在焊丝直径、焊接速度相同的条件下，增大焊接电流时，焊缝熔深将显著增大，而焊缝宽度和余高也会有所增加。

3. 电弧电压

电弧电压与弧长成正比，其大小直接影响焊接过程的稳定性、焊缝的成形和飞溅的大小。当电弧电压较低时，焊丝插向母材，飞溅增加，焊缝宽度变小，熔深和余高变大；当电弧电压较高时，弧长变大，飞溅颗粒变大，易产生气孔，焊缝宽度变大，熔深和余高变小，如图 3–1–8 所示。

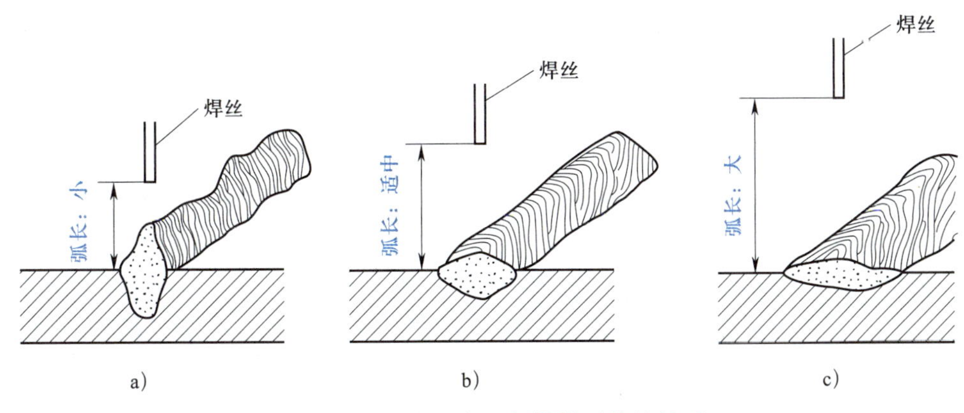

图 3–1–8　电弧电压与焊缝形状的关系
a）电弧电压低　b）电弧电压适中　c）电弧电压高

4. 焊接速度

焊接速度是焊枪移动的快慢程度，即焊枪沿焊缝中心线方向相对移动的速度。焊接速度直接影响焊缝的成形，在焊接电流和电弧电压不变的条件下，焊接速度增大，焊缝宽度、熔深和余高均会减小。

5. 焊丝伸出长度

焊丝伸出长度是指导电嘴与焊丝伸出端的距离，如图 3–1–9 所示。焊丝伸出长度对焊接电流、焊缝的成形和飞溅的大小都有影响。增大焊丝伸出长度有利于提高焊丝的熔敷率，但焊丝伸出长度过大时，电弧容易出现不稳定的情况。一般情况下，焊丝伸出长度为焊丝直径的 10 ~ 15 倍。

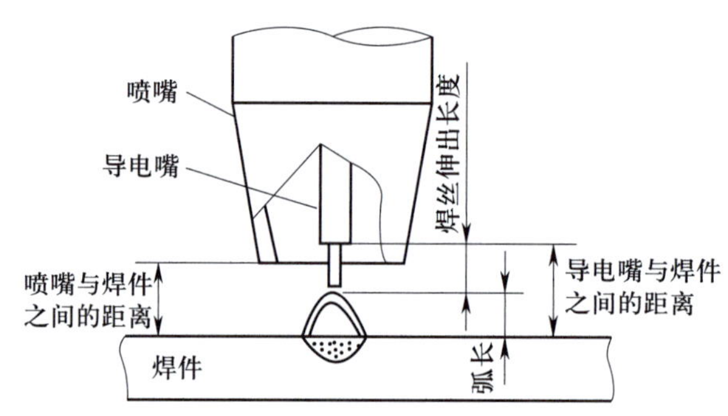

图 3–1–9　焊丝伸出长度

6. 气体流量

气体流量直接影响焊接质量，气体流量过大或过小，都会影响气体保护效果，造成焊缝成形差，飞溅大，产生气孔。气体流量应根据焊接电流、焊接速度、焊丝伸出长度和喷嘴直径等选择。通常细丝焊接时，气体流量为 8 ~ 15 L/min；粗丝焊接时，气体流量为 15 ~ 25 L/min。

任务实施

一、准备工作

1. 材料

（1）焊件：250 mm × 150 mm × 10 mm、250 mm × 100 mm × 10 mm 的 Q235 钢板各 1 块，I 形坡口。

（2）焊丝：G49A3C1S6，ϕ1.2 mm。

（3）CO_2 气体，纯度不低于 99.5%。

2. 工具、量具、设备

CO_2 半自动焊机、划针、钢直尺、钢丝刷、焊缝检测尺等。

3. 防护用品

工作服、工作帽、防护手套、防护鞋、焊接面罩等。

二、安全防护

按规定穿戴好防护用品，如图 3–1–10 所示。

图 3–1–10 穿戴防护用品

三、CO_2 焊焊接

1. 调整焊接参数

钢板 T 形接头 CO_2 焊焊接参数见表 3–1–2。

表 3–1–2 钢板 T 形接头 CO_2 焊焊接参数

焊接层次	焊丝直径 / mm	焊丝伸出长度 /mm	焊接电流 / A	电弧电压 /V	气体流量 / (L/min)	运丝方式
一层一道	1.2	13 ~ 18	220 ~ 250	25 ~ 27	15 ~ 20	斜圆圈形或锯齿形运丝法

(1) 调整焊丝伸出长度

导电嘴到喷嘴的距离约为 3 mm，调整焊丝伸出喷嘴 10 ~ 15 mm，如图 3–1–11 所示。

（2）设置焊接参数

焊件厚度为 10 mm，焊丝直径为 1.2 mm，在焊接电源控制面板上设置焊接电流为 220～250 A，电弧电压为 25～27 V，如图 3-1-12a 所示；调节气体流量为 15～20 L/min，如图 3-1-12b 所示。

图 3-1-11　调整焊丝伸出长度

2. 清理焊件与装配定位

（1）焊前清理

清理焊件坡口面及坡口正、反面两侧各 20 mm 范围内的油污、铁锈、水分及其他污物，直至露出金属光泽，如图 3-1-13 所示。为便于清理飞溅物和防止堵塞喷嘴，可在焊件表面涂上一层飞溅物防黏剂，或在喷嘴上涂一层喷嘴防堵剂。

点焊时间调节旋钮
焊接模式调节旋钮
电流挡位调整开关
送丝速度调节旋钮
电源开关

a)

b)

图 3-1-12　设置焊接参数
a）设置焊接电流、电弧电压　b）调节气体流量

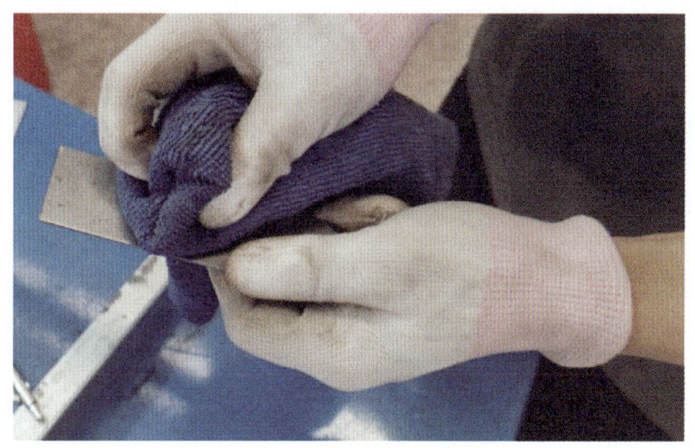

图 3–1–13　清理焊件

（2）划线和装配

按图样要求划装配定位线，如图 3–1–14 所示。

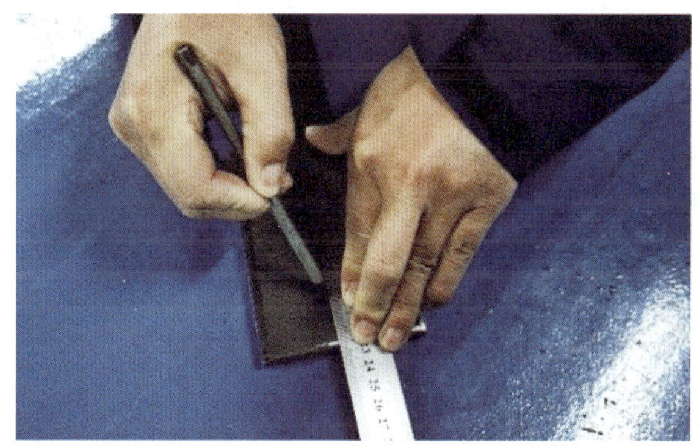

图 3–1–14　划装配定位线

将焊件装配成 T 形接头，组对间隙为 0 ~ 2 mm，如图 3–1–15 所示。

图 3–1–15　装配

（3）定位焊

定位焊采用与正式焊接相同型号的焊丝，定位焊的位置应在焊件两端的对称处，将焊件组焊成 T 形接头，四条定位焊缝长度均为 10 ~ 15 mm。定位焊后须校正焊件，保证立板与平板间的垂直度。

3. 焊接操作

（1）引弧

采用左向焊法，操作时，将焊枪置于右端引弧，如图 3–1–16 所示。

（2）焊接

焊枪指向距离根部 1 ~ 2 mm 处。如果焊枪对准的位置不正确，引弧电压太低或焊接速度太慢都会使熔液下淌，造成焊缝下坠，如图 3–1–17a 所示；如果引弧电压太高，焊接速度太快或焊枪朝向垂直板，致使母材温度太高，则会使焊缝产生咬边和焊瘤等缺陷，如图 3–1–17b 所示。

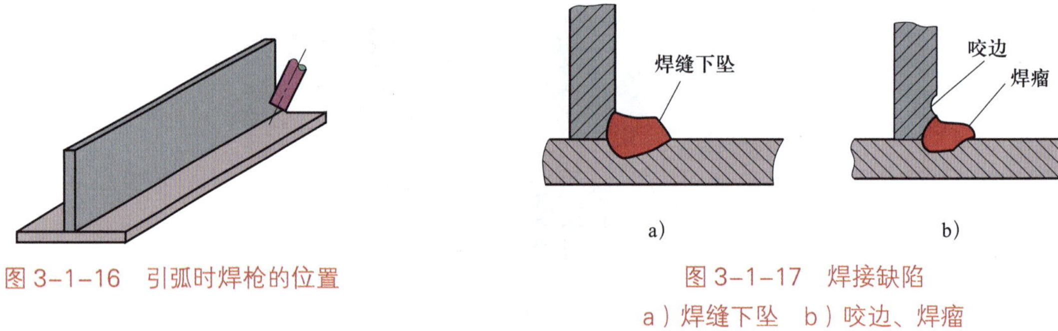

图 3–1–16　引弧时焊枪的位置

图 3–1–17　焊接缺陷
a）焊缝下坠　b）咬边、焊瘤

由于采用较大的焊接电流，焊接速度可稍快，同时要适当地做横向摆动，焊枪角度如图 3–1–18 所示。

焊接过程中要始终控制焊脚尺寸，并保证焊道与焊件熔合良好。

（3）收弧

焊至终焊端填满弧坑，稍停片刻缓慢地抬起焊枪完成收弧，如图 3–1–19 所示。

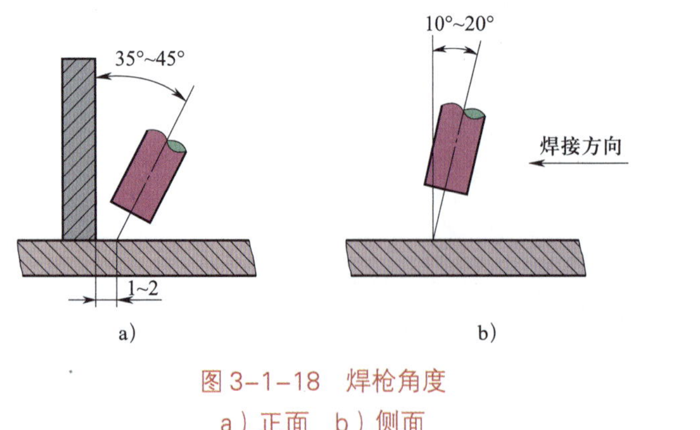

图 3–1–18　焊枪角度
a）正面　b）侧面

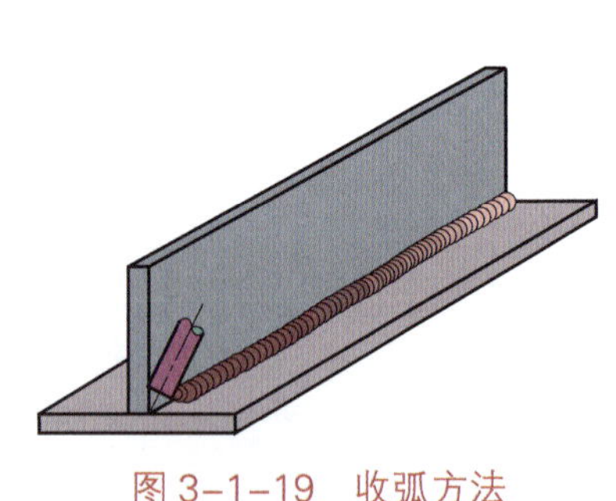

图 3–1–19　收弧方法

小提示

CO_2 焊的注意事项：

（1）焊接时应先通气后引弧。

（2）焊接过程中灵活掌握焊接速度，防止产生未熔合、气孔、咬边等缺陷。

（3）收弧时禁止突然断开电源，在弧坑处必须稍做停留填满弧坑，以防止产生裂纹和气孔。

（4）当板厚不同时，应使电弧偏向厚板一侧，正确调整焊枪角度，以防止产生咬边、焊缝下坠等缺陷。

四、任务评价

钢板的气体保护焊评分表见表 3–1–3。

表 3–1–3 钢板的气体保护焊评分表

序号	项目	技术要求	评分标准	配分	得分
1	准备工作	劳动防护用品穿戴整齐	总体评定，酌情扣分	3	
2		工具、量具、设备准备齐全	总体评定，酌情扣分	3	
3	气体保护焊技术规范	焊接设备连接正确	不符合要求酌情扣分	5	
4		焊接电流、电弧电压、气体流量等参数调整正确	不符合要求酌情扣分	10	
5		焊前清理焊件到位	不符合要求酌情扣分	10	
6		焊接操作姿势正确	不符合要求酌情扣分	10	
7		引弧、收弧方法正确，焊缝末端处无弧坑	不符合要求酌情扣分	10	
8		焊后两板保持垂直	不符合要求酌情扣分	10	
9		焊脚尺寸 6 mm	不符合要求酌情扣分	10	
10		焊脚尺寸 12 mm	不符合要求酌情扣分	10	
11		角焊缝焊脚均匀，无明显咬边	不符合要求酌情扣分	5	
12		焊缝基本平直	不符合要求酌情扣分	5	
13		焊缝表面光滑、整洁，无气孔、裂纹、夹渣等缺陷	不符合要求酌情扣分	5	
14	安全生产	遵守工作场地规章制度和安全文明生产要求	总体评定，酌情扣分	4	
总分				100	

知识拓展

一、CO_2焊的原理、特点和应用

1. CO_2焊的原理

CO_2焊的原理如图 3–1–20 所示，焊接电源的两输出端分别接在焊枪和焊件上。盘状焊丝由送丝机构带动，经焊枪中的送丝软管和导电嘴不断地向电弧区域供给；同时，CO_2气体以一定的压力和流量送入焊枪，通过喷嘴后，形成保护气流，包围电弧和熔池，使熔池和电弧不受空气的侵入。随着焊枪的移动，熔池金属冷却凝固形成焊缝。

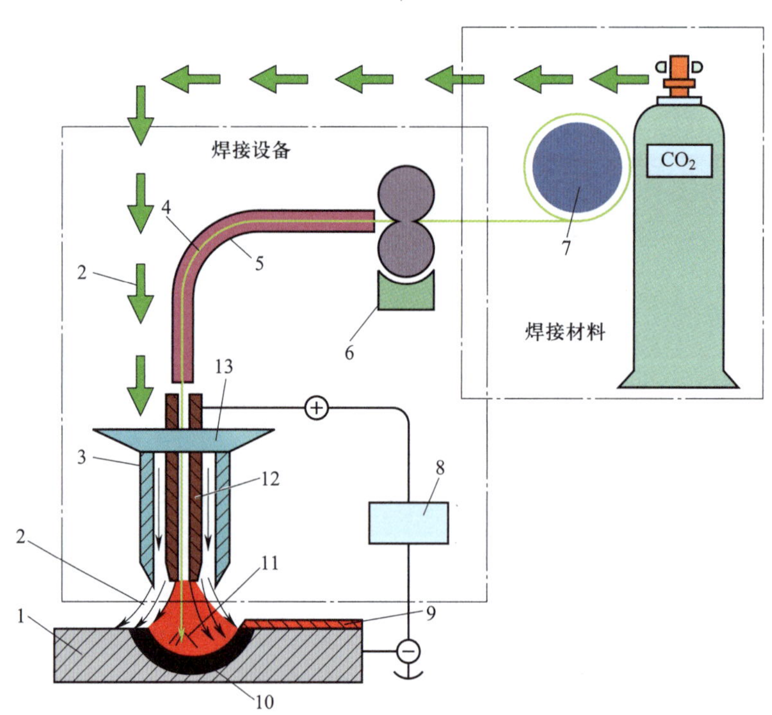

图 3–1–20　CO_2焊的原理

1—焊件　2—CO_2气体　3—喷嘴　4—焊丝　5—软管　6—送丝机构　7—焊丝盘
8—焊接电源　9—焊缝　10—熔池　11—电弧　12—导电嘴　13—焊枪

2. CO_2焊的特点

（1）CO_2焊的优点

1）焊接生产效率高。焊接时电弧集中度好，熔透能力强，熔敷速度快，且焊后无须进行清渣处理，因此焊接生产效率高；生产效率比焊条电弧焊高 1 ~ 3 倍。

2）焊接成本低。CO_2气体来源广，价格低廉，且焊接设备电能消耗少，通常CO_2焊的成本只有焊条电弧焊的 40% ~ 50%。

3）焊接变形小。CO_2焊熔化焊件材料的热量主要是电弧热，由于电弧热量集中，焊件

受热面积小，同时 CO_2 气体有较强的冷却作用，因此 CO_2 焊的焊接变形小，特别适用于薄板的焊接。

4）焊接质量较高。焊缝具有较强的抗锈蚀能力，对油污不敏感，且含氢量低，抗裂性能好。

5）适用范围广。CO_2 焊适宜进行全位置焊接，且适用于薄板、中厚板甚至厚板的焊接。

6）操作方便。CO_2 焊为明弧焊接，方便观察，便于监控，有利于实现机械化和自动化焊接。

（2）CO_2 焊的缺点

1）使用大电流焊接时，焊缝表面成形不够美观，焊接时飞溅较大。

2）抗风能力差，不适合进行室外作业，也很难用交流电源焊接。

3）不能焊接容易氧化的有色金属材料。

4）弧光较强，特别是大电流焊接时，电弧的光辐射和热辐射均较强。

3. CO_2 焊的应用范围

CO_2 焊已取代大部分焊条电弧焊和埋弧焊，广泛应用于汽车工业、工程机械制造业、造船业、机车制造业、电梯制造业、锅炉压力容器制造业中。

二、焊接残余变形的分类

焊后焊件残留的变形称为焊接残余变形。焊接残余变形可分为收缩变形、角变形、弯曲变形、波浪变形和扭曲变形等基本形式。

1. 收缩变形

焊后焊件尺寸比焊前缩短的现象称为收缩变形。收缩变形可分为纵向缩短和横向缩短，其中，焊后焊件沿焊缝长度方向的收缩称为纵向缩短，焊后焊件垂直于焊缝方向的收缩称为横向缩短，如图 3–1–21 所示。

2. 角变形

焊后焊件由于焊缝的横向缩短沿板厚分布不均匀所引起的变形称为角变形，其大小可用变形角 α 进行度量，如图 3–1–22 所示。

3. 弯曲变形

焊后焊件向一侧变弯的变形称为弯曲变形。弯曲变形主要是由于结构上的焊缝布置不对称、焊件断面形状不对称或焊缝收缩引起的。弯曲变形的大小可用挠度 f 进行度量，如图 3–1–23 所示。

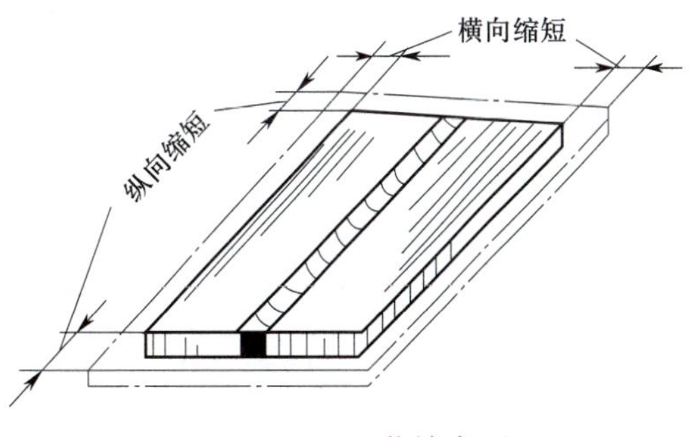

图 3–1–21 收缩变形

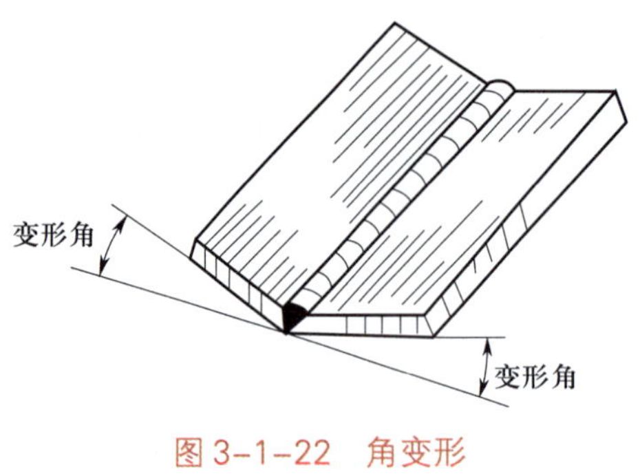

图 3-1-22　角变形

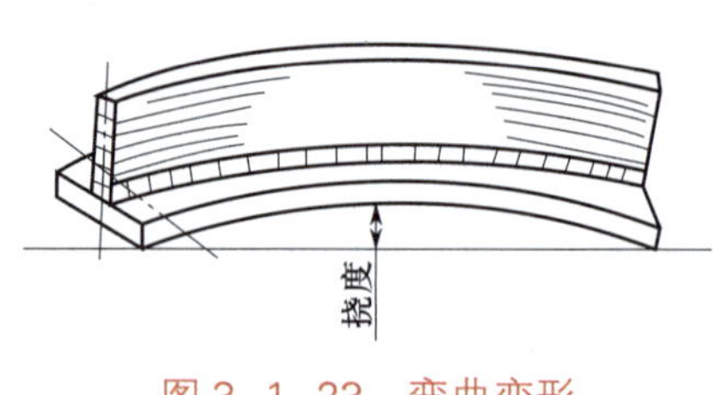

图 3-1-23　弯曲变形

4. 波浪变形

波浪变形常发生于板厚小于 6 mm 的薄板焊接结构中，又称为失稳变形，如图 3-1-24 所示。

5. 扭曲变形

扭曲变形是指焊后焊件两端绕中性轴相反方向扭转一定角度。产生扭曲变形的原因主要是焊缝角变形沿焊缝长度方向分布不均匀。扭曲变形一般发生在有数条平行长焊缝的焊件上，如焊接工字梁，如图 3-1-25 所示。

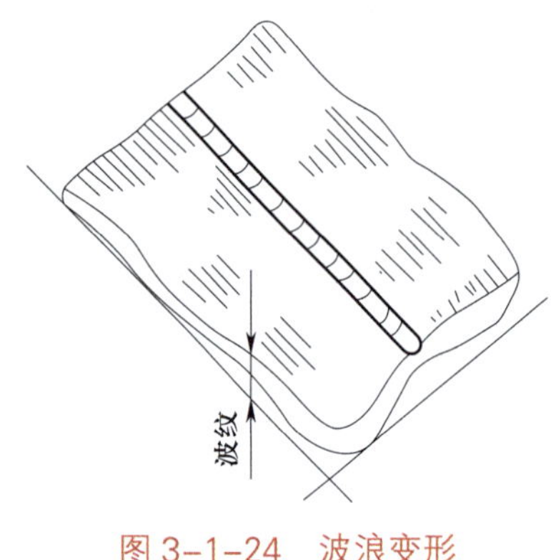

图 3-1-24　波浪变形

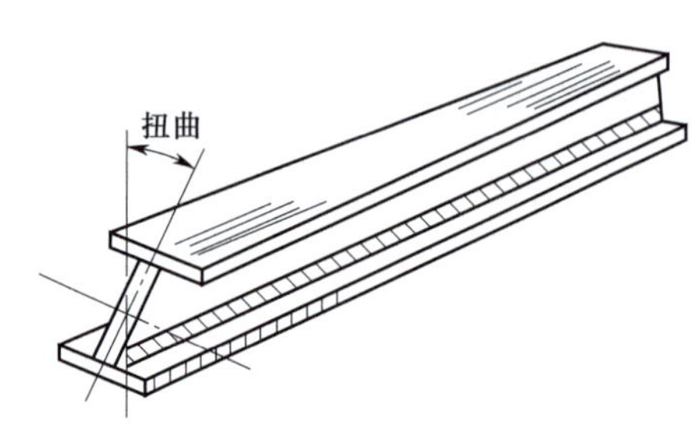

图 3-1-25　扭曲变形

三、常见焊接缺陷

1. 焊缝形状和尺寸不符合要求

焊缝形状和尺寸不符合要求主要是指焊缝外形高低不平，波形粗劣；焊缝宽窄不均匀，太宽或太窄；焊缝余高过高或高低不均匀；角焊缝焊脚不均匀或变形较大等，如图 3-1-26 所示。焊缝宽窄不均匀，除了造成焊缝成形不美观，还影响焊缝与母材的结合强度；焊缝余高太高，使焊缝与母材交界突变，形成应力集中，而焊缝低于母材，就不能得到足够的接头强度；角焊缝焊脚不均匀，且无圆滑过渡也容易造成应力集中。

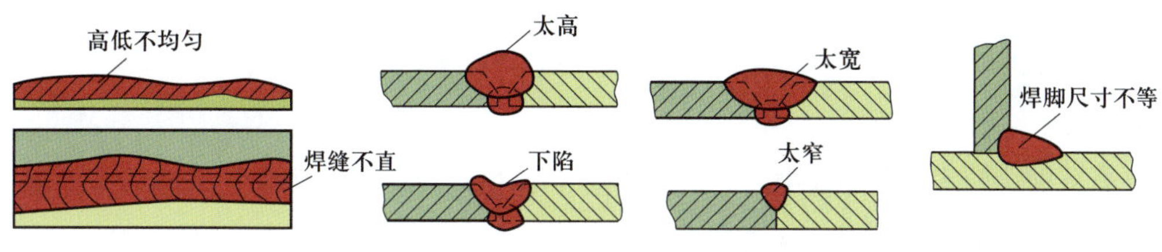

图 3–1–26 焊缝形状和尺寸不符合要求

2. 气孔

焊接时，熔池中的气泡在凝固时未能及时逸出而残留下来所形成的空穴称为气孔。CO_2焊经常出现的是一氧化碳气孔。气孔有球形、条虫状和针状等多种形状；有时是单个分布的，有时是密集分布的，也有连续分布的，如图 3–1–27a、b 所示；有时在焊缝内部，有时暴露在焊缝外部，如图 3–1–27c、d 所示。气孔的存在会削弱焊缝的有效工作截面，造成应力集中，降低焊缝金属的强度和塑性，尤其是冲击韧度和疲劳强度降低得更为显著。

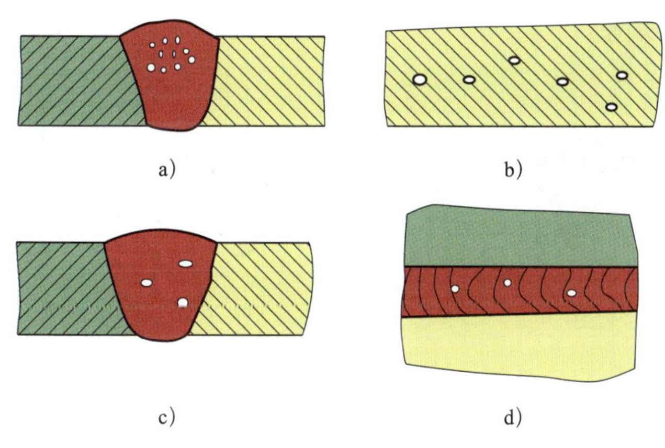

图 3–1–27 气孔
a）密集气孔 b）连续气孔 c）内部气孔 d）外部气孔

3. 裂纹

在焊接应力及其他致脆因素共同作用下，焊接接头局部区域的金属原子结合力遭到破坏而形成的新界面所产生的缝隙称为裂纹。它具有尖锐的缺口和大的长宽比特征。按产生的温度和原因不同，裂纹可分为热裂纹、冷裂纹、再热裂纹等。按产生的部位不同，裂纹可分为纵向裂纹、横向裂纹、根部裂纹、弧坑裂纹、熔合线裂纹、热影响区裂纹等，如图 3–1–28 所示。裂纹不仅会降低接头强度，而且会引起严重的应力集中，使结构断裂破坏，因此，裂纹是一种危害性最大的焊接缺陷。

4. 焊瘤

焊瘤是指焊接过程中熔化金属流淌到焊缝之外未熔化的母材上所形成的金属瘤，如

图 3–1–29 所示。焊瘤多发生在平位、仰位、立位焊缝表面和打底层的背面焊缝表面。焊瘤不仅影响焊缝的成形，而且容易导致裂纹的产生。

5. 夹渣

夹渣是指焊后残留在焊缝中的焊渣，如图 3–1–30 所示。夹渣削弱了焊缝的有效工作截面，降低了焊缝的力学性能，还会引起应力集中，容易使焊接结构在承载时遭受破坏。

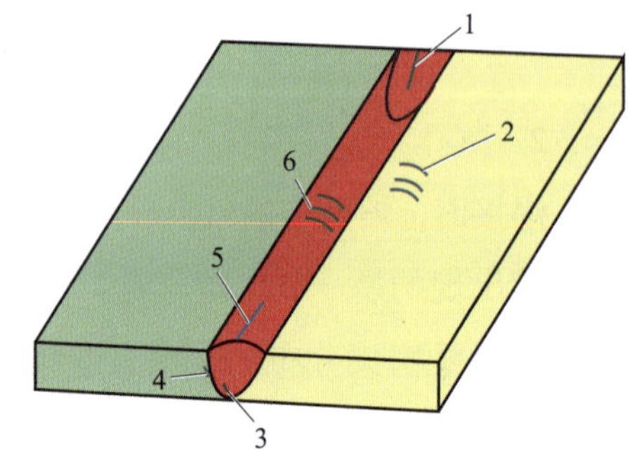

图 3–1–28 裂纹
1—弧坑裂纹 2—热影响区裂纹
3—根部裂纹 4—熔合线裂纹
5—纵向裂纹 6—横向裂纹

6. 未焊透与未熔合

未焊透是焊接时接头根部未完全熔透的现象，对于对接焊缝，也指焊缝厚度未达到设计要求的现象，如图 3–1–31 所示。根据产生的部位不同，未焊透可分为根部未焊透、边缘未焊透、中间未焊透和层间未焊透等。未焊透是一种比较严重的焊接缺陷，它使焊缝的强度降低，引起应力集中，因此，重要的焊接接头不允许存在未焊透现象。

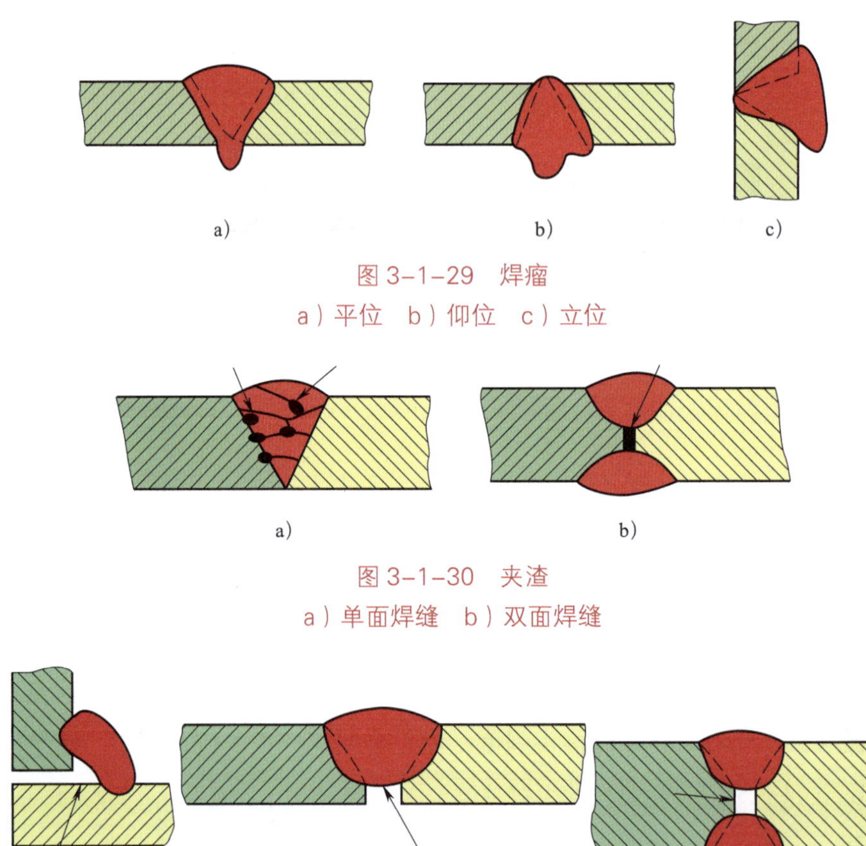

图 3–1–29 焊瘤
a）平位 b）仰位 c）立位

图 3–1–30 夹渣
a）单面焊缝 b）双面焊缝

图 3–1–31 未焊透

未熔合是指熔焊时焊道与母材之间或焊道与焊道之间未完全熔化结合的现象。对于电阻点焊，母材与母材之间未完全熔化结合的现象也称为未熔合。未熔合直接降低了焊接接头的力学性能，严重的未熔合会使焊接结构无法承载。

7. 咬边

由于焊接参数选择不当或操作方法不正确，母材（或前一道熔敷金属）在焊趾处因焊接而产生的不规则缺口称为咬边，如图 3–1–32 所示。咬边减小了母材的有效面积，降低了焊接接头强度，并且在咬边处形成应力集中，容易引发裂纹。

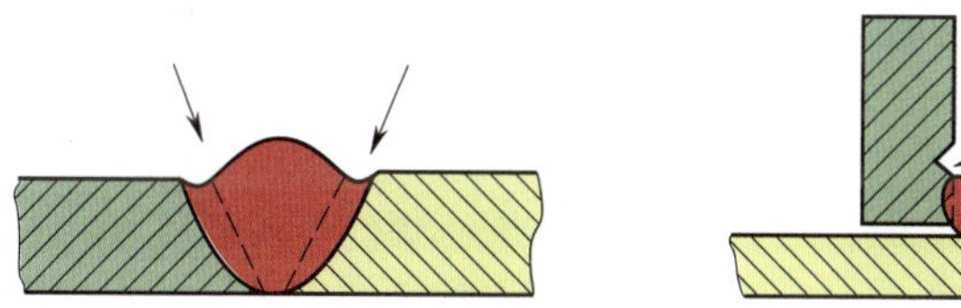

图 3–1–32 咬边

四、气体保护焊常见缺陷分析

气体保护焊常见缺陷的产生原因和预防措施见表 3–1–4。

表 3–1–4 气体保护焊常见缺陷的产生原因和预防措施

缺陷	产生原因	预防措施
裂纹	1. 焊缝深宽比太大，焊道太窄（特别是角焊缝和底层焊道） 2. 焊缝末端处的弧坑冷却太快 3. 焊丝或焊件表面不清洁（有油、锈、漆等） 4. 焊缝中含 C、S 量高而含 Mn 量低 5. 多层焊的第一道焊缝太薄	1. 提高电弧电压或减小焊接电流，以加宽焊道而减小熔深；降低焊接速度，以加大焊道的横截面 2. 采用衰减控制以降低冷却速度；适当填充弧坑；在已完成焊缝的顶部采用分段退焊技术，一直到焊缝结束 3. 焊前仔细清理 4. 检测焊件和焊丝的化学成分，更换合格的材料 5. 增加焊道厚度
夹渣	1. 焊件边缘及焊道、焊层之间清理不干净 2. 焊接速度太快（氧化膜型夹杂物）	1. 焊前、焊间做好清理工作，清除残留的铁锈和焊渣 2. 降低焊接速度，采用含脱氧剂较高的焊丝，提高电弧电压

续表

缺陷	产生原因	预防措施
气孔	1. 保护气体覆盖不足，有风 2. 焊丝的污染 3. 焊件的污染 4. 电弧电压太高 5. 喷嘴与工件距离太大 6. 气体纯度不良 7. 减压器冻结而不能供气 8. 喷嘴被焊接飞溅堵塞 9. 送气管路堵塞	1. 增大保护气体流量，排除焊缝区的全部空气；减小保护气体流量，以防止卷入空气；清除喷嘴内的飞溅；避免周边环境的空气流过大，破坏气体保护；降低焊接速度；减小喷嘴到工件的距离；焊接结束时应在熔池凝固之后移开焊枪喷嘴 2. 采用清洁而干燥的焊丝，清除焊丝在送丝装置中或送丝软管中黏附的润滑剂 3. 焊前清除焊件表面的全部油、锈、漆和尘土，采用含脱氧剂的焊丝 4. 降低电弧电压 5. 减小焊丝伸出长度 6. 更换气体或采用脱水措施 7. 串接气瓶加热器 8. 仔细清除附着在喷嘴内壁的飞溅物 9. 消除送气管路的堵塞和弯折
咬边	1. 焊接速度太快 2. 电弧电压太高 3. 焊接电流太大 4. 停留时间不足 5. 焊枪角度不正确	1. 降低焊接速度 2. 降低电弧电压 3. 降低送丝速度 4. 增加在熔池边缘的停留时间 5. 调整焊枪角度，使电弧推动金属流动
未熔合	1. 焊缝区表面有氧化皮或杂质 2. 热输入不足 3. 焊接熔池太大 4. 焊接操作不到位 5. 接头设计不合理	1. 焊前清理全部坡口面和焊缝区表面的氧化皮或杂质 2. 提高送丝速度和电弧电压，降低焊接速度 3. 减小电弧摆动以减小焊接熔池 4. 采用摆动技术时应在靠近坡口面的熔池边缘停留，焊丝应指向熔池的前沿 5. 坡口角度应足够大，以减小焊丝伸出长度（增大电流），使电弧直接加热熔池底部；坡口设计为 J 形或 U 形
未焊透	1. 坡口加工不合适 2. 焊接操作不到位 3. 热输入不合适	1. 接头设计必须合理，适当加大坡口角度，使焊枪能够直接作用到熔池底部，同时要保持喷嘴到工件的距离合适；减小钝边高度；设置或增大对接接头中的底层间隙 2. 使焊枪保持合适的角度，以达到最大的熔深；使电弧处在熔池的前沿 3. 提高送丝速度以获得较大的焊接电流，保持喷嘴与工件的距离合适

任务小结

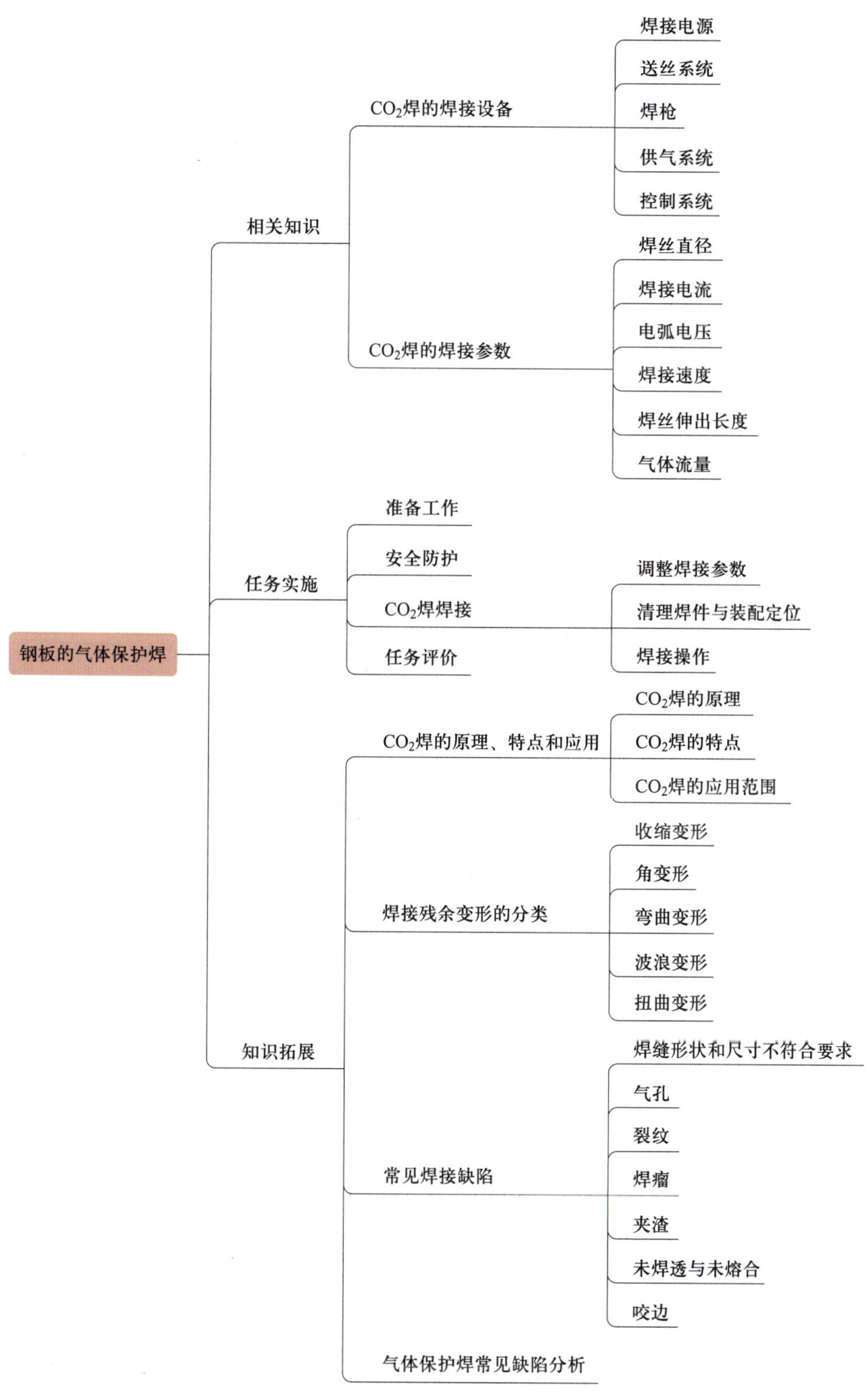
钢板的气体保护焊
相关知识
CO_2焊的焊接设备
焊接电源
送丝系统
焊枪
供气系统
控制系统
CO_2焊的焊接参数
焊丝直径
焊接电流
电弧电压
焊接速度
焊丝伸出长度
气体流量
任务实施
准备工作
安全防护
CO_2焊焊接
调整焊接参数
清理焊件与装配定位
焊接操作
任务评价
知识拓展
CO_2焊的原理、特点和应用
CO_2焊的原理
CO_2焊的特点
CO_2焊的应用范围
焊接残余变形的分类
收缩变形
角变形
弯曲变形
波浪变形
扭曲变形
常见焊接缺陷
焊缝形状和尺寸不符合要求
气孔
裂纹
焊瘤
夹渣
未焊透与未熔合
咬边
气体保护焊常见缺陷分析

任务❷ 薄板的电阻点焊

学习目标

1. 了解电阻点焊的原理和特点。
2. 熟悉电阻点焊的焊接设备、工具及其使用方法。
3. 掌握电阻点焊的焊接工艺。
4. 掌握薄板电阻点焊的操作方法。

任务描述

按照图 3–2–1 所示薄板的电阻点焊焊件图要求，用电阻点焊将两块冲压板件焊接在一起，并达到相应的技术要求。

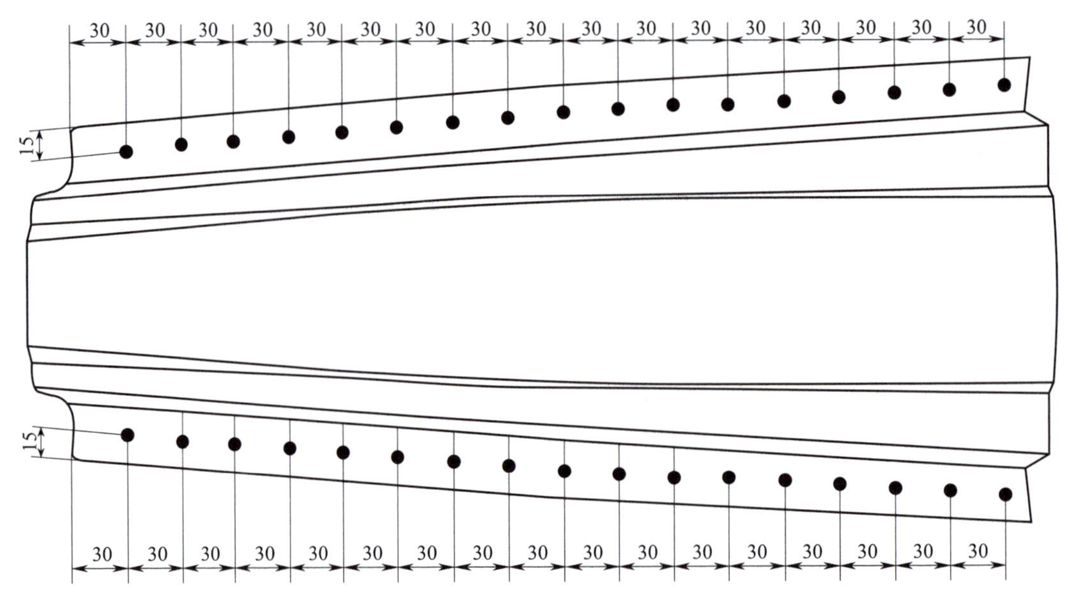

图 3–2–1　薄板的电阻点焊焊件图

任务分析

电阻焊是指焊件组合后通过电极施加压力，利用电流通过接头的接触面及邻近区域产生的电阻热进行焊接的方法。电阻点焊是将焊件装配成搭接接头，并压紧在两电极之间，利用电阻热熔化母材金属，形成焊点的电阻焊方法。

分析图 3-2-1 可知，本任务是利用电阻点焊将两块冲压板件焊接在一起，并达到相应的技术要求。要完成该任务，应先熟悉电阻点焊的焊接设备、工具及其使用方法，掌握电阻点焊的焊接工艺。

相关知识

一、电阻点焊的焊接设备和工具

1. 电阻点焊机

电阻点焊机由机箱（内含变压器）、控制面板、冷却系统和带有可更换电极的焊枪组成，如图 3-2-2 所示。

图 3-2-2　电阻点焊机

（1）机箱（内含变压器）

机箱内变压器的作用是将 220 V 或 380 V 的电压转变为 2～5 V 的低电压，以提供焊接电流，使操作更安全。

（2）控制面板

控制面板可以调节变压器输出焊接电流的大小和电压的高低，并可以精确调节焊接电流通过的时间。在焊接时间内，焊接电流接通并通过被焊接的金属板。

（3）冷却系统

电阻点焊时产生的大量电阻热如果不能快速冷却，长时间焊接后将导致点焊机过热预警或烧坏电极，因此，机箱下设有冷却系统，冷却液直接接到电极内部。冷却系统可以延长焊接时间，有效保护点焊机，确保正常使用。

（4）焊枪

焊枪由电极（焊嘴）、电极臂、加压手柄、气缸等组成，如图 3-2-3 所示。电极由铜合金制成，其作用是给焊接部位加压，提供焊接电流，同时在保持加压的状态下使焊接部位冷却。电极臂的作用是向电极输送焊接电流，可根据实际情况安装不同长度和形状的电极。加压手柄控制电极的上、下动作，从而对焊接部位加压。

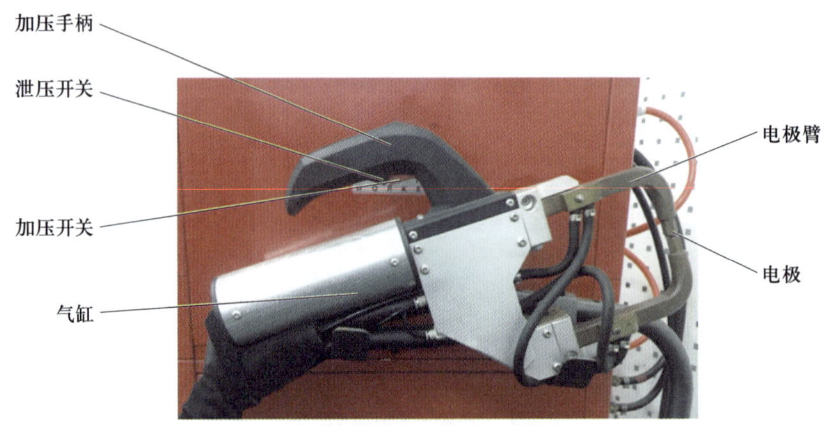

图 3–2–3　焊枪

2. 大力钳

大力钳主要用来夹持物体进行焊接、磨削等加工。大力钳的种类很多，常用的包括扁口大力钳和C型焊接大力钳等，如图3–2–4所示，应根据实际应用场景，选择合适的大力钳。大力钳上用于夹紧物体的部位称为钳口，钳口用拨杆控制，可以锁紧并产生很大的夹紧力，使被夹紧的物体不会松脱，钳口位置可多挡调节，以夹紧不同厚度的物体。

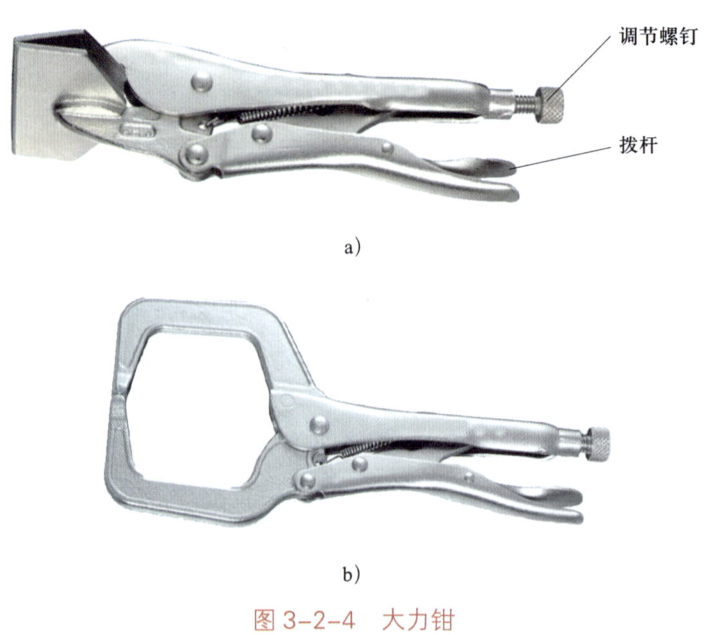

图 3–2–4　大力钳
a）扁口大力钳　b）C 型焊接大力钳

使用时，逆时针旋松调节螺钉，使钳口放大到比被夹持物体厚度稍大，将被夹持的物体放入钳口内，用手握紧钳柄，顺时针拧紧调节螺钉，直到钳口与物体贴合，找准预紧位置，将钳柄合上，听到“哒”的一声，表示已锁紧。若要松开，按下拨杆即可。注意：大力钳钳柄只能用手握紧，不能使用其他方法（如用锤子敲、用台虎钳夹等）加力。

二、电阻点焊的焊接工艺

1. 电阻点焊的焊接循环

电阻点焊的焊接循环包括四个基本阶段，如图 3-2-5 所示。

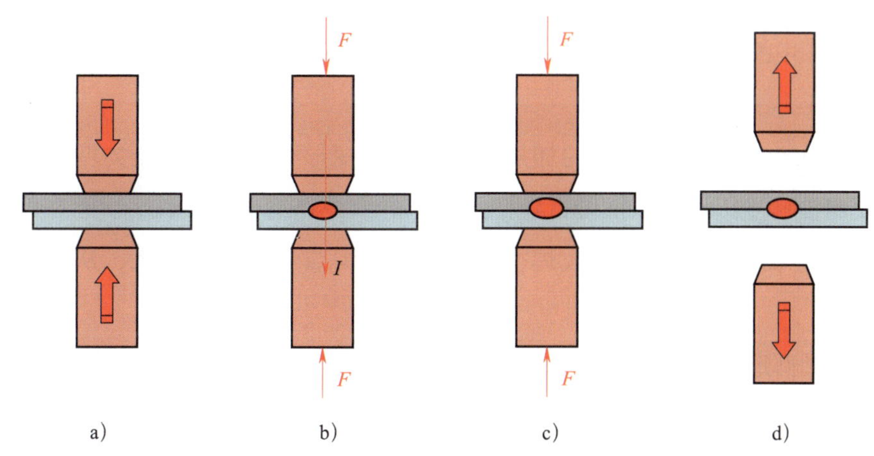

图 3-2-5 电阻点焊的焊接循环
a）预压阶段 b）焊接阶段 c）锻压阶段 d）休止阶段

（1）预压阶段

将待焊的两个焊件搭接在一起，置于上、下两电极之间，然后施加一定的电极压力，将两个焊件压紧，使焊件间有适当压力。

（2）焊接阶段

焊接电流通过焊件，由电阻热将两焊件接触表面加热到熔化温度，并逐渐向四周扩大形成熔核。

（3）锻压阶段

当熔核尺寸达到所要求的大小时，切断焊接电流，电极压力继续保持，熔核在电极压力作用下冷却结晶形成焊点。

（4）休止阶段

焊点形成后，电极开始提起，去掉压力，为下一个焊点的焊接做好准备。

2. 电阻点焊的焊接参数

电阻点焊的焊接参数主要包括焊接电流、焊接时间、电极压力、电极端部形状和尺寸等。

（1）焊接电流

焊接电流是决定电阻热大小的关键因素，将直接影响熔核直径和焊透率，必然影响到焊点的强度。电流太小则能量过小，无法形成熔核或熔核过小；电流太大则能量过大，容易引起飞溅。

（2）焊接时间

焊接时间对产生电阻热和散热均有一定的影响，在焊接时间内，焊接区产生的热量除部分散失外，将逐步积累，用来加热焊接区，使熔核扩大到所要求的尺寸。如果焊接时间太短，则难以形成熔核或熔核过小。要想获得所要求的熔核，应使焊接时间有一个合适的范围，并与焊接电流相配合。焊接时间一般以周波计算，1 周波为 0.02 s。

（3）电极压力

电极压力大小将影响焊接区的加热程度和塑性变形程度。电极压力增大，则接触电阻减小，使电流密度降低，从而降低加热速度，导致焊点熔核直径减小。若在增大电极压力的同时适当延长焊接时间或增大焊接电流，可使焊点熔核直径增大，从而提高焊点的强度。

（4）电极端部形状和尺寸

根据焊件结构形式、焊件厚度及表面质量要求等参数的不同，应使用不同形状的电极，如图 3–2–6 所示。

图 3–2–6　各种形状的电极

选用电极主要考虑以下几个方面：

1）电极的材料。电极的材料必须能够承受高温和高压，并且具有良好的导电性。通常使用的材料是铜或铜合金，因为它们具有优良的导电性和耐热性。

2）电极的尺寸。电极的尺寸必须与被焊接的工件相匹配。如果电极太小，会导致焊接不牢固；如果电极太大，则可能会损坏工件。

3）电极的形状。电极的形状必须能够适应不同的焊接需求。例如，焊接扁平的工件时，可以选用平头电极；焊接圆形的工件时，可以选用尖头电极。

4）电极的表面处理。电极的表面必须经过适当的处理，以增加其使用寿命和减少磨损。常见的表面处理方法包括镀铬、镀钛等。

5）电极的安装方式。电极的安装方式必须稳定可靠，以确保在焊接过程中不会松动或脱落。

低碳钢电阻点焊的焊接参数见表 3–2–1。

表 3-2-1 低碳钢电阻点焊的焊接参数

板厚 / mm	电极端部直径 /mm	电极压力 / N	焊接时间 / s	熔核直径 / mm	焊接电流 / A
0.3	3.2	300 ~ 400	0.06 ~ 0.20	4.0	3 000 ~ 4 000
0.5	4.8	450 ~ 1 350	0.12 ~ 0.48	4.3	4 000 ~ 6 000
0.8	4.8	600 ~ 1 900	0.16 ~ 0.6	5.3	5 000 ~ 7 500
1.0	6.4	750 ~ 2 250	0.20 ~ 0.72	5.4	5 600 ~ 8 800
1.2	6.4	850 ~ 2 700	0.24 ~ 0.8	5.8	6 100 ~ 9 800
1.5	6.4	1 400 ~ 3 800	0.3 ~ 0.9	5.8	7 090 ~ 10 000
2.0	8.0	1 500 ~ 4 700	0.4 ~ 1.28	7.6	8 000 ~ 13 300
3.0	10.0	2 600 ~ 8 000	0.64 ~ 2.1	8.5	10 000 ~ 17 000

安装电极时，应尽量缩短电极外伸长度，以获得较大压力。外伸长度调好后，要将电极和电极臂紧固，以防焊接时发生松动而影响焊接质量。调节两电极，使之对准并在同一直线上，否则将引起加压不均，造成电流过小，导致焊点扭曲，降低焊接部位的强度，如图 3-2-7 所示。

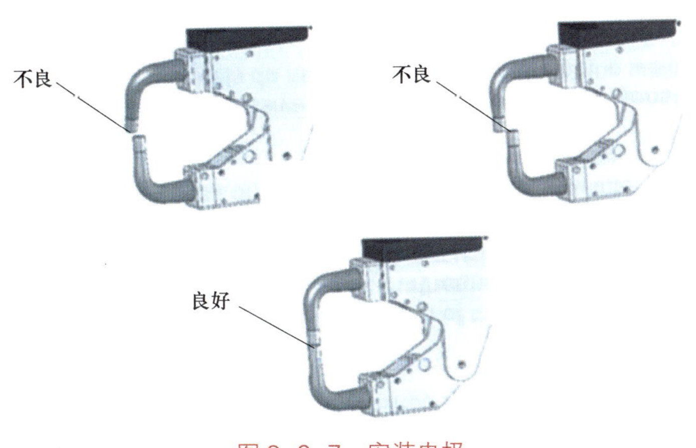

图 3-2-7 安装电极

焊接前，应用 600 目砂纸或细齿锉刀修整电极，清除电极表面的燃烧生成物和杂质，如图 3-2-8 所示。

3. 电阻点焊的接头参数

设计点焊接头时，必须考虑边距、搭接宽度、焊点间距、装配间隙等。

（1）边距和搭接宽度

边距是指焊点中心至焊件边缘的距离。边距的最小值取决于被焊金属的种类、焊件厚度和焊接参数。搭接宽度一般为边距的两倍。

（2）焊点间距

焊点间距是指电阻点焊时相邻两焊点间的中心距。焊点间距是为避免电阻点焊时产生分流影响焊点质量而规定的数值。焊点间距过大，则接头强度不足；焊点间距过小，又有很大的分流，因此应控制焊点间距。不同材料电阻点焊搭接宽度和焊点间距最小值见表 3–2–2。

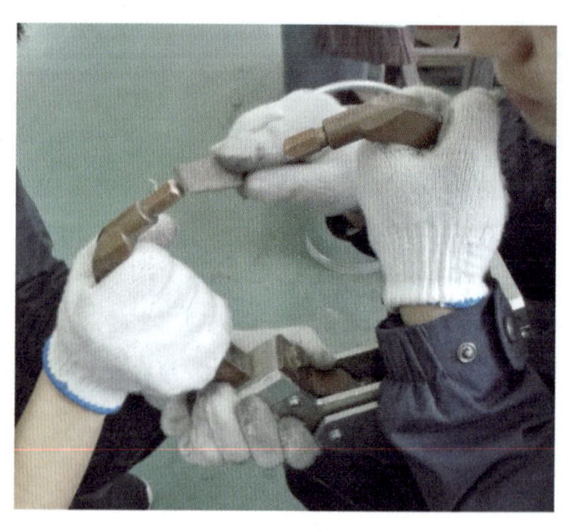

图 3–2–8　修整电极

表 3–2–2　不同材料电阻点焊搭接宽度和焊点间距最小值　mm

材料厚度	结构钢		不锈钢		铝合金	
	搭接宽度	焊点间距	搭接宽度	焊点间距	搭接宽度	焊点间距
0.3+0.3	6	10	6	7	—	—
0.5+0.5	8	11	7	8	12	15
0.8+0.8	9	12	9	9	12	15
1.0+1.0	12	14	10	10	14	15
1.2+1.2	12	14	10	12	14	15
1.5+1.5	14	15	12	12	16	20
2.0+2.0	18	17	12	14	20	25
2.5+2.5	18	20	14	16	24	25
3.0+3.0	20	24	18	18	26	30
4.0+4.0	22	26	20	22	30	35

（3）装配间隙

接头的装配间隙应尽可能小，因为靠压力消除间隙将消耗一部分压力，使实际的压力减小。一般装配间隙为 0.1 ~ 1 mm。

4. 电阻点焊的顺序

电阻点焊时，不能沿着一个方向连续地进行，因为电流会产生分流而导致焊接质量降低，应采用跳焊的方式，如图 3–2–9 所示。

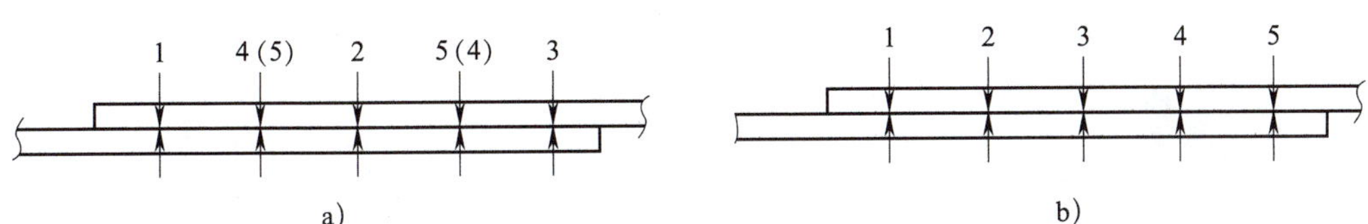

图 3-2-9 电阻点焊的顺序
a）正确 b）错误

任务实施

一、准备工作

1. 材料

（1）焊件：试焊板，冲压板件（镀锌钢板，厚度 1 mm）2 块，如图 3-2-10 所示。

（2）打磨剂、除油剂、清洁布、导电漆等。

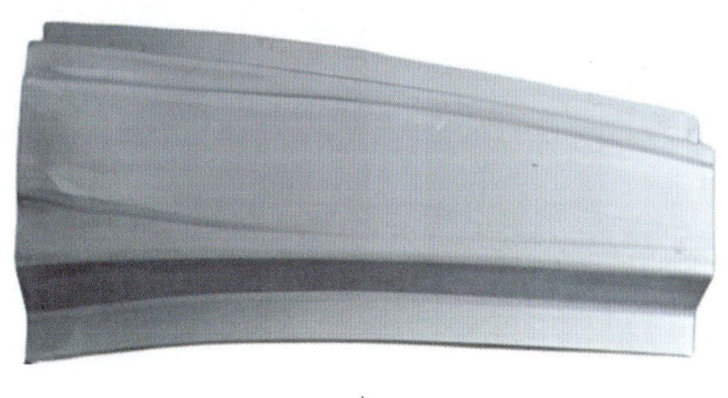

a)

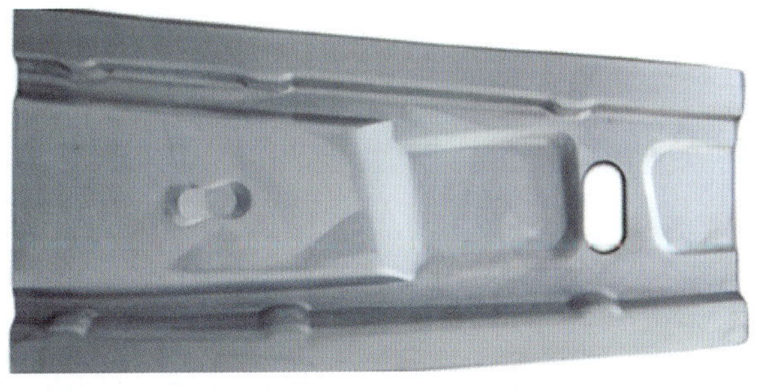

b)

图 3-2-10 冲压板件
a）A 板 b）B 板

2. 工具、量具、设备

电阻点焊机及配套设备、大力钳、鲤鱼钳、钳台、台虎钳、划针、划规、钢直尺、锤子、锉刀、钢丝刷等，如图 3-2-11 所示。

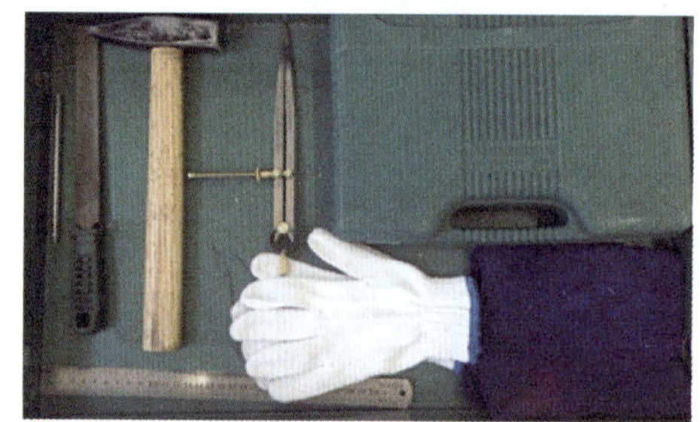

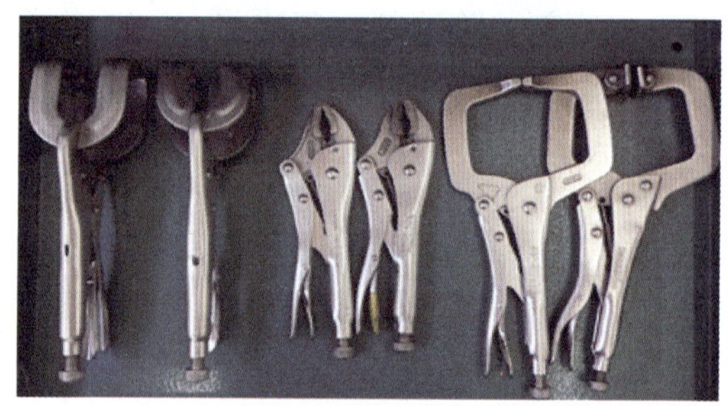

图 3-2-11　工具、量具、设备

3. 防护用品

工作服、工作帽、防尘口罩、防护手套、防护鞋、焊接面罩、护目镜等。

二、安全防护

按规定穿戴好防护用品。

三、电阻点焊焊接

1. 清理焊件

焊前要对焊件表面及电极和焊件接触的部位进行清洁，清理干净漆膜、油污、铁锈、灰尘及其他污物等，如图 3-2-12 所示。清理后还要在焊件表面均匀地涂上一层导电系数较高的导电漆。

2. 划线确定焊点位置

由图 3-2-1 可知，焊点基准线距焊件长边边缘 15 mm，小头第一个焊点距边缘 30 mm，第二个焊点距第一个焊点 30 mm，以此类推。根据图样要求，使用划线工具进行划线，确定焊点位置，如图 3-2-13 所示。

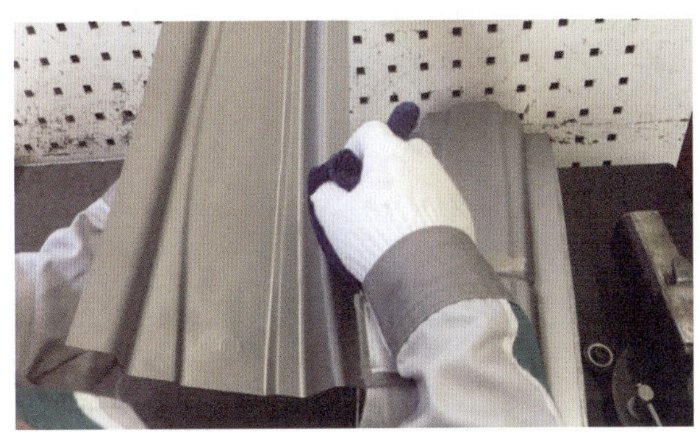

图 3-2-12 清理焊件

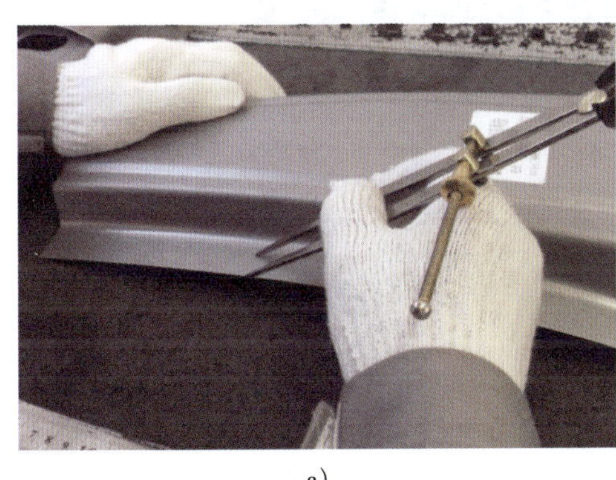

a)

b)

图 3-2-13 划线确定焊点位置
a）横向划线 b）纵向划线

3. 固定焊件

（1）夹板

使用扁口大力钳将焊件（两块冲压板件）夹在一起，如图 3-2-14 所示，注意应确保板件之间没有间隙，否则会降低焊接强度。

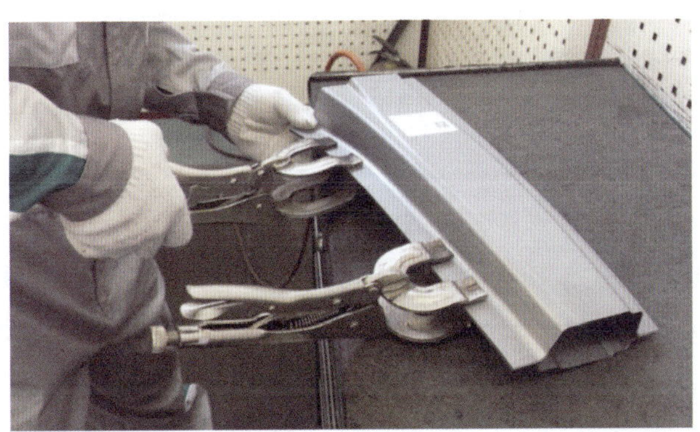

图 3-2-14 夹板

（2）对齐板件

用锤子敲平，使板件边缘对齐，如图 3–2–15 所示，注意敲击力度不宜过大。

图 3–2–15　对齐板件

（3）固定板件

调节横梁高度，使用 C 型焊接大力钳将板件夹持在横梁上，注意应确保板件固定在横梁上不晃动，如图 3–2–16 所示。

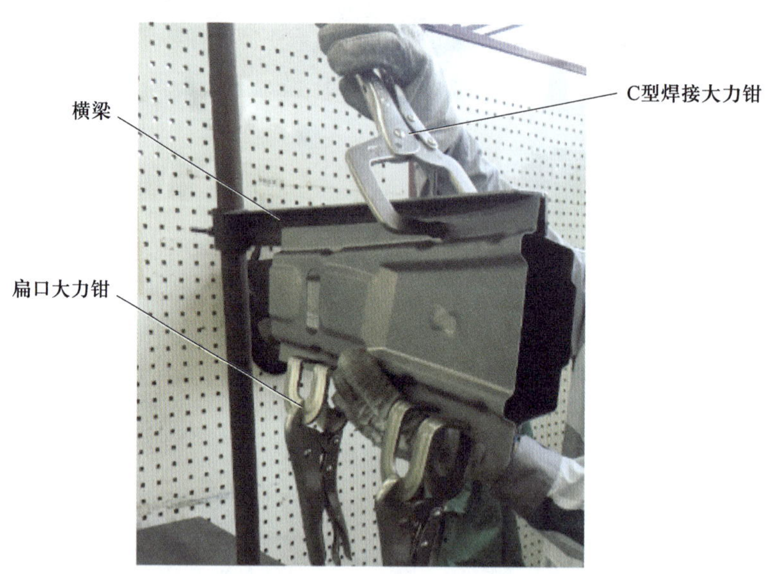

图 3–2–16　固定板件

4. 调整电阻点焊的焊接参数

打开电阻点焊机电源开关，初步调整焊接参数。使用与焊件相同的试焊板进行试焊和撕裂试验。将试焊后的焊件固定在台虎钳上，用鲤鱼钳将其中一块板件强行撕下，如果在某一块板件上留有一个大于焊点直径的孔，说明焊接强度良好，如图 3–2–17 所示；如果留下的孔偏小或根本没有孔，说明焊接强度太低，应重新调整焊接参数，直至焊接质量符合要求。

图 3-2-17 试焊板检测

5. 焊接操作

焊接时，电极要垂直于焊件，如图 3-2-18 所示，焊件有一定的曲率，注意及时调整电极位置。

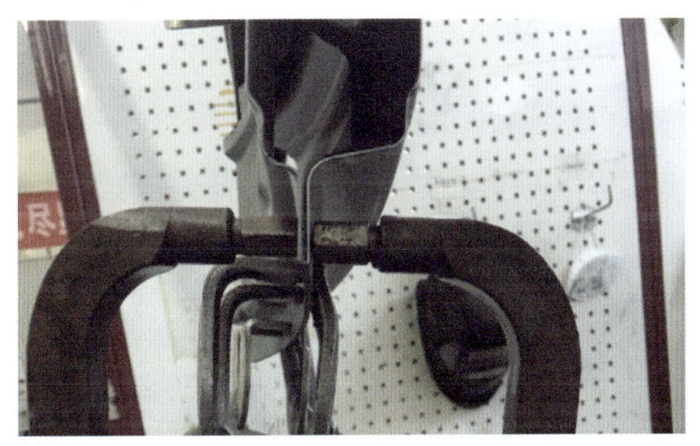

图 3-2-18 电极垂直于焊件

焊接时，加压开关不可一下按到底，可先按开关行程的 1/2，待位置调整后继续按压加压开关触发通电。根据焊点划线位置和焊接技术规范进行焊接，确保焊接位置正确，如图 3-2-19 所示。注意：不可沿一个方向连续焊接，可以采用分段焊接或改变焊接方向的方法来分散热量，避免出现过热的情况，以确保焊接质量和材料的完整性。

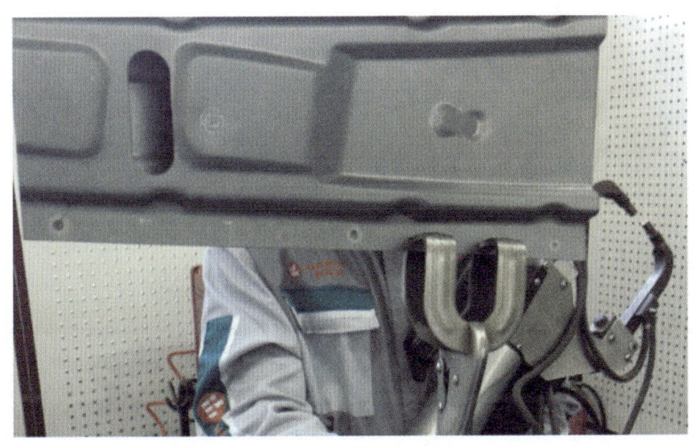

图 3-2-19 电阻点焊焊接

焊接完毕，关闭电源开关。

四、任务评价

薄板的电阻点焊评分表见表 3-2-3。

表 3-2-3　薄板的电阻点焊评分表

序号	项目	技术要求	评分标准	配分	得分
1	准备工作	劳动防护用品穿戴整齐	总体评定，酌情扣分	3	
2		工具、量具、设备准备齐全	总体评定，酌情扣分	3	
3	电阻点焊技术规范	焊前清理焊件到位	不符合要求酌情扣分	5	
4		电极修整和清洗干净、光滑	不符合要求酌情扣分	10	
5		划线符合图样要求	不符合要求酌情扣分	10	
6		焊件固定牢靠、不晃动	不符合要求酌情扣分	5	
7		焊接参数调整正确	不符合要求酌情扣分	10	
8		焊接操作姿势正确	不符合要求酌情扣分	10	
9		焊点间距 30 mm	不符合要求酌情扣分	10	
10		焊点边距 15 mm	不符合要求酌情扣分	10	
11		焊点分布均匀，焊点直径大小符合要求，焊点数量不少于规定值	不符合要求酌情扣分	5	
12		焊接表面的压痕深度不超过板件厚度的一半	不符合要求酌情扣分	5	
13		焊件表面状况良好，无裂纹、烧穿、漏焊、扭曲、压痕过深、多焊点等问题	不符合要求酌情扣分	10	
14	安全生产	遵守工作场地规章制度和安全文明生产要求	总体评定，酌情扣分	4	
总分				100	

知识拓展

一、电阻点焊的原理

电阻点焊时，将焊件压紧在两个圆柱形电极间，并通以很大的电流，利用两个焊件具有的较大接触电阻产生大量热量，迅速将焊件接触处加热到熔化状态，形成类似透镜状的液态熔池（熔核），当液态金属达到一定数量后断电，在压力的作用下，液态金属冷却凝固形成焊点，如图 3-2-20 所示。

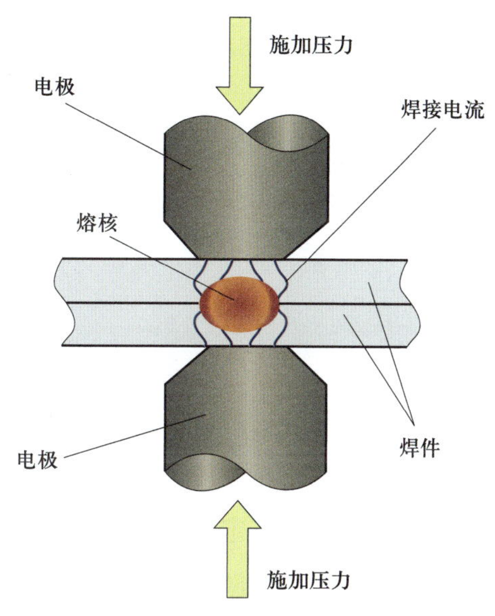

图 3-2-20　电阻点焊的原理

电阻点焊适用于接头不要求气密、厚度小于 3 mm 的冲压、轧制薄板搭接构件（如汽车驾驶室、客车厢体等薄板冲压件）、铁丝网、交叉钢筋等的焊接。现代整体式车身的焊接有 90%～95% 都采用电阻点焊。

二、电阻点焊的特点

1. 电阻点焊的优点

（1）焊接生产率高

电阻点焊时，通用点焊机的生产效率约为 60 点 /min，而快速点焊机的生产效率可超过 500 点 /min，因此，电阻点焊非常适用于大批量生产。

（2）焊点质量高

由于电阻点焊冶金过程简单，焊点金属的化学成分均匀，并且基本上与母材一致；热作用集中，受热范围小，热影响区很小，焊接变形较小，容易控制，因此能够获得质量较高的焊点。

（3）焊接成本较低

电阻点焊不使用填充材料，焊接也不需要保护气体，在正常情况下，除了必要的电力消耗，几乎没有其他消耗，因此焊接成本比较低。

（4）焊工的劳动强度低

电阻点焊易于实现机械化和自动化，焊接部位灵活，焊接过程中既没有较强的弧光辐射，又没有有害气体的侵蚀，劳动条件比较好。

由于具有上述优点，电阻点焊是整体式车身制造或修理时最常用的焊接方法，特别是在整体车身生产线上应用十分普遍。

2. 电阻点焊的缺点

（1）缺少简便、易操作的无损检测手段

由于焊接过程进行得比较快，一旦焊接过程中某些工艺因素发生波动，对焊接过程的稳定性产生较大影响时，往往来不及调整。同时，焊后缺少简便、易操作的无损检测手段。因此，对重要结构的焊接应慎重选用电阻点焊。

（2）设备价格高

电阻点焊设备比较复杂，除了必要的电力系统，还需要精度较高的机械系统、冷却系统，因此其整套设备的价格高。

（3）焊件的厚度、形状和接头形式受到一定程度的限制

电阻点焊一般只适用于薄板搭接，如果焊件厚度太大，则受到设备功率的限制。

任务小结

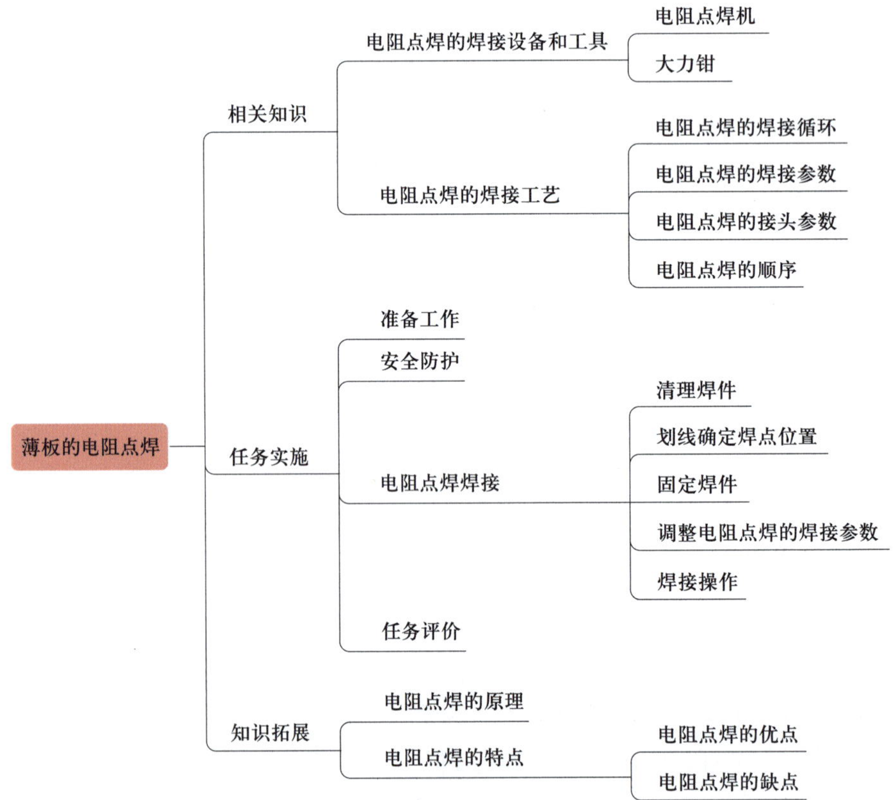

任务③ 板材的切割

学习目标

1. 了解气割的原理、条件。
2. 熟悉气割设备和工具及其使用方法。
3. 理解气割参数。
4. 掌握气割的操作方法。
5. 了解气体火焰的分类、气割过程中回火现象的处理。

任务描述

按照图 3–3–1 所示板材的切割割件图要求，用气割切割板件，并达到相应的技术要求。

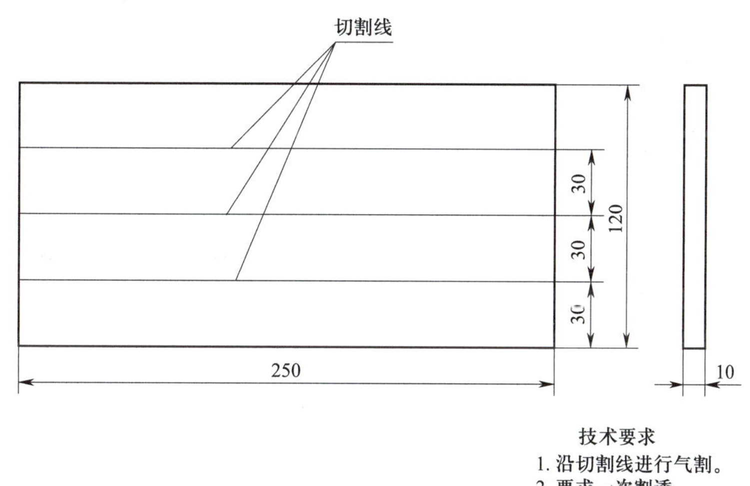

图 3–3–1 板材的切割割件图

任务分析

气割是利用可燃气体与助燃气体混合燃烧所释放出的热量进行金属切割的工艺方法。

分析图 3–3–1 可知，本任务是利用气割对 10 mm 板件进行直线切割，并达到相应的技术要求。要完成该任务，应先熟悉气割设备和工具及其使用方法，理解气割参数。

相关知识

一、气割设备和工具

气割常用的设备和工具包括氧气瓶、乙炔瓶、减压器、割炬、橡胶软管等。

1. 氧气瓶

氧气瓶是储存和运输氧气的高压容器，由瓶体、瓶阀、瓶帽和防振圈等部分组成，瓶体外表面涂成淡（酞）蓝色，并标注黑色“氧”字样，如图 3–3–2 所示。标准氧气瓶的容积为 40 L，瓶内最高压力为 15 MPa，一般可储存 6 000 L 氧气。

氧气瓶在运输的过程中，应保持平稳放置，避免发生碰撞；使用和存放时，注意远离热源。

2. 乙炔瓶

乙炔瓶是储存和运输乙炔的低压容器，瓶体外表面涂成白色，并标注大红色“乙炔 不可近火”字样，如图 3–3–3 所示。瓶内最高压力为 1.5 MPa，瓶内装有浸满丙酮的多孔填料，以使乙炔稳定而安全地储存在乙炔瓶内。

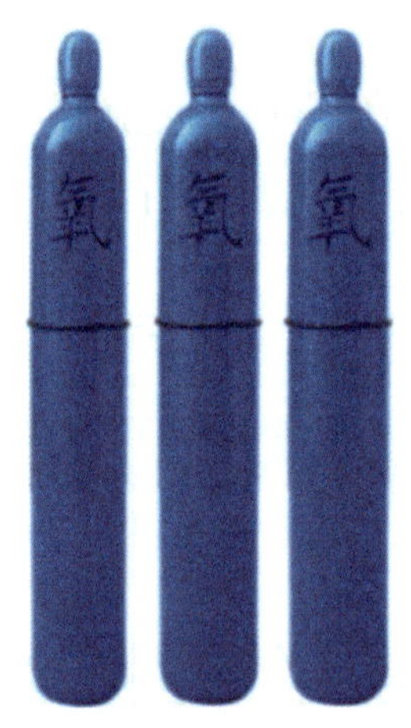

图 3–3–2　氧气瓶

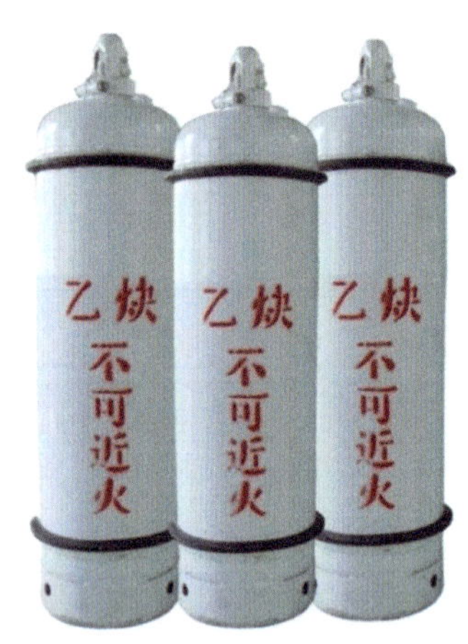

图 3–3–3　乙炔瓶

乙炔瓶的运输和使用除了应遵守氧气瓶的相关规定，还必须配备回火防止器，以防止火焰沿胶管回烧到乙炔瓶内造成爆炸。乙炔是易燃、易爆气体，因此，必须严格按照相关安全规程使用。乙炔瓶的瓶阀冻结时，只能用热水或蒸汽加热瓶阀进行解冻。

3. 减压器

减压器又称为压力调节器，是将高压气体降为低压气体的调节装置。氧气瓶内最高压力可达 15 MPa，乙炔瓶内最高压力可达 1.5 MPa，而在气焊或气割时所需的气体工作压力通常较低，氧气的工作压力一般为 0.1 ~ 0.4 MPa，乙炔的工作压力一般为 0.01 ~ 0.04 MPa，因此，需要利用减压器将气瓶输出气体的气压降低到工作气压。同时，气瓶内气体压力随着气体的消耗而逐渐下降，但气焊或气割过程中所要求的气体工作压力必须是稳定不变的，因此，还需要利用减压器来稳定工作压力。按用途不同，减压器可分为氧气减压器、乙炔减压器等，如图 3–3–4 所示。不同气体的减压器严禁交换使用。减压器如果有冻结现象，应用热水或蒸汽解冻，绝不允许使用火焰烘烤。

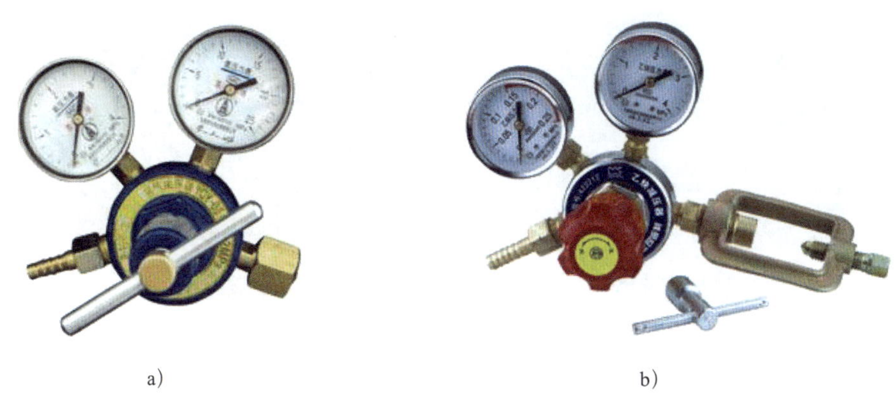

a） b）

图 3-3-4 减压器
a）氧气减压器 b）乙炔减压器

4. 割炬

割炬是手工气割的主要工具，其作用是将可燃气体与氧气以一定的比例和方式混合后，形成具有一定能量和形状的预热火焰，并在预热火焰的中心喷射切割氧气进行气割。按可燃气体与氧气混合的方式不同，割炬可分为射吸式和等压式两种。其中，射吸式割炬主要用于手工气割，其结构如图 3-3-5 所示；等压式割炬主要用于机械气割。

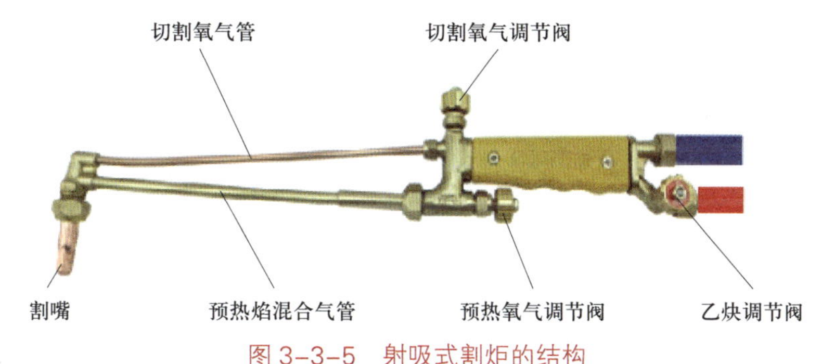

图 3-3-5 射吸式割炬的结构

5. 橡胶软管

氧气瓶和乙炔瓶中的气体须用橡胶软管输送到割炬中。根据所输送气体的不同，气割用橡胶软管可分为氧气胶管和乙炔胶管，氧气胶管的外观为蓝色，乙炔胶管的外观为红色，如图 3-3-6 所示。橡胶软管严禁沾染油污或漏气，并严禁交换使用。

二、气割参数

气割参数主要包括气割氧压力、切割速度、预热火焰能率、割嘴与割件的倾斜角度、割嘴与割件表面的距离等。

1. 气割氧压力

气割氧压力的大小对气割质量有直接的影响。如果气割氧压力过小，会引起金属燃烧

a）　　　　b）

图 3–3–6　橡胶软管
a）氧气胶管　b）乙炔胶管

不完全，降低切割速度，不能将熔渣全部从割缝处吹走，使割缝的背面留下很难清除的挂渣，甚至出现割不透的现象；如果气割氧压力过大，则过剩的氧气对割件有冷却作用，使切口表面粗糙，割缝加大，氧气消耗量增大。

气割氧压力主要根据割件厚度来选择，割件越厚，要求气割氧压力越大。气割氧压力可参考表 3–3–1 选择。

表 3–3–1　钢板厚度与气割氧压力、切割速度的关系

钢板厚度 /mm	气割氧压力 /MPa	切割速度 /（mm/min）	钢板厚度 /mm	气割氧压力 /MPa	切割速度 /（mm/min）
4	0.2	450 ~ 500	25	0.425	240 ~ 270
5	0.3	400 ~ 500	30	0.45	210 ~ 250
10	0.35	340 ~ 450	40	0.45	180 ~ 230
15	0.375	300 ~ 375	60	0.5	160 ~ 200
20	0.4	260 ~ 350	80	0.6	150 ~ 180

2. 切割速度

切割速度主要取决于割件厚度。割件越厚，切割速度越慢；割件越薄，切割速度越快。切割速度太慢，会使割缝边缘不齐，甚至产生局部熔化现象，导致割后清渣困难；切割速度太快，则会产生很大的后拖量或割不透现象。

切割速度的选择是否合适，可以根据割缝的后拖量来判断。后拖量是指气割面上切割氧气流轨迹的始点与终点在水平方向上的距离，如图 3–3–7 所示。气割的后拖量是不可避免的，尤其是在气割厚钢板时更为显著。因此，采用的切割速度应以割缝产生的后拖量较小为原则，以保证气割质量。切割速度可参考表 3–3–1 选择。

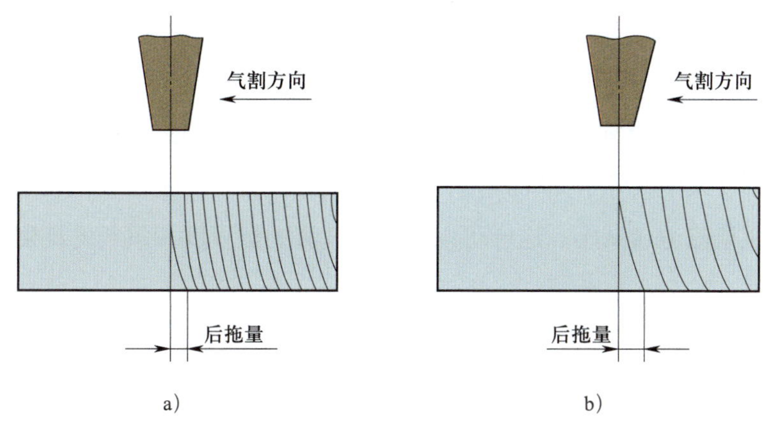

图 3-3-7 后拖量示意图
a）速度正常 b）速度过快

3. 预热火焰能率

预热火焰能率是指预热火焰在单位时间内的可燃气体消耗量。预热火焰的作用是将金属割件加热至金属能在氧气流中燃烧的温度，并始终保持这一温度，同时使表面的氧化皮剥离和熔化，便于氧气流与金属接触。

预热火焰能率的大小与割件的厚度有关，割件越厚，预热火焰能率应越大，但预热火焰能率不能太大或太小。预热火焰能率过大时，会使割缝上缘产生连续珠状钢粒，甚至熔化成圆角，同时造成割件背面黏渣增多而影响气割质量；预热火焰能率过小时，割件得不到足够的热量，迫使切割速度变慢，甚至造成气割困难。

4. 割嘴与割件的倾斜角度

割嘴与割件的倾斜角度是指割嘴中心线与割件平面垂直线之间的夹角，如图 3-3-8 所示。割嘴与割件的倾斜角度大小主要根据割件厚度来确定，割嘴与割件的倾斜角度可参考表 3-3-2 选择。

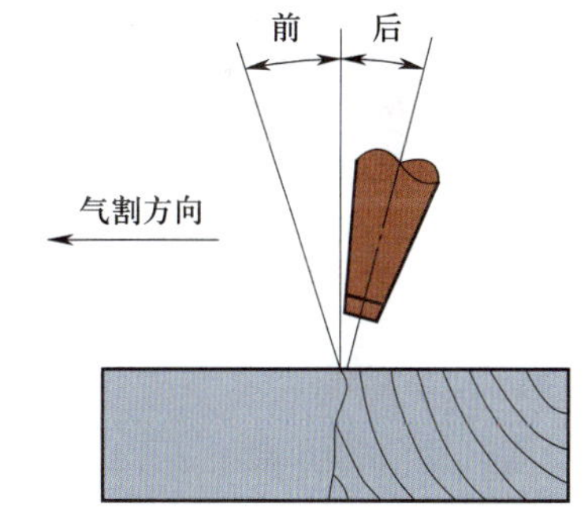

图 3-3-8 割嘴与割件的倾斜角度

表 3-3-2 割嘴与割件的倾斜角度和割件厚度的关系

割件厚度 / mm	<4	4 ~ <20	20 ~ <30	≥ 30		
				起割	割穿后	停割
倾斜方向	后倾	后倾	垂直	前倾	垂直	后倾
割嘴与割件的倾斜角度	25° ~ 45°	5° ~ 10°	0°	5° ~ 10°	0°	5° ~ 10°

5. 割嘴与割件表面的距离

割嘴与割件表面的距离可根据预热火焰的长度和割件厚度来确定。通常情况下，割嘴与割件表面的距离为 3 ~ 5 mm；当割件厚度小于 20 mm 时，预热火焰可长些，距离可适当加大；当割件厚度大于或等于 20 mm 时，由于切割速度慢，为了防止割缝上缘熔化，预热火焰可短些，距离应适当减小。这样可以保持氧气流的挺直度和氧气的纯度，使气割质量得到提高。

除了上述参数，气割质量还与割件材质质量及表面状况（如氧化皮、涂料等）、割缝的形状（如直线、曲线和坡口等）等因素有关。

任务实施

一、准备工作

1. 材料

250 mm × 120 mm × 10 mm 的 Q235 钢板 1 块。

2. 工具、量具、设备

氧气瓶、乙炔瓶、氧气减压器、乙炔减压器、G01–30 型割炬、3 号梅花形（或环形）割嘴、氧气胶管、乙炔胶管、通针、扳手、钢丝钳、点火枪、钢丝刷、划针、钢直尺等。

3. 防护用品

工作服、工作帽、防尘口罩、防护手套、防护鞋、护目镜等。

二、安全防护

按规定穿戴好防护用品。

三、气割

1. 气割前清理

气割前应用钢丝刷等将割件表面的氧化皮、铁锈、油污及其他污物等清理干净，使割件露出金属光泽。

2. 划线、安放割件

（1）根据图样要求在割件上划线。

（2）将割件垫高至距地面 200 mm 左右，在割件与水泥地面之间放入薄钢板（气割不能在水泥地面上进行，以防水泥爆溅伤人）。为了防止氧化铁飞溅而烧伤操作者，必要时可以加挡板。

3. 气割参数与气割姿势

根据割件厚度选择割炬型号和割嘴号码，本任务选择的气割相关参数见表 3–3–3。

表 3-3-3 气割相关参数

割件厚度 /mm	割炬型号	割嘴号码	预热火焰能率 /（L/h）
10	G01-30	3	310

气割时要蹲在割件的一侧，双脚成外八字，右臂靠住右膝，左臂放在两腿之间，以便于切割时移动。右手握住割炬手柄，拇指和食指放在预热氧气调节阀侧，以便及时调节预热氧气流量，而且一旦发生回火还可以及时切断预热氧气。左手拇指和食指放在切割氧气调节阀侧，用于调节切割氧气，中指置于切割氧气管和混合气管之间，无名指和小指置于混合气管下方，用于支承和稳固割炬，以掌握方向并使割炬与工件保持垂直，如图 3-3-9 所示。上身不要弯得太低，呼吸要有节奏，眼睛要注视割件、割嘴和切割线。

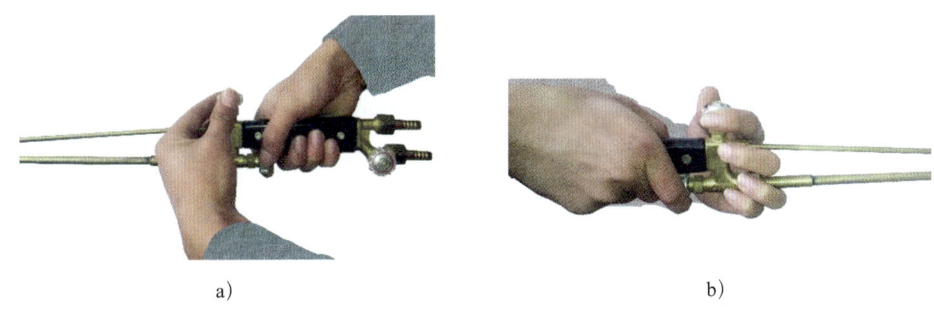

a) b)

图 3-3-9 割炬的握法

a）正面 b）背面

4. 点火、调整火焰

点火前应先检查割炬的射吸能力，若割炬的射吸力不正常，应查明原因，及时修复或者更换新的割炬。然后逆时针方向旋转乙炔调节阀放出乙炔，再逆时针微开预热氧气调节阀，左手持点火枪置于割嘴的后侧，开始点火，如图 3-3-10 所示。点火时，手要避开火焰，以防止烧伤。

气割低碳钢板材时，点火后将火焰调节为中性焰或轻微氧化焰。调整完毕，打开割炬上的切割氧气调节阀，并增大氧气流量，使切割氧气流的形状（即风线形状，见图 3-3-11）成为笔直而清晰的圆柱体，并有一定的长度。若风线形状不规则，应关闭割炬的所有阀门，用通针修整切割氧气喷嘴或割嘴。预热火焰和风线调整好后，关闭切割氧气调节阀，进入起割状态。

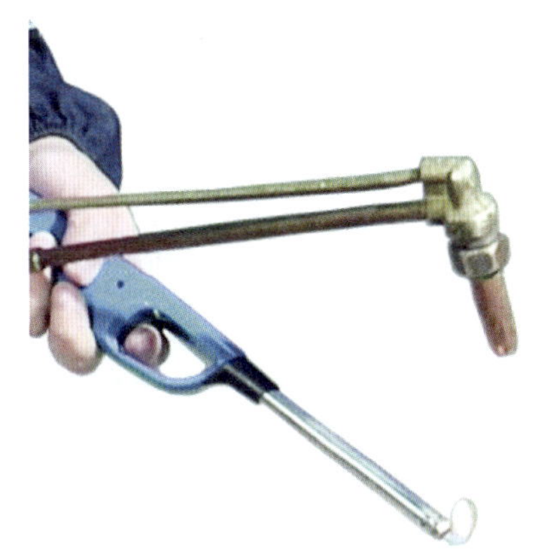

图 3-3-10 点火

5. 起割

起割点应在割件划线处的边缘。起割时，先将割件边缘预热到燃点，要准确控制割嘴与割件间的垂直度，如图 3–3–12 所示，待边缘呈现亮红色时，表明割件金属已达到燃点。将火焰略微移动至边缘以外，同时缓慢打开切割氧气调节阀，并将割嘴稍向切割方向倾斜 5° ~ 10°，如图 3–3–13 所示。当看到被预热的红点在氧气流中被吹掉时，进一步开大切割氧气调节阀。当听到割件背面发出“啪啪”的声音，看到割件背面飞出鲜红的金属氧化物时，说明割件已被割透，这时可以移动割炬以适当的速度进行正常切割。

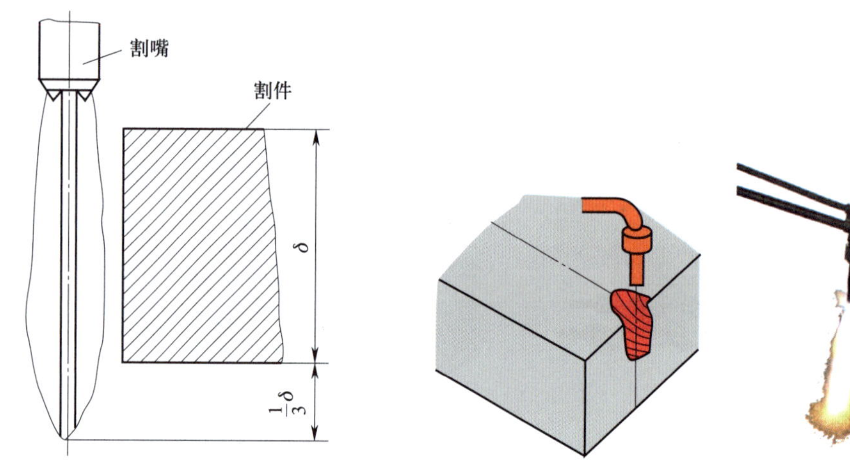

图 3–3–11　切割氧气流的形状和长度

图 3–3–12　预热位置

如果割件在切割线的一侧有余量，可以从有余量的地方起割，然后按一定的速度移至切割线上。如果切割线两侧都没有余量，起割时要特别小心。在慢慢加大切割氧气流的同时，应保持割嘴往前移动，若割嘴停止不动，切割氧气流将被返回的气流扰乱，从而在该处周围形成较深的沟槽。

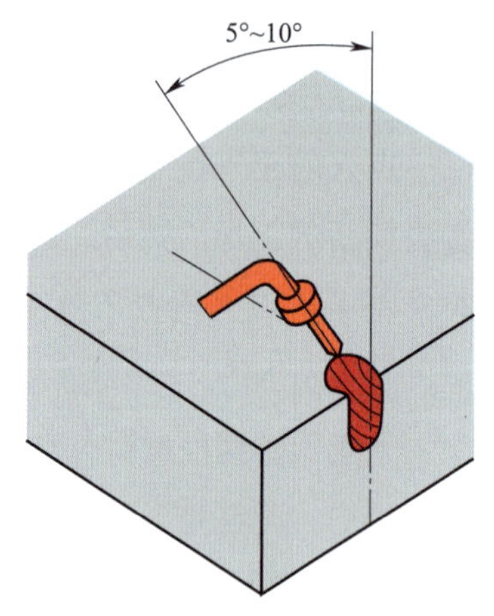

图 3–3–13　起割边缘

6. 正常气割过程

起割后，为了保证割缝质量，在整个气割过程中，割炬移动速度要均匀，割嘴与割件表面的距离要保持不变，如图 3–3–14 所示。在切割较长的割件时，每切割 300 ~ 500 mm 时需要移动操作位置。当身体要更换位置时，应先关闭切割氧气调节阀，待身体的位置稳定后，再将割嘴对准待割处适当加热，然后慢慢打开切割氧气调节阀，继续向前切割。在切割薄钢板时，若要移动身体，应在关闭切割氧气调节阀的同时，迅速使火焰离开钢板表面，以防薄钢板因受热过快，造成局部变形或熔化。

在气割过程中，因割嘴过热或金属氧化物的飞溅，致使割嘴堵塞或乙炔供应不足时，

图 3-3-14 正常气割

会出现回火现象。此时，必须迅速关闭预热氧气调节阀、乙炔调节阀和切割氧气调节阀，及时切断氧气供给。如果仍然听到割炬内还有“嗞嗞”的响声，则说明火焰没有完全熄灭，应迅速关闭乙炔调节阀，或者拔下割炬上的乙炔胶管，使回火的火焰排出。处理妥当后，应重新检查割炬的射吸力，然后才能重新点燃割炬。

7. 停割

气割过程接近终点时，割嘴应沿气割方向的反方向倾斜一定角度，将切割速度适当放慢，以便将割件下部提前割透，使割缝在收尾处整齐、美观。同时注意余料的下落位置，然后将割件全部割穿。

切割结束后，应先关闭切割氧气调节阀，再关闭乙炔调节阀和预热氧气调节阀。如果停止工作时间较长，应旋松氧气减压器，再关闭氧气瓶阀和乙炔输送阀。

停割后，要仔细检查和清除割缝边缘的挂渣，以便于后续的加工。

小提示

板材切割的注意事项：

（1）必须分清氧气胶管和乙炔胶管，胶管使用前应将管内杂质和灰尘吹尽，以免堵塞割嘴，影响气流流通。

（2）气割前，应检查气体管路是否有漏气现象，割嘴有无堵塞，必要时用通针修理割嘴。

四、任务评价

板材的切割评分表见表 3-3-4。

表 3-3-4　板材的切割评分表

<table>
<tr><th>序号</th><th>项目</th><th>技术要求</th><th>评分标准</th><th>配分</th><th>得分</th></tr>
<tr><td>1</td><td rowspan="2">准备工作</td><td>劳动防护用品穿戴整齐</td><td>总体评定，酌情扣分</td><td>3</td><td></td></tr>
<tr><td>2</td><td>工具、量具、设备准备齐全</td><td>总体评定，酌情扣分</td><td>3</td><td></td></tr>
<tr><td>3</td><td rowspan="10">切割技术规范</td><td>气割前清理割件到位</td><td>不符合要求酌情扣分</td><td>5</td><td></td></tr>
<tr><td>4</td><td>划线符合图样要求</td><td>不符合要求酌情扣分</td><td>5</td><td></td></tr>
<tr><td>5</td><td>割件安放符合要求</td><td>不符合要求酌情扣分</td><td>5</td><td></td></tr>
<tr><td>6</td><td>割炬型号和割嘴号码选择正确，气割参数选择正确，气割设备连接正确</td><td>不符合要求酌情扣分</td><td>10</td><td></td></tr>
<tr><td>7</td><td>气割姿势包括身体姿势、割炬握法等正确</td><td>不符合要求酌情扣分</td><td>10</td><td></td></tr>
<tr><td>8</td><td>点火、调整火焰、起割、正常气割、停割等操作正确</td><td>不符合要求酌情扣分</td><td>15</td><td></td></tr>
<tr><td>9</td><td>一次割透</td><td>不符合要求酌情扣分</td><td>10</td><td></td></tr>
<tr><td>10</td><td>切口表面光滑、干净，割缝边缘无塌角、挂渣等问题</td><td>不符合要求酌情扣分</td><td>10</td><td></td></tr>
<tr><td>11</td><td>切口表面基本平直，且与割件底面基本垂直</td><td>不符合要求酌情扣分</td><td>10</td><td></td></tr>
<tr><td>12</td><td>切割后各条钢板宽度均为 30 mm</td><td>不符合要求酌情扣分</td><td>10</td><td></td></tr>
<tr><td>13</td><td>安全生产</td><td>遵守工作场地规章制度和安全文明生产要求</td><td>总体评定，酌情扣分</td><td>4</td><td></td></tr>
<tr><td colspan="4">总分</td><td>100</td><td></td></tr>
</table>

知识拓展

一、气割的原理

气割又称为氧气切割，其基本原理是利用割炬喷出的氧气与乙炔混合气体燃烧产生火焰，将工件上待切割处的金属材料加热到燃点，并从割炬的喷嘴中喷出高速切割氧气流，加热后的金属材料在氧气中发生剧烈氧化，生成熔融的金属氧化物，在高速切割氧气流的作用下被吹走，形成具有一定宽度的割缝，从而实现金属的切割，如图 3-3-15 所示。

气割过程包括预热、燃烧、吹渣三个阶段，其实质是金属在纯氧中的燃烧过程，而不是熔化过程。

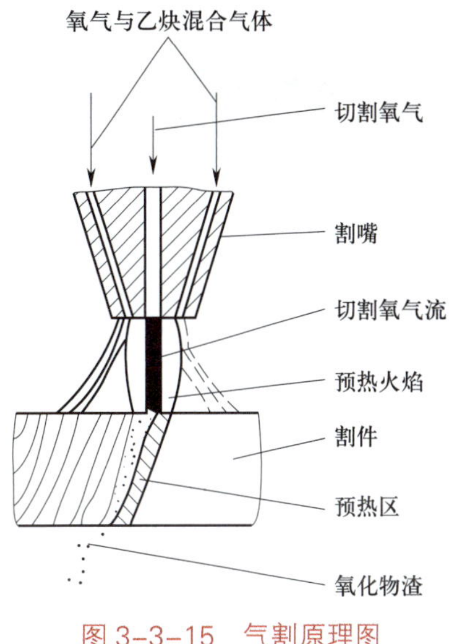

图 3–3–15　气割原理图

二、气割的条件

气割是金属燃烧的过程，由于不是所有金属都能燃烧，因此，气割只能用于部分金属。能进行气割的金属材料必须满足以下条件。

1. 金属的熔点高于燃点

熔点高于燃点的金属在加热时，先燃烧后熔化，才能实现气割过程。铁碳合金的熔点随着含碳量的增加而降低，燃点却随之提高，因此，含碳量越大，铁碳合金的气割难度越大。一般情况下，低碳钢的熔点为 1 500 ℃，燃点为 1 050 ℃，因此，低碳钢容易气割；当碳钢中含碳量为 0.7% 时，其熔点和燃点差不多，都为 1 300 ℃；当碳钢中含碳量高于 0.7% 时，燃点高于熔点，因此，高碳钢不能进行气割。此外，铜和铝及其合金的燃点比熔点高，也不能进行气割。

2. 金属氧化物的熔点低于金属自身熔点

气割过程中金属燃烧所产生的金属氧化物的熔点应低于金属自身的熔点，以使金属氧化物热熔后被高速切割氧气流吹走，保证气割顺利进行。铜和铝氧化物的熔点高于铜和铝自身的熔点，这也是它们不能进行气割的原因之一。

此外，金属氧化物应具有较高的易熔性和良好的流动性，否则不易被高速切割氧气流吹走，造成气割困难。

3. 金属的导热性不能太好

金属的导热性太好，预热火焰的热量会迅速扩散，造成切割处热量不足，导致气割困难。同时，金属在氧气中燃烧释放的热量要大，以迅速将周围的金属预热到燃点，便于气割。

4. 金属内阻碍气割的元素和杂质少

金属的含碳量应低，碳燃烧时会消耗氧气，不利于气割，因此，铸铁不能进行气割。

满足上述条件能进行气割的金属材料包括低碳钢、中碳钢、低合金钢和纯铁等；而铸铁、不锈钢、铜、铝等均不满足上述条件，不能进行气割。

三、气体火焰的分类

氧气与乙炔混合燃烧形成的火焰称为氧乙炔焰。根据氧气与乙炔混合的比例不同，氧乙炔焰可分为中性焰、碳化焰和氧化焰，如图 3–3–16 所示。

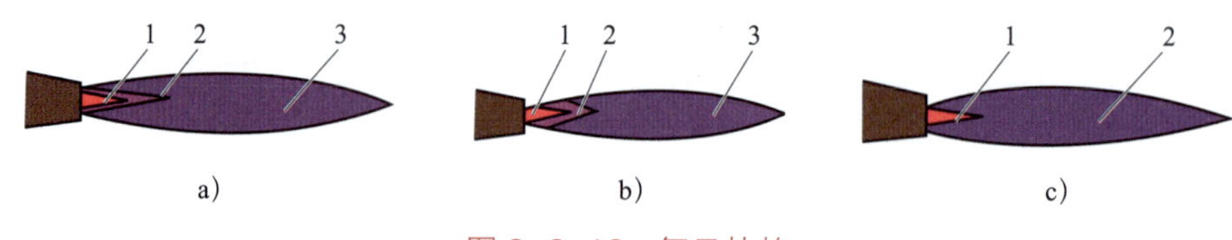

a）　　b）　　c）

图 3–3–16　氧乙炔焰

a）中性焰　b）碳化焰　c）氧化焰

1—焰心　2—内焰　3—外焰

1. 中性焰

当氧气与乙炔的混合比为 1.1 ~ 1.2 时，燃烧产生的火焰为中性焰，又称为正常焰。中性焰由焰心、内焰和外焰组成，如图 3–3–16a 所示，焰心呈亮白色，温度最高，一般可达 3 150 ℃。

2. 碳化焰

当氧气与乙炔的混合比小于 1.1 时，燃烧产生的火焰为碳化焰。碳化焰也由焰心、内焰和外焰组成，且三者很容易区分，如图 3–3–16b 所示。

3. 氧化焰

当氧气与乙炔的混合比大于 1.2 时，燃烧产生的火焰为氧化焰。氧化焰有焰心，但不区分内、外焰，如图 3–3–16c 所示，焰心呈锥形，火焰较短，并带有较强的“嘶嘶”声。

四、气割过程中回火现象的处理

在气割过程中，有时会出现气体火焰进入割嘴内逆向燃烧的现象，这种现象称为回火。产生回火的原因如下：

1. 割嘴离熔融金属太近，使割嘴附近阻力增大，割炬内混合气体难以流出，压力升高，将部分混合气体压进乙炔系统。

2. 割嘴过热，使混合气体膨胀，增大了混合气体的流动阻力。例如，割嘴温度超过 400 ℃时，一部分混合气体来不及流出割嘴，就在割嘴内部燃烧而发出“啪啪”的爆炸声。

3. 割嘴被熔化金属或飞溅的火星填塞，混合气体难以喷出而倒流入乙炔系统。

4. 乙炔压力过小，氧气容易进入乙炔系统，在熄火的瞬间，往往因氧气或空气进入割炬的乙炔胶管而引起爆炸。

5. 割炬年久失修，阀门渗漏，造成氧气倒流入乙炔系统内，点火时即发生回火爆炸，这种情况危险性最大。

回火有逆火和回烧两种情况，逆火是火焰向割嘴逆行，并瞬时自行熄灭，同时伴有爆鸣声的现象，又称爆鸣回火；回烧是火焰向割嘴逆行，并继续向气体管路燃烧的现象，这种回火可能烧毁割炬、管路，甚至引起可燃气体储罐爆炸，又称倒袭回火。因此，若发生回火现象，操作者要迅速进行现场处理，否则会造成严重的损失。

当发生回火现象，听到"嗞嗞"的响声时，不要慌张，应立即关闭预热氧气调节阀、乙炔调节阀和切割氧气调节阀，切断气源。当回火火焰熄灭后，打开预热氧气调节阀，将残留在割炬内的余焰和烟灰彻底吹除，再重新点燃火焰即可。

任务小结

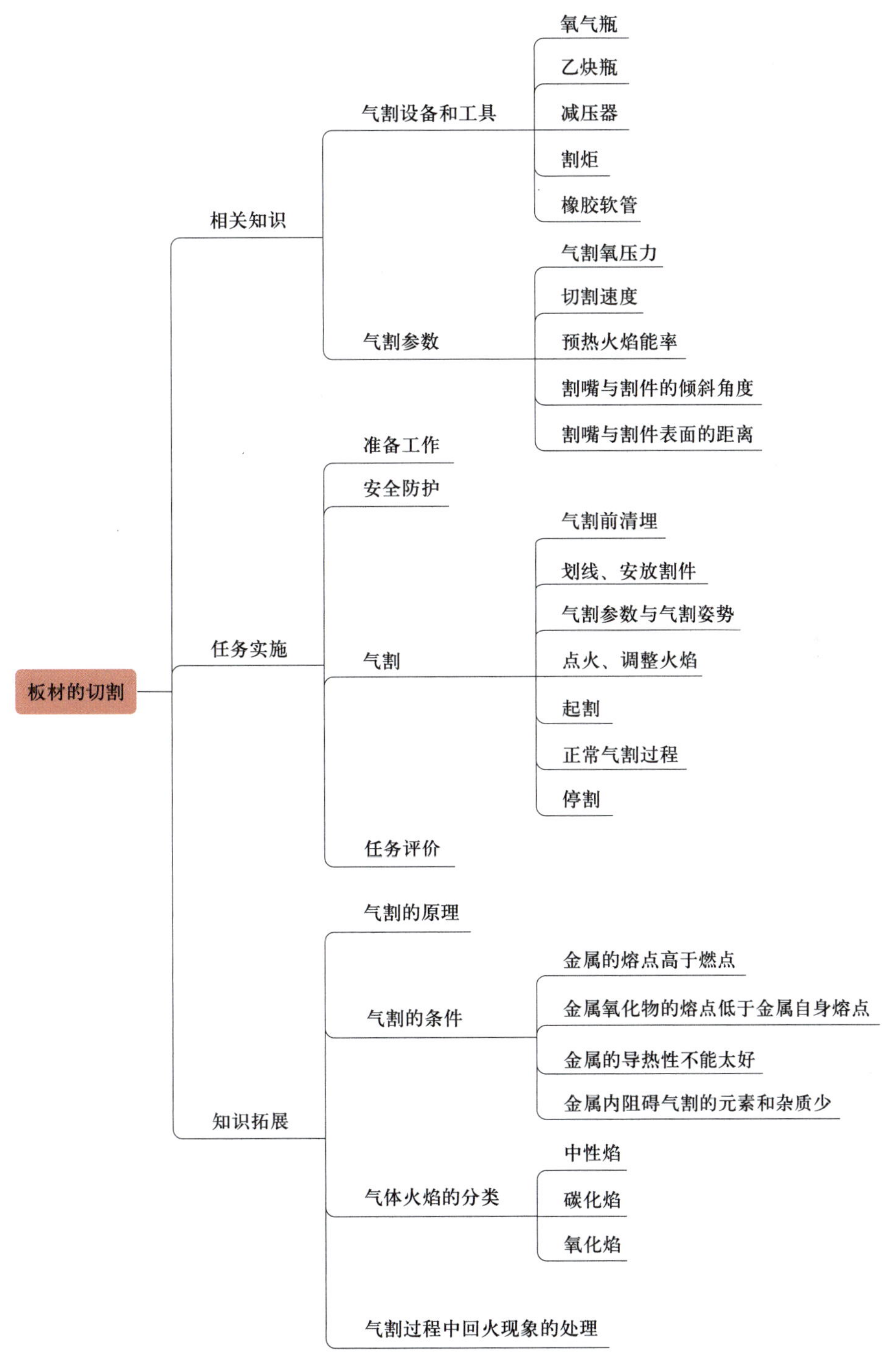